金融创新

与

Financial Innovation
and
Financial Center
Construction

韩汉君 等著

金融中心建设

上海交通大学出版社
SHANGHAI JIAO TONG UNIVERSITY PRESS

内容提要

　　本书主要从金融创新的视角研究上海国际金融中心建设和发展问题。在分析上海国际金融中心建设所取得的成就和存在的问题基础上,从金融制度创新、金融组织创新、金融结构创新、资本市场创新、金融产品创新、金融国际化创新以及金融风险控制等方面展开深入研究,并得出结论认为,经由各方面金融创新的推动,上海国际金融中心将发展成为全球性金融中心,并与纽约、伦敦形成三足鼎立的格局。本书适合高校和科研机构的金融专业研究人员阅读和参考。

图书在版编目(CIP)数据

　　金融创新与金融中心建设/韩汉君等著. —上海:
上海交通大学出版社,2021.7
　　ISBN 978 - 7 - 313 - 25043 - 8

　　Ⅰ.①金… Ⅱ.①韩… Ⅲ.①国际金融中心—建设—研究—上海 Ⅳ.①F832.751

　　中国版本图书馆 CIP 数据核字(2021)第 113043 号

金融创新与金融中心建设
JINRONG CHUANGXIN YU JINRONG ZHONGXIN JIANSHE

编　　著:韩汉君 等
出版发行:上海交通大学出版社　　　　　　　　　地　　址:上海市番禺路 951 号
邮政编码:200030　　　　　　　　　　　　　　　电　　话:021 - 64071208
印　　制:上海景条印刷有限公司　　　　　　　　经　　销:全国新华书店
开　　本:710mm×1000mm　1/16　　　　　　　印　　张:18.75
字　　数:315 千字
版　　次:2021 年 7 月第 1 版　　　　　　　　　印　　次:2021 年 7 月第 1 次印刷
书　　号:ISBN 978 - 7 - 313 - 25043 - 8
定　　价:96.00 元

序

在上海国际金融中心建设和发展进程中，2020年必定是一个特殊的年份，具有里程碑意义。这一年是上海国际金融中心基本建成之年。

尽管新冠疫情席卷整个世界，但全球投资者对上海国际金融中心的信心不减反增。根据2020年9月发布的全球金融中心指数报告（GFCI28）的研究结论，上海首次跃升成为全球第三大金融中心。这是对上海基本建成国际金融中心最有力的注解。

本书的主要作者韩汉君研究员是上海社会科学院"上海国际金融中心建设研究"创新型智库团队的领军人物和首席专家，该研究团队长期跟踪研究上海国际金融中心建设问题，认为上海国际金融中心建设的根本目标是代表中国参与国际金融市场竞争，并在东亚地区脱颖而出，成为与纽约、伦敦并列的全球三大金融中心之一。这一分析判断与现实的发展高度吻合，证明这一团队的研究是有长远眼光的。在这样的背景下，该研究团队推出力作——《金融创新与金融中心建设》，具有特别重要的意义。

本书主要从金融创新的视角研究上海国际金融中心建设和发展问题，在分析上海国际金融中心建设所取得的成就和存在的问题基础上，从金融制度创新、金融组织创新、金融结构创新、资本市场创新、金融产品创新、金融国际化创新以及金融风险控制等方面展开了一系列深入研究。该书研究得出的基本判断是：①上海国际金融中心建设主要经由金融创新来推进，且金融创新必须立足于对中国经济、金融发展具有正向作用；②证券市场发展对于上海国际金融中心建设来说，具有重要意义；③金融市场深化发展对上海国际金融中心建设和发展尤为关键。根据这些基本判断，该书得出的结论认为，经由各方面金融创新推动，上海国际金融中心将发展成为全球性金融中心，并与纽约、伦敦形成三足鼎立的格局。

审视当下，我们面临的是百年未有之大变局。全球化进程受阻、全球经济增长放缓、新冠疫情还未结束，经济和金融发展面临重大挑战。根据国际国内环境的变化，我国将加快构建以国内大循环为主体、国际国内双循环相互促进的新发展格局。在双循环新发展格局中，上海将努力成为国内大循环的重要推手和国内国际双循环的战略链接点，而在这种发展新格局中，上海国际金融中心建设将充分发挥金融资源配置的关键性作用，承担适应新格局、促进新发展的重要使命。

根据相关规划，上海国际金融中心将全力打造金融科技中心，建成具有全球影响力的资产管理中心。金融科技将与金融改革、金融开放一起，成为未来上海国际金融中心建设和发展的重要动力。展望未来，上海国际金融中心建设将继续取得重大进展，在服务国家双循环新发展格局中发挥重大作用。我也期待着该研究团队能出更多新的研究成果。

石良平

上海市人民政府参事

上海社会科学院经济研究所原所长、研究员

2020 年 11 月 15 日于上海

目 录

第一章

导论：金融中心建设的理论与实践

　　本书的研究对象是上海国际金融中心建设从 1990 年开始到 2020 年基本建成的进程，并展望 2050 年发展前景。本书的研究逻辑是金融创新促进金融功能完善，进而推进金融中心建设。因此，本书从金融创新（包括金融制度和金融业务层面的创新）的视角，研究上海国际金融中心建设在具备一定的基础之后，通过金融创新推动金融市场深化和金融功能完善，达到基本建成金融中心的目标。

　　本书的主要观点是，上海国际金融中心建设在金融市场规模拓展取得一定成效之际，努力推进金融市场功能的建设，但功能建设的进程比较缓慢、成效不显著，其主要原因是上海金融创新不足、市场深化发展不足，具体包括：①在一定程度上市场机制作用受到较多约束以致扭曲，行政干预和过度管制现象比较严重；②金融市场体系建设和发展存在短板，即直接融资市场发展不足，导致市场体系结构存在缺陷；③金融市场总体创新能力不足。笔者认为，要进一步推动上海国际金融中心建设向纵深发展，再上一个台阶，必须从金融创新从而市场深化发展的角度，提高市场发展质量、完善市场体系结构、提高市场创新能力。

第一节　金融中心建设的理论基础

一、金融中心建设理论的提出

　　学界通常认为，最早对金融中心加以研究的是英国学者 Powell(1915)。他在其著作《货币市场的演进：1385—1915年》中对几个世纪中英国银行不断向伦敦聚集的过程进行了记录和分析。此后，Vernon(1960)在对纽约成为国际大都市的进程进行研究时，提出了金融机构聚集的原始动机，并认为这种聚集提供了近距离的交流与沟通便利，吸引了那些以较快的互动速度为必要条件的行业、公司或金融机构的聚集，能够促进为熟悉复杂多变的市场需求而建立起来的客户关系。尽管这些研究并未专门提出金融中心的概念，但是已经对客观存在的金融集聚事实进行了刻画和描述。

Kindleberger(1973)所著的 *The World in Depression* 被公认为金融中心研究史上的开山之作。该书首次界定了金融中心的概念，列举了金融中心的基本要素，并运用集聚理论分析了金融集聚的成因。他认为，商业银行和其他金融机构选择特定区位的初衷是出于规模经济。由于存在自我加强式的外部规模经济，金融部门集中在某一区域内能够提高市场流动性，从而降低融资成本和投资风险，因而对于金融参与者而言更具吸引力。金融中心形成后，个人或企业的储蓄与投资可以跨时跨地结算。银行与金融中心充当了资金交易的中介，而国际金融中心则提供了专业化的国际借贷和国家之间支付的服务。此后，Kindleberger(1974)对金融中心的成因及过程进行了细致的研究，他认为银行和高度专业化的金融中介的集聚，形成了金融中心，金融中心具有显著的聚集效应，主要体现在跨地区支付效率的提高和金融资源跨地区配置效率的提高。他还从节约周转资金余额、提供融资和投资便利的角度，分析了金融机构集聚的规模经济效应对金融中心形成的促成机理。

20世纪70年代以后，金融中心在全球各地大量出现，研究者开始尝试对不同层级的金融中心进行度量和分类。Dufey 和 Giddy(1978)根据不同金融中心的主要业务类别将金融中心分成了三类：传统中心、金融埠口、离岸金融中心。McCarthy(1979)则将记账型金融中心与功能型金融中心做了很好的区别。Reed(1981)较早设立了金融中心指标体系，应用聚类分析法对全球80个国际金融中心和地区性金融中心进行研究，结果发现这些金融中心有明显的层次结构特征。他设立了9个金融和银行指标对76个金融中心进行比较，并使用分层辨别式分析方法确立了主要变量，并对金融中心进行评估和排序。他将金融中心分成省市一级的金融中心、国内地区性金融中心、全国金融中心、区域国际金融中心和世界性金融中心5个等级。这5个级别既可以是某个国际金融中心发展的不同历史阶段，也可以是世界上同时存在的金融中心的不同级别。Park

(1982)结合地理与功能的标准将金融中心分为主要中心、记账中心、集资中心和托收中心四类。

在重新思考国际投资和国际金融之间的关系后，Reed(1989)提出了国际金融中心论，认为当时的国际投资理论忽视了国际金融中心的作用。他认为，国际金融中心决定了国际投资区域、规模和格局，因而国际金融中心对国际投资活动而言至关重要，强大的国际金融中心有助于一个国家和地区形成霸权效应。

考虑到金融中心的本质特征是金融机构和业务在地理上的集聚，因此研究者在探究金融中心的理论基础时便将其与经济地理理论结合起来。Park(1982)将区位理论应用于国际银行业的发展和国际金融中心的成因分析上，对区位理论在聚集经济效应方面进行了扩充性说明，强调了在影响国际金融中心形成的诸多因素当中，由于区位优势所带来的聚集效应。Davis(1990)则较早把企业选址理论应用到金融中心的形成和发展的解释上，认为金融中心是金融企业活动和聚集的中心。对于金融企业而言，选址关键是看当地的综合条件与其他地方的比较，能否使金融企业获得更大的净收益。因此，金融企业在区位决策时一方面考虑其供给条件，即金融机构运行所需的生产要素和商业环境；另一方面也考虑其需求条件，即金融服务的需求规模和挑剔程度等，其中客户联系是最重要的因素。此外，还需要将影响金融机构的规模经济因素，如金融产业集群、专业化和金融创新等引入进来。

Krugman(1991)认为，金融中心是凝聚力（或称向心力）和离心力相互作用的结果。凝聚力包括劳工市场外溢效应、中介人的服务需求、科技外溢效应和信息外溢效应。这些因素决定了金融机构的选址一般会在劳工（特别是智能型劳工）密集、专业生产者服务（如通信和律师服务）充裕，以及科技高度发达的地区。Krugman(1998)从产业集聚的角度阐释了形成金融中心存在的向心力与离心力，这一观点为很多金融中心的研究者所接受。其中比较有代表性的是Porteous(1999)在规模经济的背景下，结合制度经济学，提出了金融中心建设的路径依赖理论。

二、金融中心形成路径理论

（一）金融中心演进形成论

这一理论分支认为，金融中心的产生是某一地区经济发展到一定阶段的必然产物,地区经济增长必然形成相应的金融服务需求,通过市场机制刺激金融服务供给,从而导致金融机构扩张和金融市场扩大。根据早期研究,经济发展过程中的产业结构演进决定了当第三产业在经济中占据主导地位时,金融业也将在经济中占据核心地位,从而也就使得金融中心的形成成为可能。Rostovo(1960)将经济社会发展分为传统发展阶段、经济起飞前提阶段、经济起飞阶段、经济成熟阶段、高额消费阶段、追求生活质量阶段六个阶段,其中阶段之间的演进以主导产业部门的更替为特征。在经济发展到较高阶段后主导产业要趋向服务业时,金融业将成为经济进一步发展的动力,这时就必然会在一些地区出现金融中心。根据 Gras(1922)提出的都市发展阶段论,城市发展可以分为商业阶段、工业阶段、运输业阶段和金融业阶段四个阶段。在这四个阶段中,金融业处在城市发展的最高阶段。与其余三个产业相比,金融业具有更大的集中度。因此,Gras(1922)将金融中心作为金融业集中度的一个典型标志,是城市经济发展的必然结果。考虑到早期市场经济发展阶段,政府还没有形成对经济进行宏观调控或直接干预的惯例,因此金融中心演进形成论对于传统国际金融中心的形成有着较强的解释力。

(二) 金融中心政府扶持论

这一理论分支认为,金融市场的发展不必与经济发展保持同步,从而金融中心的形成也可以通过政府扶持来实现,通常认为东京和新加坡是这一理论在实践中的典型案例。该理论主张一个经济体可以率先发展金融市场,从而提高社会资金配置效率,增加储蓄刺激投资,最终推动经济发展。在这一理论主张下形成的国际金融中心,是国家有意识建设的结果,而非在经济发展过程中演进形成。根据这一理论体系,政府在金融中心形成过程中起到的作用包括:①对金融中心进行整体规划,制定发展目标与方向;②拟订有关金融改革草案,推动一国金融体制市场化和国际化改革;③由于在这一理论下,本国金融体系的发展并不完备,政府一方面需要出台各类优惠政策吸引外国金融机构进入,另一方面需要制定鼓励创新的政策以便构建新的金融市场或开辟新的金融业务领域;④需要进行有效监管,维护金融市场的公平竞争,对违法违规的操作进行惩处,达到防范金融风险和稳定金融市场的目的。

（三）金融中心的决定因素

无论是市场自发演进还是政府扶持，金融中心的成功形成最终都离不开以下几个因素的作用：

（1）经济发展水平和市场规模是金融中心最终形成的基础。足够大的经济规模能够提供大量的经济资源，从而保证金融服务聚集的持续性。经济规模也能确保本地区和周边地区对金融中心形成巨大的金融需求，进而促进金融机构竞争和创新，最终实现金融中心的发展。经济增长的可持续性和扩散性使得该国该地区，甚至该金融中心能够辐射到的周边国家实现可持续的经济增长目标。实体经济是金融资本的服务对象和载体，如果不与产业资本相结合，金融资本就无法持续发挥其作为资本的属性，因而无法在长期内实现聚集，金融中心的形成也就无从谈起。

（2）该地区的金融机构数量和金融市场发展水平是形成金融中心的必要条件。金融中心最重要的特征是金融机构在该地的聚集。金融机构数量的多寡决定了该地金融市场的规模和竞争水平，反映该国或地区金融深化程度和金融市场体系的完善程度。金融市场发展水平要求金融市场体系的多样性和完备性，具体包括货币市场、资本市场、外汇市场、保险市场、票据市场、期货市场、黄金市场和衍生金融工具市场等。Kindleberger 提出的金融发展理论认为，一旦金融发展达到一定水平，其必然以众多的金融机构和多元化的金融市场的面目出现。金融机构的聚集和多元化一方面能够产生外部经济，提高金融效率；另一方面也能扩大市场规模，促进创新，为金融机构实现利益最大化创造条件。

（3）区位优势与城市基础设施建设是金融中心形成的客观条件和物质保障。与经济产业集聚中心的形成相仿，金融中心的形成也离不开所在地理位置赋予的自然条件，实际上是区位优势竞争的结果，伦敦、纽约和新加坡等城市的交通位置优势在其形成国际金融中心的过程中都发挥了重要作用。由于金融中心必然是金融企业选择业务开展的地方，因此金融中心在选址时需要考虑该地是否便于开展金融及商贸活动。处在交通枢纽位置且有广阔腹地和宜人气候的城市往往具备了成为金融中心的自然条件，而处在合适的时区以及国际交通枢纽位置的条件则能够保证其金融市场交易的延续性，这样该城市就具备了成为国际金融中心的区位优势。除此之外，成为金融中心的城市还应具备完善的城市基础设施条件，如先进的通信设施、发达的交通条件以及合理的城市规划等。

这些基础设施条件不仅有助于金融机构快捷地开展业务,还能降低金融机构的经营成本。

(4) 充足的金融专业人才是形成金融中心的重要支撑。金融中心的建设和打造最终需要有充足的金融人才来予以实施,各类金融交易、金融创新的开展更需要有顶尖的金融人才来引领。因此,一个城市要成为金融中心,必须在吸引各种金融专业人才方面具有明显优势,这不仅包括金融机构的从业人员,还需要有大量各种中介机构的专业人才为金融从业人员提供服务。按照当前国际金融中心的经验,中介机构专业人才的数量通常为金融从业人员的 2 倍。据统计,纽约拥有各类金融人才约 77 万人,而其中介机构专业人才的数量约为 160 万人。雷蒙德·W. 戈德史密斯(1994)曾经对伦敦的金融人才培养机构进行过统计,发现在伦敦有 42 所大学为金融中心培养和提供各类专业人才。

(5) 完备的金融监管制度和金融市场化程度是金融中心形成的制度保障。金融中心聚集了数量众多的金融机构和密集的金融交易,因而必须具备完备的金融监管体系和健全的司法、信息流通等方面的制度体系。这些制度不仅能保证金融市场的有序发展和金融交易的正常实施,同时也能够最大限度地保障参与交易的各方利益。此外,为保证利率、汇率等货币市场化和外汇市场上的价格信号能够充分反映出市场供求双方的意愿,金融中心必须拥有充分的金融市场化水平,如利率市场化和货币可自由兑换。在一个实施利率管制的金融市场,金融产品的定价机制是扭曲的,从而导致各类金融交易行为的扭曲和异化。目前,金融产品市场化定价、开放的金融发展战略、资本可自由流动等成为世界主要金融中心所在国的通行准则,同时政府对经济和金融实施的干预较少,允许金融交易自由进行。

三、金融中心评价体系

要判断新兴金融中心是否形成、已有金融中心的绩效情况,需要通过量化方法建立一套金融中心评价指标体系。据此,还可以分析金融中心的定位及形成的主导因素,从而有助于评判其所处地位及发展潜力。目前用于评价金融中心的方法主要包括线性回归、聚类分析、主成分分析、因子分析法等。Reed(1981)较早利用聚类分析法,比较分析了 1900—1980 年间 76 个城市的 9 个金融中心指标,先将金融中心分为均等的聚类,再运用阶梯式综合判别法计算了相应指标。据此对76个金融中心进行排名,发现这些金融中心具有明显的层级结构特征。Choi等(1986)利用非线性加权最小方差等回归分析方法,对全球最大的300家银行在14个金融中心的各类办事处,以及这些金融中心对这些办事处的吸引力进行了排名。Liu等(1997)在Reed(1981)的基础上利用层次成簇分析和主成分分析法对包括上海在内的亚太地区金融中心进行了排名,并讨论了主要影响因素。

国内的学者李虹和陈文仪(2002)依照金融规模、效率、安全指标和金融国际化指标构建了国际金融中心指标体系,该指标体系未提出具体可行的评价指标,重在强调国际化因素对金融中心发展的影响。杨再斌和匡霞(2004)按照城市微观条件、国家宏观条件及周边环境3组,共13个维度建立了国际金融中心指标体系,并利用层次分析和模糊判断法对上海和1970年前后的新加坡进行了量化比较。王仁祥(2005)结合模糊综合评价与层次分析法,利用定性和定量两方面的信息构建区域金融中心指标评价体系和综合评价模型,对区域性金融中心做了评价。张泽慧(2006)从外国银行和金融机构数量、证券市场交易量、银行存款量和金融从业人数等维度,建立了国内金融中心指标体系,旨在揭示国内与国际金融中心指标评价体系之间的区别。

第二节　上海国际金融中心建设现状与主要问题

一、上海国际金融中心建设概况

1992年,邓小平"南方谈话"标志着新时期上海国际金融中心建设的正式开启。同年10月,党的十四大报告明确提出以上海浦东开发开放为龙头,进一步开放长江沿岸城市,尽快把上海建成国际经济金融贸易中心,这是中央层面首次提出上海要建设国际金融中心。上海金融机构在这个阶段得到快速发展:1993年1月,上海第一家区域性、综合性、股份制商业银行——上海浦东发展银行开业;1996年4月,上海申银、万国两家证券公司合并组成上海申银万国证券股份有限公司,成为当时国内最大的证券公司;同时,金融市场体系逐渐完善并规范发展。1998年8月,国内期货市场出现乱象,国务院推动上海三家交易所实行合并,组建上海期货交易所并于次年12月正式营运。在这一时期,外资金融也加速集聚,1992年经中国人民银行批准,我国首家外资保险公司——美国友邦保险公司上海分公司成立。

2001年12月11日中国正式加入世界贸易组织(WTO)后,上海金融业在政府、市场等多方面的合力下实现了加速发展,金融发展政策进一步聚焦,司法环境逐步优化。2002年,黄金交易所在上海成立;2003年3月,上海市银行卡产业园开园;2006年,中国金融期货交易所在上海成立;2009年5月,上海市出台《贯彻国务院关于推进上海加快发展现代服务业和先进制造业 建设国际金融中心和国际航运中心意见的实施意见》,进一步明确了上海聚焦国际金融与航运"双中心"发展战略;2009年7月6日,跨境贸易人民币结算试点在上海首先启动;2009年8月1日,《上海市推进国际金融中心建设条例》正式施行;2011年,国家发展和改革委员会牵头印发了《"十二五"期间上海国际金融中心建设规划》,明确上海要形成全球性人民币产品创新、交易、定价和清算中心。至此,包括货币市场、外汇市场、期货市场、由债券市场和股票市场组成的证券市场、保险市场、黄金市场、融资租赁市场等在内的上海金融市场体系基本形成,中、外资金融机构的集聚效应显著增强。陆家嘴金融城规模优势形成,已成为海内外知名的金融集聚区,黄浦区外滩金融集聚带作为上海金融中心也重新焕发勃勃生机。

2013年9月29日,中国(上海)自由贸易试验区(简称自贸区)正式挂牌,其成立目的在于通过发挥自贸区"先行先试""破冰船"和"试验田"的作用,为全面深化改革和扩大开放探索新途径,积累新经验。自贸区的重要功能之一是金融改革开放,这标志着上海金融中心建设步入更高层次的发展阶段。自贸区成立之初,"一行三会"即出台了51条支持自贸区建设的意见和措施,主要内容涉及金融制度安排、金融市场建设、金融机构设立、金融业务开展等,还提出了自贸区"不是政策洼地而是制度创新的高地"的原则,其金融开放和创新举措按照风险可控原则,成熟一项推出一项,充分发挥可复制可推广作用。

2015年3月,各金融主管部门进一步推出"新51条"举措,涉及加快人民币资本项目可兑换先行先试、扩大人民币跨境使用、扩大金融业对内对外开放、建设面向国际的金融市场、完善金融监管等。同年10月,中国人民银行会同各主管部门、上海市政府,联合印发了新阶段深化上海自贸区和上海国际金融中心建设的纲领性文件《进一步推进中国(上海)自由贸易试验区金融开放创新试点 加快上海国际金融中心建设方案》。2017年3月,国务院进一步发布《全面深化中国(上海)自由贸易试验区改革开放方案》，明确提出"三区一堡"的战略目标，突出强调了增强上海自贸区的"一带一路"金融服务功能。2018年以来，上海市连续发布了《中国(上海)自由贸易试验区关于扩大金融服务业对外开放　进一步形成开发开放新优势的意见》和扩大开放100条等政策。

位于自贸区的金融机构还试点设立了FT(free trade)账户，该账户是银行为客户在上海自贸区分账核算单元开立的规则统一的本外币账户，属于人民银行账户体系的专用账户。FT账户构建了新的中国特色资本账户开放的渠道，为中国资本账户开放和人民币资本项下可自由兑换进行了创新性的制度探索。截至2017年12月底，上海自贸区累计共有56家金融机构通过分账核算系统验收，开立7.02万个FT账户，累计融资总额1.1万亿元，账户内资金余额2 176亿元。

在金融市场建设方面，2013年，上海股权托管交易中心中小企业股权报价系统正式启动。2013年9月，国债期货正式在中国金融期货交易所上市交易；2014年6月，央行放开小额外币存款利率上限的改革试点，由上海自贸区扩大到上海市；2015年7月，作为国家重要金融基础设施的中央国债登记结算有限责任公司设立上海分公司，并于2017年12月升级为上海总部，其托管的各类债券规模目前达到51万亿元，支撑着中国作为全球第三大债券市场的运行；在此期间，国家级票据、保险、信托登记市场平稳起步，运行系统上线运行。

在国际认可度方面，2016年9月30日，国际货币基金组织宣布纳入人民币的特别提款权(SDR)新货币篮子于10月1日正式生效，并将3个月国债收益率作为人民币代表性利率，这是人民币国际化的重要里程碑。2018年3月，伦敦Z/Yen集团编制发布第23期"全球金融中心指数"，上海位列第6位，已经成功跻身于全球国际金融中心之列。2018年5月31日，A股正式纳入明晟新兴市场指数(MSCI Emerging Markets Index)。经主管部门批准，原油期货于2018年3月26日在上海国际能源交易中心挂牌交易，其对推动人民币国际化、打破西方国家对大宗商品的垄断具有重要意义。

经过30余年的发展，上海国际金融中心基本建立完备，形成了股票、债券、期货、货币、外汇、黄金、保险、信托等各类市场集聚的金融中心城市，国际排名显著提升，多个品种交易量位居全球前列。其中，2018年金融市场交易量达1 646万亿元，直接融资额为9.6万亿元；2019年第一季度金融市场交易量增长23.4%，直接融资总额增长43.8%。上海金融机构体系日益健全，已经成为中外资金融机构的重要集聚地。除银行、证券、保险、信托等金融机构不断汇聚外，各类总部型金融机构接连落户上海。截至2018年底，上海拥有外资金融机构总部1605家，较10年前翻了一番。上海继续深化金融开放，已经成为中国内地对外开放的最前沿。近年来，上海成功启动了沪港通、黄金国际版、债券通、原油期货、自由贸易账户等金融创新业务或产品，加快开放银行间债券、外汇、货币等市场。自贸区成立以来，共发布了9批111个金融创新案例，在全国起到了重要的示范推动作用。上海金融环境日趋优化，市场更具吸引力。为营造良好的金融生态，维持金融业法制与信用，率先设立上海金融法院，出台全国首部地方性综合信用条例。

改革开放以来，上海市金融业增加值从1978年的7.02亿元增长到2018年的近6000亿元，增长了约800倍，已经在建设国际金融中心方面取得了重要进展，堪称人类金融史上的奇迹。总结改革开放40余年来的经验，上海建设国际金融中心的经验主要有以下三点：

第一，国家战略支持提供了重要保障。根据中央部署，"十三五"时期是上海到2020年"基本建成与我国经济实力以及人民币国际地位相适应的国际金融中心"的决定性阶段。

第二，以海纳百川的精神吸引全球金融机构来上海集聚。上海有全球体系最完整的金融要素市场体系，这吸引着海内外金融机构纷至沓来，在沪持牌金融机构总数已达1537家。

第三，通过集聚金融人才持续推动创新。金融发展归根结底靠的是人才，人才的加速集聚推动了上海金融业不断实现一次次的突破。

二、上海国际金融中心建设过程中存在的问题

应当看到，虽然上海为打造国际金融中心已经付出了30余年的艰苦努力，已确立了中国金融中心的地位，制度框架基本建成，要素发育不断完善，初步形成了全球性人民币产品创新、交易定价、清算中心，但上海要成为与纽约、伦敦并驾齐驱的国际金融中心，仍然任重而道远。综合来看，上海在建设国际金融中心的进程中还存在以下问题尚未解决。

（一）上海金融市场化程度有待进一步提高

纽约、伦敦等城市成为国际金融中心的一个重要前提是美元和英镑是国际货币，从这个意义上说上海能否成为国际金融中心，在很大程度上取决于人民币能否成为国际货币。具体而言，上海金融市场化程度不足主要体现在以下几个方面。

第一，上海人民币离岸市场发达程度欠佳。上海国际金融中心的建设需要发达的人民币离岸市场作为重要保证。2013 年 12 月 2 日，中国人民银行发布了《关于金融支持中国（上海）自由贸易试验区建设的意见》（简称《意见》），明确提出试验区内居民与非居民可以设立自由贸易账户，这也就是实际的离岸账户。但同时为了规避人民币套利空间，避免出现类似日本和泰国曾经出现的大量套利行为，《意见》也明确提出，区内金融机构和企业从境外借用人民币资金不得用于投资有价证券、衍生产品，不得用于委托贷款，这也就限制了人民币业务的空间。

第二，人民币资本项目下的可自由兑换尚未实现。人民币资本项目下的可自由兑换与上海国际金融中心的建设密切相关，没有人民币资本项目的自由兑换，上海国际金融中心的建设将步履维艰。尽管人民币资本项目可自由兑换已进入议程，但考虑到中美贸易摩擦持续升级、欧洲局势动荡、金融风险加大等因素，在这样的背景下实现人民币资本项目的可自由兑换更加困难。

（二）上海金融机构的集聚程度不够

金融机构是金融资源的重要载体，金融机构的数量与质量就是金融资源的最直接反映。与成熟的国际金融中心相比，集聚于上海国际金融中心的金融机构数量相对较少，作为上海国际金融中心的核心区域，陆家嘴国际金融贸易区内只有近 800 家金融机构。相比之下，伦敦包括金融城、金丝雀码头和伦敦西共 5 平方千米范围内有超过 3000 家金融机构，纽约包括曼哈顿的核心金融区也有超过 3000 家金融机构，东京核心金融区的金融机构超过了 2000 家。

目前，已有大量的国内外金融机构集聚上海，如跨境银行间支付清算公司、各类交易所和外汇交易中心等金融基础设施。但同时，作为中国金融主体的国有大型商业银行在上海集聚的程度仍然不够，工农中建交几大国有商业银行中仅有一家总部在上海，全国最大的 10 家商业银行仅有两家总部在上海。由于当前我国金融市场以间接融资为主,这一局面在短期内难以改变,因此有必要吸引 1~2 家国有商业银行在上海设立总部,提高上海商业金融机构的集聚程度。

(三)上海金融市场结构不尽合理

第一,在资本市场方面,上海已经形成了上海证券交易所主板市场,包括以上海股权托管交易中心与上海联合产权交易所为核心的场外交易市场在内的资本市场体系,但是仍然存在层次结构不完善、市场间缺乏良性互动等问题。目前,纽约、伦敦、东京等国际金融中心不仅建有比较规范的、规模较大的证券交易所市场,还建立了直接的产权转让市场、信托融资市场、柜台交易系统、中小企业股权融资市场等多种场外交易市场,不同层次的资本市场相互依存、有序衔接,可以满足不同类型企业的融资需求。而上海国际金融中心的场外交易市场起步较晚、规模较小,不仅没有与主板市场形成有效互补,而且升降级与转板机制的缺位导致场外市场与主板市场缺乏有效联动。另外,创业板作为中小企业的融资平台落户深圳,上海国际金融中心建设在二板市场方面非常缺乏,创业板的创建将为上海金融中心建设带来新的发展机遇。

第二,上海金融市场中的业务和产品结构单一,传统业务比重较大,债券市场与金融衍生品市场的发展相对滞后。上海银行业务集中于信贷等传统的零售业务领域,缺乏为企业提供全方位金融服务的系列产品。证券业务同样集中于传统的经纪业务与投行业务,创新业务的利润占比很低。此外,上海金融产品市场发展不均衡,债券市场规模偏小且存在结构性问题,政府债券占比过高,银行在银行间市场的持有占比过高。目前,上海衍生品市场主要以商品期货为主,市场上的衍生品数量有限,仅有汇率类(人民币外汇掉期、人民币外汇远期、人民币外汇货币掉期、人民币外汇期权)、利率类(利率互换、远期利率协议、债券远期)和股指类(沪深 300 指数期货)三种,且交易规模较小。场内交易方面,主流金融衍生品严重缺位,上市品种仅有股指期货,加剧了市场的单边波动风险。

第三,上市公司的股权结构与组成结构存在较大的不合理性。在股权结构方面,上市公司的国有股与法人股等限售流通股过于集中,而公众流通股的比重却较低,从而无法从根本上改善公司治理结构,转换经营机制,企业并购只有在政府部门授意与支持下才能进行。另外,流通股规模较小易引发机构操纵市场,导致股市投机盛行。在上市公司组成结构方面,存在国有企业多非国有企业少、大中型企业多小企业少、分拆上市多整体上市少、传统产业多高新技术产业少等问题。

第四，投资者结构不合理。目前，上海金融市场中的投资者仍以个人投资者为主，机构投资者数量较少，两者比重相差较大。个人投资者的投资行为市场随机性很强，而机构投资者更注重基本面分析，是稳定资本市场的重要力量。成熟国际金融中心的机构投资者占比均较高。例如，机构投资者在伦敦证券交易所各市场的股票投资和交易方面占绝对优势，其交易份额达到 80％以上。

（四）金融风险监管法律制度还不完善

金融业对于依法合规的要求高于其他行业，因为其涉及广大投资者和市场参与者的切身利益，具有牵一发而动全身的影响力。除了建立金融法庭、制定和完善各种金融法律法规以外，金融业制度的完善还应包括各类配套与衔接措施。与发展比较成熟的国际金融中心相比，上海建设国际金融中心进程中的金融法治环境建设相对滞后，金融监管制度相对单一，金融风险的控制和防御策略也相对缺乏。

金融法律和监管的不完善造成的直接结果是金融市场波动大，风险程度高。以 2008 年前后年份的上证综合指数为例，2007 年上证综合指数上涨 97％，受国际金融危机的冲击，2008 年下跌了 65％，随后 2009 年又上涨了 80％，市场波动幅度巨大。而同样是经历了金融危机的冲击，2008 年美国道琼斯工业指数仅下跌 34％，2009 年也保持了较为平稳的走势，上涨了 19％，总体波动较为平缓。

就上海建设国际金融中心的立法而言，伦敦、纽约和法兰克福等发展比较成熟的国际金融中心的立法和司法实务在增强部门监管协作，统一金融监管机构，以原则性监管为主、适时完善监管体系等方面的一系列制度值得上海借鉴。上海在建设国际金融中心的过程中应当注意以下问题：

第一，上海的金融立法在促进公司债券、资产支持债券等方面关注较少，因而不能为促进债券一、二级市场建设及其协调发展提供良好的法律制度保障。

第二，我国金融市场的监管相对分散。在当前中央与地方多级监管和分业监管模式下，不同级别和行业间的协调机制缺失，监管协作较少，导致金融市场的监管合作效率低下，多个金融子市场监管机构之间存在严重的失调问题。

第三，上海金融立法与司法之间的协调难度大。随着上海国际金融中心建设的不断推进和金融业的快速发展，浦东新区人民法院受理的涉外金融案件迅速增多，涉案标的额不断提高，新类型案件不断出现，审理难度和工作量也不断增大,上海金融专业法庭和仲裁机构之间的协调机制有待进一步完善,以使得金融审判庭和金融仲裁院互为补充。

第四,上海金融立法制度与国际标准之间的接轨程度不高。我国的金融市场尚处在发展的初期,需要从立法的角度大力支持该市场的稳定发展,在培育监管理念时应注意以原则性规则为基础,在金融市场的产品创新、金融机构和准金融机构的准入标准、金融市场的构成等方面,引进国际标准的监管规则。

(五) 上海国际金融中心建设的人才缺口大

要实现国际金融中心应具备的金融服务功能,需要拥有丰富的国际化高端金融人才以及维持其一定生活质量的国际化环境。金融人才的培育和储备是金融中心发展最为重要的软实力之一,各种国际金融中心评估体系都将金融人才的供给和生态作为主要评价指标。目前,上海在国际化人才方面的发展程度还相对滞后,这主要体现在以下几个方面:

第一,领军人才和高级专业金融人才缺口大。建设国际金融中心所需的金融工程、产品开发、风险控制等领域的领军人才较少,领军人才缺乏对于上海建设国际金融中心非常不利。同时,高层经营管理人才、高级专业技术人才和中层管理人才也是目前上海金融业急需引进的人才,一些金融机构不得不从中国香港、日本、新加坡等地引进外派人员,帮助本地员工开拓市场,有时甚至不得不从其他行业相关领域寻找一些合适的人,来缓解金融人才短缺的窘境。

第二,上海金融人才教育市场的后续教育质量不高,针对性不强。目前我国的高校金融教育体制偏重应试教育,导致教育体制与市场脱节,缺少从实际出发的具有国际和行业前瞻性的成体系的培训课程,高品质专家讲师队伍匮乏。此外,一些以营利为目的的社会培训机构缺乏对金融行业、金融机构的了解,培训的针对性不强。

第三,金融人才中介服务市场不健全。上海目前缺乏良好的连接金融企业和金融人才的平台或载体,使得金融机构招聘人才的时间较长,且成本较高。此外,上海金融行业缺乏国际著名的金融猎头机构,而发达国家的知名金融企业大多利用猎头公司择取人才。因此,上海要建设国际金融中心,还急需完善金融人才中介服务市场。

第三节　本书的主要内容与观点

　　本书从上海国际金融中心建设的现有基础出发,首先,分析上海目前所处的国内外环境,包括金融中心布局、金融产业、金融技术(互联网发展)等方面;其次,从理论上研究金融创新、金融功能与金融中心之间的逻辑关系;再次,结合上海的实际情况,从金融制度创新、资本市场创新、金融国际化创新、金融产品创新以及金融创新中的风险控制等方面深入展开分析;最后,研究上海国际金融中心建设到 2020 年基本达成的目标以及到 2050 年的发展愿景。

　　本书共分十二章,从国内外环境、制度创新、技术创新、组织创新、金融市场、创新环境和风险控制等角度对上海建设金融中心进程中遇到的问题和可能采取的对策进行研究和探索。

　　第一章,导论,主要从金融中心建设理论和上海金融中心建设实践的梳理,引出本书的研究逻辑,即金融创新促进金融功能完善,进而推进金融中心建设。

　　第二章,上海国际金融中心建设现状与主要问题,主要对上海国际金融中心的建设基础进行分析。在短期内,世界经济仍然难以回归强劲增长,不确定性和复杂的因素正在对全球经济增长产生不利影响,世界经济面临下行风险。就国内经济情况来看,21 世纪以来,中国成为世界第二大经济体,国内居民财富持续增长、人民币资本项目可自由兑换、人民币离岸金融市场建设、汇率市场化、利率市场化、自贸区内的金融便利化,以及市场经济法制建设和社会信用体系建设等因素,均为上海打造成为国际金融中心创造了可能,但与发达经济体的传统国际金融中心相比,上海在服务水平与国家环境两方面仍有较大提升空间。

　　第三章,金融功能、金融创新与金融中心,重点分析了金融创新对于金融中心发挥融资功能、投资功能、定价功能以及宏观调控功能四大功能的作用,为后续各章讨论金融创新在建设金融中心时的作用提供了理论分析基础。

　　第四章,促进上海国际金融中心融资功能发展的关键。笔者认为,金融中心政策形成和决策机制对于国际金融中心建设至关重要,良好的金融制度应当为国际金融机构提供有利的经营环境、税收优惠、平等的竞争环境、符合国际惯例的监管制度、较低的监管成本等。上海国际金融中心的建设需要借鉴发达国家的国际金融中心建设的经验,在制度上进行锐意创新,突破决策体制短板,大力革新混业经营趋势下的监管体制。

第五章,互联网技术与金融创新。互联网时代的国际金融中心建设应从互联网思维出发,积极探索"互联网+金融"的有机融合。当前,互联网金融对市场风险缺乏有效监管,互联网金融快速健康成长的营商环境也尚未形成。在未来,互联网金融将进入"分类监管、协调监管、有序竞争"的发展阶段,借助互联网技术打通金融、投资、贸易之间的体制隔阂。互联网金融将成为推动上海国际金融中心升级的关键力量,需要以新的框架和思路推动上海互联网金融发展和金融体制创新。

第六章,金融结构与直接融资发展创新。本章从金融结构理论出发,指出金融发展的实质是金融结构的变化,而研究金融发展和创新就是研究金融结构的变化过程和趋势。20世纪90年代以来我国金融结构不断演进和变化,金融业发展水平有了很大提高,有力地推动了我国经济社会的转型发展,但仍然存在许多不尽如人意之处,如直接融资比重较低、资本市场波动大等。为进一步推动我国金融市场发展,助推经济创新转型发展,应积极发展直接融资市场,同时不能把发展直接融资市场作为保增长的手段。

第七章,我国金融结构现状不足及原因分析。当前银行仍是我国金融业的主要金融组织形式,其中国有商业银行又是银行体系的主体。金融资源过度集中在国有商业银行,并配置给国有企业和其他大中型企业,造成了金融资源配置的低效。因此,国有金融组织改革和创新是我国金融组织创新的重要组成部分。此外,中小金融机构也逐步发展成为金融组织创新不可缺少的一部分。

第八章,资本市场创新。我国资本市场已初步建立起多层次资本市场体系,有力地推动了市场繁荣发展,为上海建设国际金融中心创造了良好条件。未来,资本市场应发挥其多样性的功能,实现市场结构从单一层次向多层次演化、从"大一统"市场向细分化市场板块发展的趋势。

第九章,金融国际化创新。目前,上海已基本确立了以金融市场体系为核心的国内金融中心地位,初步形成了全球性人民币产品创新、交易、定价和清算中心。在新一轮的金融业开放进程中,人民币国际化与上海国际金融中心建设将深度融合,并助推上海成为全球最大的在岸人民币产品市场。自2013年上海自贸区挂牌后,上海国际金融中心建设将与自贸试验区金融改革实现创新与联动,金融对外开放领域不断拓宽,金融市场开放创新的新平台、新机制、新产品、新手段层出不穷,不断提升上海国际金融中心的功能,成为上海国际金融中心建设的新特征。

第十章，金融创新的环境优化。借鉴金融生态环境理论，将上海金融生态环境的主要构成要素分为核心要素、基础要素以及根本要素。在具体阐述未来上海金融创新环境建设阶段性目标的基础上，对每个阶段的主要任务及具体路径进行了剖析。

第十一章，金融创新中的风险防范。由于上海金融市场内在运行机制还不完善，投机因素、外部冲击经常会造成各类金融市场的大幅波动，而随着金融市场之前关联程度和对外开放程度的加大，内在和外来市场风险也极有可能叠加并进一步放大，金融监管应该标本兼治，高度重视提升市场主体的经济理性，不断提升国民理性的博弈均衡，调整金融资源对产业的流向。金融市场的创新与发展需要司法为其营造规范的交易环境。上海国际金融中心建设要通过制度创新来促进金融创新，为宏观经济风险和本地金融风险提供化解之道。

第十二章，迈向 2050 的上海国际金融中心。从中长期看，未来我国经济发展水平、人民币国际化进程以及"互联网＋"的深入发展等因素将对上海国际金融中心建设产生重要影响。就国际经验看，国际金融中心存在一定的"替代—转移"关系。深刻认识这一关系并把握其规律对上海建设全球金融中心具有重要意义。未来上海国际金融中心建设的重心，将是进一步提升金融市场国际化水平，进一步提升金融服务业的对外开放，全面强化上海配置全球金融资源的能力，增强人民币资产的全球定价能力，打造人民币金融资产配置和风险管理中心。笔者认为，到 2030 年，上海将全面超越东京、香港、新加坡等金融中心，成为东亚地区脱颖而出的金融中心；到 2050 年，上海将成为与纽约、伦敦实力相当的全球金融中心。

第二章

上海国际金融中心建设的基础

上海国际金融中心建设的环境、条件与基础可谓千载难逢,除了全球经济重心东移带来财富、贸易、资本、人才、技术的流动和转移外,还包括我国人民币国际化进程提速、外汇市场的发展、利率市场化和日臻完善的社会征信体系等,为推动以金融创新为核心的国际金融中心建设开辟了道路。从全国范围看,当前上海资本市场体系建设相对完善,金融市场交易规模不断扩大,金融机构集聚效应日益显著,金融发展环境基础持续优化。在未来,上海国际金融中心建设的目标是成为全球金融中心,与伦敦、纽约构成三足鼎立的全球金融中心格局。

第一节　金融中心建设的国际环境

把上海国际金融中心建设置于全球经济格局变革的大环境下考察。从短期看,整个世界经济仍处于 2008 年金融危机带来的阴霾之下,尽管美国经济短期向好,但其宏观经济政策目标将进一步偏向再平衡目标,对世界经济复苏并不有利。从长期看,世界经济重心在由西向东、由北向南转移的过程中,带来了财富、资本、贸易、投资、技术的转移,目前这一态势已初露端倪。统计资料显示,近年来,亚洲地区 GDP、FDI 以及贸易占全球的份额不断上升,从 2005 年的 25.9%、25.0% 和 31.7% 增加到 2017 年的 36.6%,36.2% 及 38.5%(见图 2-1),增幅在 10 个百分点左右。亚洲国家改变世界经济版图的力量或将增强,亚洲经济在世界经济体系中的地位与作用越来越凸显,欧、美、亚"三足鼎立"的世界经济体系新格局正在形成,一座能与纽约、伦敦相匹敌的亚洲国际金融中心城市呼之欲出。

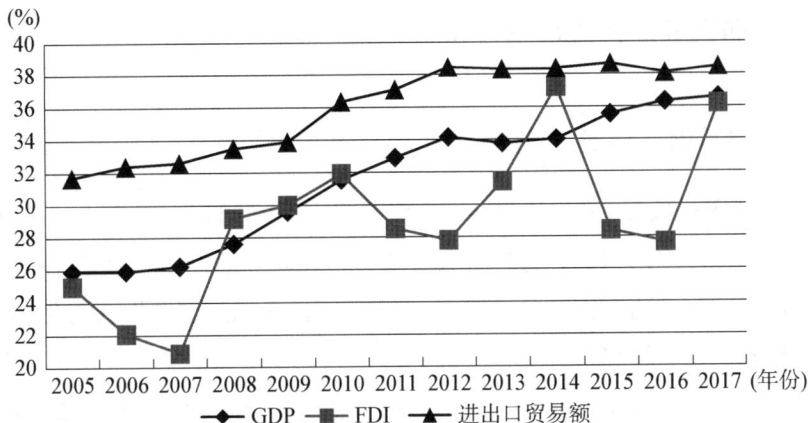

图 2-1　2005—2017 年亚洲地区 GDP、FDI 以及进出口贸易额占全球的份额变化

资料来源:联合国统计司、联合国贸易发展会议(UNCTAD)。

一、短期内世界经济阴霾难散

2015 年底,中国人民大学经济学院发布的《反危机与再平衡困境中的世界经济》报告显示,世界经济仍然处于 2008 年全球经济危机的复苏过程中,但整体增速趋于下降,新兴经济体的局部繁荣并不能改变世界经济增速的下滑趋势。报告概括了短期内世界经济运行的四大特征:

第一,世界经济仍然处于 2008 年全球经济危机的复苏过程中,但是整体增速趋于下降。

第二,国别之间经济增长出现分化,发达经济体的增长表现好于新兴经济体。而发达经济体中,美国好于欧洲,欧洲好于日本。新兴经济体增长连续 6 年出现下滑现象,但制造业出口国的情况好于资源品出口国的状况。

第三,世界贸易的增长慢于世界产出的增长,这说明世界经济并没有在危机调整中实现再平衡,世界经济的复苏仍然依赖于个体国家反危机政策的效果。

第四,发达国家进口总量的增加,并没有为新兴经济体的出口带来明显的拉动作用,而新兴经济体进口的深度下滑值得关注。从原因上判断,新兴经济体国内结构调整的政策外溢导致了新兴经济体货物贸易量的下降,而进口贸易的下降又对全球大宗商品的价格走低有着直接的冲击和影响。新兴经济体内生的增长速度下滑,并在新兴经济体之间形成相互的负反馈冲击。

二、中长期世界经济发展重心东移

(一) 全球财富转移

根据高盛的预测,人均 GDP 与金融资产管理之间存在显著的正向关系,2050 年全世界的人均 GDP 将达到 3 万美元,届时全世界保险、慈善、共同基金中的资产管理额将与全世界的 GDP 总规模相近。全球财富增长的同时,带来了财富的全球流动和转移。

波士顿咨询公司发布的《2018 年全球财富报告》指出,2017 年全球私人财富总额增长 12%,达到 201.9 万亿美元,约为同年全球 GDP 总量(81 万亿美元)的 2.5 倍。该增幅比上一年高出两倍,达到 5 年之最(按美元计算)。这主要得益于各大经济体的牛市表现——股票和投资基金市场增长创历史新高——以及大多数货币对美元走强①。

目前北美仍是全球最富裕的地区,2017 年私人财富总值达 86.1 万亿美元,全年增长 8%,其人均财富也位居全球之首,高达 31.2 万美元。但亚太地区(不包括日本)是最有可能对北美财富优势形成赶超态势的地区②。这一观点意味着全球私人财富格局的转变,主要判断依据在于"新旧世界的角力"。数据显示,在 2014 年,亚太地区财富总量首次超过欧洲,成为世界第二大富裕地区。那一年,亚太地区(不包括日本)财富总量增长达 29.4%,是全球增长最快的地区。而同期北美地区财富增长仅 5.6%,日本增长 2.5%,西欧地区增长 6.6%,非洲中东部地区增长 9.4%,拉丁美洲地区增长 10.5%,东欧地区增长 18.8%③。到了 2017 年,尽管存在增长的收敛效应,但各地区的个人财富增长格局依旧保持,亚太地区(不包括日本)仍以 19% 的增速成为全球个人财富增长最快的地区(见表 2 - 1),高于东欧、西欧等地区 1~11 个百分点。亚太地区(不包括日本)个人

---

① 波士顿咨询. 2018 年全球财富报告[EB/OL]. [2019 - 01 - 22]. http://www.199it.com/archives/824271.html.

② 同上。

③ 同上。

财富的高速增长主要得益于中国和印度。因此,亚洲的崛起首先是财富创造能力的崛起,中国和印度在亚洲崛起中作用突出。

表 2-1　2014 年和 2017 年全球区域财富增长率(%)

区域	亚太(不包括日本)	北美	日本	西欧	非洲中东部	拉丁美洲	东欧
2014 年增长率	29.4	5.6	2.5	6.6	9.4	10.5	18.8
2017 年增长率	19	8	8	15	14	11	18

资料来源:波士顿咨询公司:《2018 年全球财富报告》《2015 年全球财富报告》。

全球财富转移引发财富创造的基础发生转变,以中国为代表的新兴经济体正逐步崛起,南北关系微妙转型。据统计,2001—2010 年,"八大新兴经济体"[1]与 G7 发达国家对全球 GDP 增长的贡献度几乎相当,到 2020 年,新兴经济体和发达国家在全球 GDP 中所占的比重基本相同,中国的全球 GDP 占比达到 20% 以上。即使考虑到一些不确定因素,中国也会在 2030 年成为全球第一大经济体。根据普华永道、花旗银行以及高盛分别对 2050 年全球经济规模的预测(见表 2-2),从中长期看,全球经济将经历一场彻底的重组。到 2050 年,即使最谨慎的估计也认为 G7 中只有美国、英国和日本会继续在世界前七大经济体中占有一席之地。届时,商品、服务、移民以及资金和财富的流动将越来越集中在新兴经济体。

表 2-2　普华永道、花旗银行以及高盛对 2050 年全球经济规模排名的预测

排名	目前情况	2050 年的排名预测情况		
		普华永道(2011 年)	花旗银行(2011 年)	高盛(2009 年)
1	美国	中国	印度	中国
2	中国	印度	中国	美国
3	日本	美国	美国	印度
……	……	……	……	……
8	意大利	印度尼西亚	墨西哥	法国

---

[1] 八大新兴经济体是指经济快速增长的 8 个经济体,即中国、印度、巴西、俄罗斯、韩国、墨西哥、印度尼西亚以及土耳其。这八大经济体在全球 GDP 中所占的比重均超过 1%。

（续表）

排名	目前情况	2050 年的排名预测情况		
		普华永道（2011 年）	花旗银行（2011 年）	高盛（2009 年）
9	印度	德国	日本	德国
10	加拿大	英国	埃及	意大利

资料来源：①PWC：The World in 2050，Economic growth projection and GDP.

②Willem H. Buiter：Trade Transformed-Following the Rise of EM Trade until 2050，"with Ebrahim Rahbari, Citi Economics, Global Economic Outlook and Strategy, Global Economics Essay, 22 June 2011.

③Goldman Sachs：Dreaming with BRICs：The Path to 2050.

全球财富转移模式进入 2.0 版本，诱发全球资源配置的再平衡。以中国和印度为例，财富转移模式将从"携带近 20 亿人口和 40％的劳动力进入全球市场导致财富转移"的 1.0 版本，升级为"结构转型、技术、人才和金融资本积累导致财富转移"的 2.0 版本。届时，如果这些发展中经济体成功升级为发达经济体，将为其他发展中国家提供出口机遇，从而加速全球经济增长。

（二）全球贸易合作

从贸易结构看，发展中经济体和南南贸易比重显著增加。2005—2017 年，中低收入国家（世界银行标准，含低收入国家、中等偏下收入国家和中等偏上收入国家）进出口额的全球占比从 24.2％增长至 30.5％，发展中经济体进出口额的全球占比从 33.9％增长至 41.2％[①]，这一趋势在未来还将加强。

从贸易规则看，地区性合作进程加快，改变了全球化的路径与格局，影响了世界经济发展进程。从当前趋势看，未来双边或多边的自由贸易区（FTA）将成为全球贸易合作的主流形式。据 WTO 统计，截至 2014 年 1 月，签订并实施的自贸区已经达到 377 个，几乎一半以上的贸易已经在各个区域的自贸区中进行。

在多边规则方面，"跨太平洋战略经济伙伴协定"（TPP）于 2015 年 10 月 5 日签订，参与谈判的 12 国签署协定，同意大幅度降低投资、贸易壁垒，确立新的商业规则，并希望以此为样本重塑亚太乃至全球贸易投资规则，TPP 将成为

---

① 根据联合国统计司、联合国贸易发展会议提供的数据计算而得。

有史以来规模最大的地区性协定,覆盖全球经济总量的 40％左右。实际上,TPP 只是美国重构世界贸易投资版图、重塑贸易投资规则的平台之一,另外两个平台是"跨大西洋贸易与投资伙伴关系协定"(TTIP)和"国际服务贸易协定"(TISA)。三个平台内容相似,都是对未来全球贸易和投资提出了一系列更高的标准,其核心就是把这种双边或多边协定从原来只关注关境上的措施延伸到关境内,对政府管理体制、服务业开放、知识产权、劳工和环境标准提出了更高的要求(石良平,2015)。这三个平台,目前中国都不在其中。TPP、TTIP、TISA,包括由东盟 10 国发起的区域全面经济伙伴关系(RCEP)等各类自由贸易协议,在推动地区贸易合作进程加速的同时,也在一定程度上撕裂全球贸易体系,使之碎片化和形成各种不同的贸易联盟及标准。这将是 21 世纪以来,国际投资贸易体系格局的最大变化。

(三) 全球资本流动

从 20 世纪 90 年代的乌拉圭谈判到 2001 年 WTO 成立,标志着全球贸易自由化向贸易公平化的转变,再到欧盟成立和 WTO 谈判陷入僵局,意味着从贸易自由化、公平化向投资贸易化的转向。随着全球化进程的深入,单纯的贸易自由化在未来已经不能满足全球经济开放的需要,更深层面的投资自由化和制度开放被提上议事日程,或将成为并主宰全球资本流动的新动向。投资贸易化新主题的本质,则是生产要素流动的自由化。

从投资形式来看,发展中国家外商直接投资迅猛增长。21 世纪第一个 10 年,发展中国家外商直接投资高于全球 GDP 增长速度。发展中国家掌握着 1.8 万亿美元的境外投资资本,巴西、中国、印度和俄罗斯拥有 8 500 亿美元,目前大多流入发达国家和较好的中等收入国家。

从投资载体看,全球资本流动的载体跨国公司由实体形态向虚拟形态过渡,从分散制造、集中销售向分散制造、分散销售转变。《2050 年的亚洲》一书认为,目前全球资本存量每年增加 5 万亿元,在今后的 20 年里有可能翻番到每年增加 10 万亿元,整个世界正进入投资繁荣期,到 2050 年之前有可能再次翻番。而未来几十年,亚洲资本存量将大幅度增加。全球资本存量净增量的大约 45％都来自亚洲,当中国、印度和其他具有高投资率的亚洲经济体变得更加富裕,它们对于全球资本存量的绝对增量也将提高。如果这种趋势能够持续,这一比例在 2050 年之前将上升到 3/4。经济的高速发展也让 21 世纪的亚洲充满投资机会,全世界的投资者都可便捷地通过上海投资亚洲、投资中国①。

(四) 全球人才回流

金融行业的发展需要依靠大量知识型头脑人才。头脑人才全球流动的内在规律表明,一是流动性比普通人才更强;二是流出后可以通过服务外包等多种方式回流到流出国,进而在流出国和流入国之间产生积极的反馈效应。国际金融危机之后,世界移民潮将形成头脑人才加速流动的南北格局,移民回流现象增多。

面对全球人才流动的新变化,中国正逐渐成为新的逐梦之地。美国曾经依靠"美国梦"成为全球人才"磁铁",在世界格局悄然改变的今天,随着综合国力跃升,中国对头脑人才的吸引力也越发强烈,"中国梦"正悄然成为世界人才新的奋斗目标。随着世界经济重心东移,亚洲新兴市场对新员工的需求将上升22%,超过拉美(13%)、中东/非洲(13%)、东欧(10%)、北美(6.1%)和西欧(3.5%)②。

(五) 信息技术发展

在信息技术领域,高速、泛在、价廉、质优的信息基础设施全面普及,大数据存储和加工技术、社会网络技术以及智能城市技术等将深度改变人们的生活和经营方式。随着社会信息化程度迅速提升,IT技术不断丰富金融资产管理的途径和手段,投资者可以实时了解到全球的财经信息。信息的全球化显著缩短了上海与世界各地的信息距离并拓展了数字空间和流动空间,信息技术渗透金融创新,实时捕捉投资机会。高水平的信息化使资本与财富的流动速度可以与光速媲美,公司和企业在未来的全球策略也会以更快的速度实现,从而导致全球资本格局的不断变化,新的投资贸易格局和价值链管理方式也将不断涌现。

此外,全球信息社会发展也极不平衡,存在巨大的数字鸿沟。发达国家主要信息技术产品与服务的扩散已经进入成熟期,大多数发展中国家仍然处于成长期,还有少数国家信息技术产品与服务的应用尚处于市场培育阶段。2015年,

---

① 哈瑞尔达·考利,阿肖克·夏尔马,阿尼尔·索德. 2050年的亚洲[M]. 姚彦贝,郭辰,曲歌,译. 胡必亮,校. 北京: 人民出版社,2012.
② 上海发展战略研究所. Oxford Economics. Global Talent 2021 [R]. 盛维,等译,2020.

全球最落后国家的主要信息产品应用水平比全球平均水平落后 92％①，这或将对发展中国家金融中心的形成产生流量空间方面的挑战。

（六）人民币国际化

人民币的国际化进程提速。人民币已于 2016 年 10 月 1 日加入 SDR（特别提款权），这是中国经济融入全球金融体系的重要里程碑，也是国际社会对于我国政府在过去几年在货币和金融体系改革方面所取得的进步的认可。根据 IMF 发布的评估报告，人民币在 SDR 货币篮子中的权重为 10.92％，超越日元的 8.33％和英镑的 8.09％，美元和欧元的权重分别为 41.73％和 30.93％。

此外，自 2008 年的国际金融危机以来，中国已经与包括英国、澳大利亚在内的几十个国家或地区签署了货币互换协议；跨境贸易人民币结算、离岸金融发展等措施，也有力地推动了人民币的国际化进程，使人民币在更广泛的空间和职能领域发挥作用，如成为世界主要国家央行的外汇储备货币，或在国际贸易中充当世界货币等。可以预见，人民币将与美元、欧元一并成为国际三大货币，形成三足鼎立之势。

随着"一带一路"倡议的推进，"一带一路"与人民币国际化相辅相成，推动了国内的金融改革和金融开放。据环球银行金融电信协会（SWIFT）统计，截至 2018 年 1 月末，人民币位列全球第五大支付货币，市场占有率为 1.66％。截至 2018 年 3 月末，全球超过 34.9 万家企业和 386 家银行开展了人民币跨境业务，境外 137 个国家（地区）的银行在我国境内开立同业往来账户 5 028 个。

第二节　金融中心建设的国内环境

从全国层面看，中国的 GDP 规模从 2000 年的近 10 万亿元增长到 2018 年的 90 万亿元的体量，并在 2010 年超过日本，成为世界第二大经济体。国内居民财富持续增长、人民币资本项目可自由兑换、人民币离岸金融市场建设、汇率市

---

① 国家信息中心. 2015 信息社会发展报告［EB/OL］.［2020 - 12 - 15］. http://www. sic. gov. cn/archiver/SIC/UpFile/Files/Htmleditor/201505/20150515180517859. pdf.

场化、利率市场化、自贸区内的金融便利化,以及市场经济法制建设和社会信用体系建设等因素,为上海率先成为全球城市网络中的节点城市,丰富和提升国际金融中心功能创造了可能。

上海是中国现代金融业的发祥地,素有"远东华尔街"之美誉,有着悠久的金融发展历史和深厚的金融文化底蕴。从当前所处发展阶段和城市功能转型的内在需求看,上海已步入后工业化时代,服务经济在国民经济中占据主导地位,金融业是现代服务业皇冠上最闪亮的明珠,处于全球价值链的高端。为此,积极发展金融业,鼓励金融创新,对于上海主动应对经济新常态,提升发展效益与质量,实现从投资驱动向创新驱动转型而言至关重要。

一、金融中心发展的中国元素

(一) 国内居民财富增长迅速

截至 2018 年底,中国国内生产总值超过 90 万亿元,按照平均汇率换算,经济总量达到 13.6 万亿美元,保持了 2010 年以来国民生产总值超过日本的纪录,稳居世界第二位,成为全球仅次于美国的第二大经济体,约占全球总量的 1/6。2018 年美国 GDP 超过 20 万亿美元,约占全球总量的 24.2%。中美 GDP 规模占全球总量的比重之差从 2014 年的约 9%(22.51%-13.45%=9.06%)缩小到 2018 年的 7.5%(24.2%-16.7%=7.5%)[①]。

与此同时,中国正在从全球的制造大国逐渐转变为全世界的消费大国、资本大国和财富大国,并伴有一个需求迅速膨胀的资本与财富管理市场。瑞信发布的《2018 年全球财富报告》显示,自 21 世纪初以来,中国百万富翁人数迅猛增长,由 2000 年的仅 4.1 万人增至 2018 年的 350 万人,相当于全球总数的 8.4%,增幅逾 80 倍。2014 年即已超过日本,2018 年年中成人人均实际资产达 32 640 美元。中国的财富增长中逾 75% 来自非金融资产,非金融家庭资产的占比由 2017 年的 61% 上升至 2018 年的 62%,反映出房地产市场依然强劲的势头。平均债务仅为 4 690 美元,相当于总资产的 9%。虽然市场对中国家庭债务的增长表示担忧,但按照国际标准来看,这一债务比例依然较低。预计未来 5 年中国的

---

① 数据来自世界银行. https://www.shihang.org/.

财富将进一步增长23万亿美元,在全球财富中的占比将从2018年的16%升至2023年的逾19%[①]。

(二) 人民币资本项目可兑换

早在2013年,我国就以进出口总值25.83万亿元人民币超越美国,成为全球第一贸易大国,2018年达到30.51万亿元人民币[②]。如此规模巨大的对外经济活动,需要在对外贸易、对外投资和其他相关领域放松管制,促进贸易便利化。为此,人民币资本项目可兑换应当是未来发展的一个趋势,这不仅是适应开放型经济发展的要求,也是资源优化配置的需要。此外,中国的储蓄率处于高位波动,储蓄率超出国内投资需求的部分需要采用"走出去"方式加以消化,以外汇储备或对外投资方式来实现内外经济平衡。一旦对外投资环境向好,国内市场主体愈加成熟与健全,在通胀风险可控的情况下,人民币资本项目可兑换指日可待。需要指出的是,人民币资本项目可兑换也会引发资产泡沫化等潜在风险,应施加必要的监控手段。

(三) 人民币离岸金融市场建设

人民币国际化与人民币离岸金融业务发展相辅相成。目前,建立人民币离岸金融中心的现实基础条件已经具备,中国香港以其天然的区位禀赋、国际化的金融业务流程、雄厚的基础设施以及完善的制度优势等,成为构建人民币离岸金融市场的首选之地。目前包括现金流通、结算系统、信贷、证券及衍生产品在内的香港人民币离岸金融市场雏形已构建,以后需要进一步扩大规模,共同推进人民币离岸金融市场建设。在金融中心建设方面,围绕中国香港与上海"双城"之间的竞争与互补、分工与协作将有待深化。

(四) 利率市场化和金融创新

当下存款利率已在一定范围内放开,但贷款利率仍受管制,利率市场化进程即将提速。可以预计,相关投资者势必充分运用利率类衍生品对冲风险。特别

[①] 瑞信研究院. 2018年度全球财富报告[EB/OL]. [2018 - 12 - 29]. http://www.199it.com/archives/814160.html.

[②] 国家统计局. 2018年国民经济和社会发展统计公报[EB/OL]. [2019 - 02 - 28]. http://www.stats.gov.cn/tjsj/zxfb/201902/t20190228_1651265.html.

是存款利率市场化之后,已有的 IRS、债券远期、远期利率协议和国债期货市场的交易将更加活跃,投资者主体会进一步壮大,市场的广度和深度将更大拓展。后续或将推出利率期货、利率期权、债券期权、IRS 期权等新品种,这将为机构投资者提供更丰富的投资品种,使其在投资组合中有效运用利率衍生品工具主动管理利率风险。利率市场化和利率衍生品工具发展将进一步推动上海国际金融中心建设。

(五) 自贸区发展和金融开放

中国(上海)自贸试验区是上海新一轮对外开放的风向标,是中国加入WTO 实现贸易自由化后又一重大创举,使得中国资本市场朝着国际化方向迈出了重要一步。自贸区的设立使上海成为新一轮制度改革创新的先行者,是全国性对外开放的重要探索,包括金融制度探索和经济管理体系探索。从金融制度层面来看,其创新主要体现在金融服务业全面开放、政府监管职能转变、建立联动机制等方面。从经济管理体系层面来看,上海自贸区实行负面清单机制,将行政部门管理限定在负面清单之内,由此,将引致金融监管机制和金融市场主体的创新理念的重大转变。因此,自贸区是上海国际金融中心建设的重要突破口,随着自贸区金融创新政策的逐步落实,金融服务实体经济、服务投资和贸易便利化的能力将会进一步增强,有助于实现人流、物流、资金流、信息流、数据流的自由流动。现阶段,自贸区新片区的规划应将制度创新作为核心要素,不仅要在原有自贸区创新基础上进行深化,更要有所突破,真正做到“境内关外,来去自由,风险可控”。依托自贸区建设,上海将进一步向国际金融中心、国际贸易中心的目标迈进。

(六) 社会信用体系日益完善

借助互联网技术的发展以及社会信用体系的规范与完善,金融资产管理的征信模式或将从传统的核心资产质押、抵押模式,向收集分析财富管理需求者动态信息转变。《社会信用体系建设规划纲要(2014—2020 年)》明确,到 2020 年基本建立社会信用基础性法律法规和标准体系,基本建成以信用信息资源共享为基础的覆盖全社会的征信系统。社会信用体系建设为上海国际金融建设提供信用背书。

二、金融中心发展与上海转型

作为中国改革开放的"排头兵"和科学发展的"先行者",经过"十二五"时期的转型发展,上海经济增速基本趋于稳定,在全国范围内率先进入"新常态"。面对 2020 年基本建成"四个中心"和社会主义现代化国际大都市的目标,上海经济转型升级的关键在于,能否加快推动经济发展方式从以数量规模投入为主导的粗放型增长向以质量效益为主导的集约型增长转变,能否借助"互联网＋"重构产业链和价值链,促进服务业与制造业的融合发展。其中,以金融创新为导向的国际金融中心建设尤为重要。

(一) 增长速度趋缓

国际金融危机之后,上海面对的社会经济发展的国内外环境都发生了重大变化,先于全国其他地区出现经济增长乏力、工业投资增长停滞甚至是负增长、商品和服务出口受阻、商务成本不断攀升、高层次人才匮乏等增速放缓现象。统计数据表明,2010 年以来季度 GDP 增速进一步下降(见图 2-2),2018 年第 4 季度下探到 6.6％。新常态下上海经济增速可能在 6.0％～7.0％范围内波动。

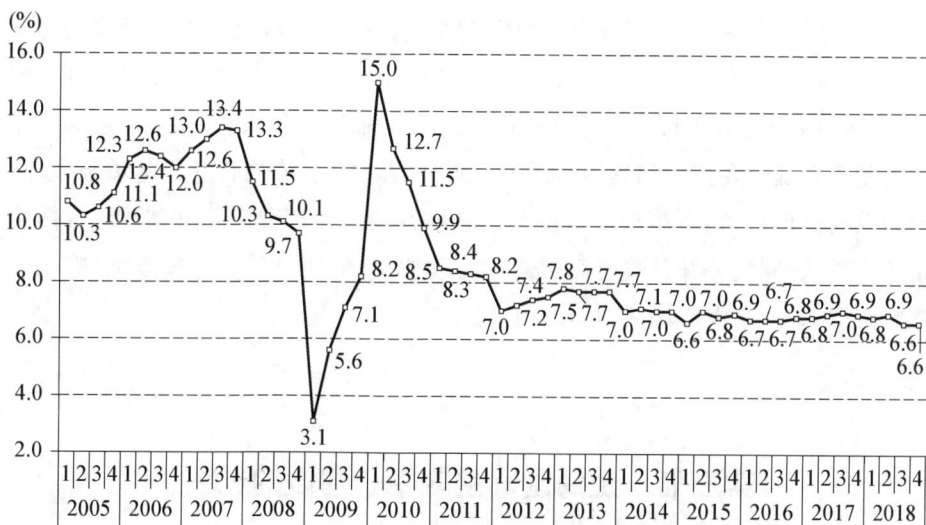

图 2-2　2005—2018 年上海季度累计生产总值的同比增长率

资料来源:上海市统计局。

（二）经济结构调整

从发展阶段看,上海经济已进入后工业化时代,经济结构尤其是需求结构（包括产业结构和消费结构）趋向服务化、信息化、个性化与多元化。2018 年上海实现国民生产总值 3.27 万亿元,按常住人口计算的人均国民生产总值达到 13.50 万元,已超过 2 万美元,达到并超过了高收入国家或地区人均国民收入水平,服务业占比超过 60%。人民生活水平和生存质量在全国处于领先地位,城乡恩格尔系数分别下降到 0.35 和 0.40 以下,需求结构从温饱型向发展型升级。金融业、信息技术、智能制造、健康医疗等产业发展迅速,市场前景广阔。

（三）发展动力切换

从发展动力看,上海正处于从要素驱动、投资驱动向效率驱动、创新驱动转型的关键阶段。一方面,传统意义上廉价的劳动力成本优势、土地成本优势、东部区位优势等快速削弱,一批不能适应新形势的企业关停并转,上海经济面临着投资边际产出下降和服务业"鲍莫尔病"的双重效率损失。但另一方面,新的科技优势、信息化优势、金融优势和市场规模优势等崛起,基于"互联网＋"的创新动力蓄势待发。

（四）体制改革深化

从发展潜力看,上海正处于从政策刺激向深化改革过渡的重要时期。与早些年政策特区思维不同,无论是浦东综合配套改革,还是设立中国（上海）自贸区,建设具有全球影响力的科技创新中心,以及加强社会基层治理,都是深化体制机制改革的重要抓手和具体路径。上海自 2014 年公布首份权力清单至今,主动为政府部门减负,各事项的审批条件、申请材料、办理程序、办理期限、责任处室等都悉数列明、公开。政府部门通过简政放权,加快供给侧管理改革,进一步缓解资源错配,激发市场活力与动力。

第三节　上海国际金融中心建设的现状

自 19 世纪开埠以来,上海一直是中国的经济中心。各方人力物力、产业资本集聚上海,为近代上海的工业化与现代化实业打下了坚实的根基,培育了一批具有国际视野的实业家和金融领袖。进入现代社会之后,特别是改革开放以来,上海开启了从工业化城市向服务城市转型的征途,先后确立了以"五个中心"和社会主义现代化国际大都市为目标的发展道路,勇于担当、敢为人先,在新的历史洪流中推动金融发展之国家重任。

一、上海国际金融中心建设缘起及基本历程

20世纪90年代初,为提升上海城市综合功能,实现从工业城市向现代化国际大都市转型,上海国际金融中心建设与浦东开发开放同步。1992年4月,李鹏总理在国务院《政府工作报告》中指出,"通过上海浦东的开发开放带动长江三角洲地区乃至整个长江流域经济的发展,逐步使上海发展成为远东地区经济、金融、贸易中心之一"(简称"远东三中心")。同年10月,党的十四大报告将上海的城市定位从"远东三中心"提升为"国际三中心"。自此以后,上海国际金融中心建设始终与经济、贸易中心为伴。

2001年5月,国务院批复并原则同意《上海市城市总体规划(1999—2020)》,要把上海建设成为经济繁荣、社会文明、环境优美的国际大都市,国际经济、金融、贸易、航运中心之一。由此,上海的城市定位从"三个中心和国际经济中心城市"提升到"四个中心和现代化国际大都市",为上海描绘了未来20年的发展蓝图。

2009年4月14日,《国务院关于推进上海加快发展现代服务业和先进制造业　建设国际金融中心和国际航运中心的意见》进一步确立了上海国际金融中心建设的国家战略地位。

2012年年初,国家发展和改革委员会发布《"十二五"时期上海国际金融中心建设规划》,明确提出上海国际金融中心建设的总体目标:"到2020年,基本建成与我国经济实力以及人民币国际地位相适应的国际金融中心;基本形成国内外投资者共同参与、国际化程度较高,交易、定价和信息功能齐备的多层次金融市场体系;基本形成以具有国际竞争力和行业影响力的金融机构为主体、各类金融机构共同发展的金融机构体系;基本形成门类齐全、结构合理、流动自由的金融人力资源体系;基本形成符合发展需要和国际惯例的税收、信用和监管等法律法规体系,以及具有国际竞争力的金融发展环境。"可见,上海国际金融中心建设

的目标是成为与纽约、伦敦具有同等影响力的全球金融中心。

2013年7月3日,国务院原则上通过了《中国(上海)自由贸易试验区总体方案》,在外高桥保税区等4个海关特殊监管区域内,建设中国(上海)自由贸易试验区,涉及人民币离岸金融中心的建设、利率与汇率的市场化以及资本账户的开放等重要内容,同年9月29日,中国(上海)自由贸易试验区正式挂牌成立,标志着上海国际金融中心建设迈出实质性一步。

2019年1月,经国务院同意,中国人民银行等8部门联合印发了《上海国际金融中心建设行动计划(2018—2020)》,提出到2020年,上海基本确立以人民币产品为主导、具有较强金融资源配置能力和辐射能力的全球性金融市场地位,基本形成公平法治、创新高效、透明开放的金融服务体系,基本建成与我国经济实力以及人民币国际地位相适应的国际金融中心,迈入全球金融中心前列。

二、上海国际金融中心建设取得的主要成就

伴随着中国(上海)自由贸易试验区建设和创建具有全球影响力的科技创新中心战略逐步推进,上海国际金融中心建设进入新阶段。

(一)金融市场体系建设相对完善

上海金融市场类型日趋丰富,相继组建了货币市场、外汇市场、期货市场、证券市场、保险市场、融资租赁市场和金融衍生品等多层次的金融市场体系,其中不乏国家级金融市场,为上海赶超国外其他国际金融中心奠定了基础条件。同深圳相比,上海的优势在于货币市场、银行间债券市场、金融衍生品市场、外汇市场和期货市场,而深圳的优势则集中于中小企业板市场和创业板市场。为了创建具有全球影响力的科技创新中心,着力解决科技型和轻资产型中小微初创企业的融资难问题,上海正在积极筹办科技银行,探索股权和债权相结合的融资服务方式;在上海股权托管交易中心设立科技创新专板,在上海证券交易所设立科创板,进一步完善多层次的金融市场体系建设。

(二)金融创新活跃功能丰富多样

目前,"沪港通"已顺利启动,类似纽约"全球股份"等金融产品未来也将活跃在上海的金融市场中,外汇、债券、期权、期货、互换与权证等金融衍生市场发展

与金融创新日趋活跃。上海证券交易所积极推进债券市场互联互通,包括推进政策性银行到交易所发债、商业银行发行减记债及信贷资产证券化在交易所交易转让。中国外汇交易中心配合贷款利率市场化,发布了贷款基础利率(LPR);推进市场基准体系的完善和应用,发布货币掉期曲线,增加一年定存报价曲线;推出人民币与澳元直接交易。支付系统国家处理中心上海中心正式投产运行,人民银行第二代支付系统在上海落地。此外,中国银联转接清算系统后银行卡交易规模继续快速增长,2017 年交易金额达到 93.9 万亿元,2018 年突破百万亿元,上海已成为全球领先的银行卡交易清算中心。金融创新为推动企业融通资金与建立现代企业制度提供了多样化的金融便利,为国家实施财政与货币政策、有效管理人民币汇率提供了平台与工具。

(三) 金融市场交易规模不断扩大

上海金融产值稳步上升。2017 年,上海金融市场交易总额达到 1 438 万亿元,金融业实现增加值 5 330.54 亿元(见表 2-3),占全市 GDP 的 17.40%,比 2010 年提高约 6 个百分点。上海股票、债券、期货、黄金等主要金融市场国际排名显著提升,多个品种交易量位居全球前列,影响力不断扩大。

表 2-3　上海金融业生产总值的增加　　　　单位:亿元

年份	2001	2010	2013	2014	2015	2016	2017
生产总值	5 257.66	17 436.85	22 264.06	24 068.20	25 659.18	28 183.51	30 632.99
第三产业	2 748.28	9 942.25	13 985.61	15 501.64	17 274.62	19 662.89	21 191.54
金融业	529.26	1 950.96	2 823.81	3 400.41	4 162.70	4 765.83	5 330.54
金融业 GDP 占比	10.07%	11.19%	12.68%	14.13%	16.22%	16.91%	17.40%

资料来源:《上海统计年鉴 2018》《上海统计年鉴 2015》。

2012—2018 年,上海金融市场(包括外汇市场)全年交易成交额逐年攀升,从 486.95 万亿元增长到 1 645.78 万亿元,年均复合增长率为 22.5%,是国民生产总值的 3~4 倍。其中,银行间市场成交额占主要比重,其次是上海证券交易所的成交额,增长态势强劲。上海期货交易所的成交额、中国金融期货交易所的成交额和上海黄金交易所的成交额都有所波动(见表 2-4)。

表 2 - 4　上海主要金融市场成交额概况　　　　　　　　单位：万亿元

主要金融市场	2012 年	2013 年	2014 年	2015 年	2016 年	2017 年	2018 年
金融市场（包括外汇市场）全年交易成交额	486.95	588.87	786.66	1 462.73	1 364.66	1 428.44	1 645.78
其中：上海证券交易所成交额	54.75	86.51	128.15	266.37	283.87	306.39	264.62
上海期货交易所成交额	89.20	120.83	126.47	63.56	84.98	89.93	81.54
中国金融期货交易所成交额	75.84	141.01	164.02	417.76	18.22	24.59	26.12
银行间市场成交额	263.63	284.74	361.51	704.26	960.15	997.77	1 262.83
上海黄金交易所成交额	3.53	5.22	6.51	10.78	17.44	9.76	10.66

注：除上海期货交易所和上海黄金交易所成交额按双向计算外，其他成交额数据均按单向计算。

资料来源：2012—2018 年《上海市国民经济和社会发展统计公报》。

上海初步形成全球性人民币产品创新中心，上海国际金融中心建设在服务国家经济社会发展和金融改革开放的过程中取得了重要进展，基本确立了以金融市场体系为核心的国内金融中心地位，初步形成了全球性人民币产品创新、交易、定价和清算中心。

"十二五"至"十三五"时期，上海各金融要素市场加快发展，新的市场平台不断建立。2015 年底，国务院批准筹建上海保险交易所。金融市场基础设施更加健全，人民币跨境支付系统（CIPS）落户上海，中央国债登记结算公司成立上海分公司。金融市场产品和工具不断丰富，推出了国债期货、同业存单、ETF 期权、黄金 ETF、外汇期权等一批有重要影响力的金融产品和工具。金融市场规模快速增长。上海股票、债券、期货、黄金等主要金融市场国际排名显著提升，多个品种交易量位居全球前列，影响力不断扩大。2018 年，金融业深化改革创新，上海国际金融中心建设步伐进一步加快，上海金融法院获批成立，原油期货、2 年期国债期货、铜期权、纸浆期货成功上市，其中原油期货已超过迪拜商品交易所，成为亚洲最大、全球第三的原油市场；中国人寿上海总部、建信金融科技等总部型功能性机构落户，人民币跨境使用范围进一步拓展。

(四) 金融机构空间集聚效果显著

金融机构在上海的集聚非常明显,成为上海国际金融中心建设的重要标志之一。至 2017 年底,已有 1 491 家金融机构集聚上海(见表 2-5),其中外资金融机构的数量增长非常迅速,已达到 251 家,约为 2011 年的 1.5 倍。尤其是随着上海自贸区金融试点工作稳步推进,到 2014 年 9 月(自贸区成立 1 周年),已有 3 000 多家金融类机构获批入驻自贸区,占新设企业的 1/4,其中持牌金融机构达 94 家,涵盖了中外资银行、保险、证券期货和股权投资等各金融类别,10 家中资银行开具了 5 000 多个自贸账户。仅 2014 年前 9 个月,自贸区跨境人民币结算额达 2 010 亿元,同比增长 2.5 倍,占全市的 16.7%,且呈现逐月提高态势。境外人民币借款额达 191 亿元,降低了区内企业的融资成本。57 家申请参加了双向人民币资金池,业务规模达 388 亿元。此外,上海期货交易所已在自贸区内设立上海国际能源交易中心,具体承担推进国际原油期货平台筹建工作。

表 2-5　上海 2011—2017 年末金融业单位数

单位数量	2011 年	2012 年	2013 年	2014 年	2015 年	2016 年	2017 年
金融业	1 048	1 124	1 240	1 336	1 430	1 473	1 491
货币金融	160	510	564	601	618	622	623
资本市场	149	193	252	292	350	382	403
保险业	333	347	347	363	382	386	389
外资金融	173	208	215	216	230	242	251

注: 金融业单位数统计中,货币金融单位统计至市分行及持牌运营中心;资本市场单位统计至证券公司市分公司、基金公司、期货公司、证券投资咨询公司、资信评级机构、证券市场机构和登记结算机构;保险业统计至保险公司市分公司、专业保险运营中心和保险中介机构。此外,金融单位统计包括各金融监管部门。

资料来源: 2013—2018 年《上海统计年鉴》。

到 2018 年底(自贸区成立 5 周年),自贸区与上海国际金融中心建设深度联动。上海自贸区陆家嘴片区的金融资源配置核心功能不断增强,全球资管生态圈在这里已经初具规模。截至目前,已集聚 9 家全球规模排名前 10 的资管机构、14 家外资独资资管公司,吸引 51 家国际知名金融机构,设立了 69 家资产管理机构、99 家跨国公司地区总部。通过深入推进与上海国际金融中心建设的相互联动,自由贸易账户继续拓围,新增跨境再保险结算功能。目前,全市已有 56 家金融机构通过分账核算系统验收,累计开立 13.6 万个;覆盖全市符合条件的四类企业,已有 4 000 多家企业开立。上海自贸区持续深化金融开放创新步伐,出台扩大银行业、证券业、金融市场等金融服务业对外开放的 25 条意见。2018 年,跨境人民币结算总额 2.55 万亿元,占上海全市的 35.3%;跨境双向人民币资金池收支总额 4 826 亿元,同比增长 1.7 倍。此外,上海保交所上线国际再保险平台,黄金国际板累计招募国际会员 76 家,成交金额 4.9 万亿元,中国第一个国际化期货品种原油期货上市交易,交易规模全球第三[①]。自由贸易账户功能进一步拓展,2018 年新增近 5 000 家企业纳入自贸账户系统,账户总数已超 7.2 万个。跨境人民币业务、投贷联动等方面在全国率先试点,支持互联网金融等新业态、新模式的探索与发展,个人税收递延型商业养老保险在上海率先推出[②]。

"十二五"至"十三五"时期,上海积极引进和培育各类金融机构,形成了中外资金融机构共同发展的格局。国际金融组织首度落户上海,金砖国家新开发银行正式开业,成为首个总部设在上海的国际金融组织。总部型、功能性金融机构集聚取得重要突破,中国银行上海人民币交易业务总部、中国建设银行(上海)中心、中国农业银行上海管理总部相继成立。中国保险投资基金、银联国际有限公司、证通股份有限公司、中国民生投资股份有限公司等重要金融机构落户上海。新型金融机构加快发展,小额贷款公司、融资性担保公司、股权投资、创业投资企业数量不断增加,互联网金融等新兴业态日益丰富。

(五)金融对外开放成果逐步显现

一是金融对外开放领域成效卓越。2018 年以来,上海积极落实"扩大开放100 条"行动方案,先后上报两批 23 个金融业对外开放项目,13 个项目已落地,近期又上报了第三批 8 个项目。上海已成为外资金融机构在华的主要集聚地。股票"沪港通"、黄金国际版、黄金"沪港通"、人民币合格境外机构投资者(RQFII)境内证券投资、跨境 ETF 等顺利启动,银行间债券、外汇、货币市场扩大开放,"熊猫债"发行加快,发行主体更加多元。上海在全国率先推出外资股权

---

① 上海发布.上海自贸区最新成绩单:38 个开放领域实现全国首创项目落地[EB/OL].[2019 - 03 - 04]. http://www.sohu.com/a/298915615_391452.

② 吴清.上海:积极落实行动计划建设新时代上海国际金融中心[EB/OL].[2019 - 01 - 22]. http:// finance.sina.com.cn/china/gncj/2019-01-22/doc-ihrfqziz9879077.shtml.

投资企业试点（QFLP）和合格境内有限合伙人试点（QDLP）。外资金融机构加速聚集，上海已成为外资金融机构在华主要集聚地，机构种类和国别更为丰富。截至 2018 年末，在沪各类外资金融机构总数达 502 家，占上海金融机构总数的 30% 左右。金融机构"走出去"步伐加快，人民币国际投贷基金成立运作，越来越多的金融机构通过在境外设立分支机构或进行并购，开展国际化经营。

二是跨境人民币业务的持续推动，显著提升了上海作为全球人民币中心的地位。2010—2017 年，上海跨境人民币业务结算从 400 多亿元增长到 2.8 万亿元，年均增长率达到 80%。上海跨境人民币业务结算量在全国的占比从 10% 左右上升到 30%，始终位于全国前列[1]。跨境人民币业务的快速发展，对推动人民币成为全球主要支付货币、推动人民币成为特殊提款权（SDR）篮子货币发挥了重要作用。与此同时，上海外汇市场交易币种和品种不断增加，人民币对外币的即期交易已达 14 对，每日公布的人民币汇率中间价、货币市场基准利率（SHIBOR）、贷款基础利率（LPR）等对全国乃至世界都有重大影响，已成为境内人民币的定价中心。

三是已经成为国内金融发展环境最佳的地区之一。金融法治环境建设取得重大进展，在全国率先设立了上海金融法院。金融仲裁院、金融消费权益保护局、金融纠纷调解中心等陆续成立。信用体系建设取得重要进展，出台了全国首部地方综合性信用条例——《上海市社会信用条例》，落户上海的人民银行征信中心已建成全国集中统一的企业和个人信用信息基础数据库，上海市公共信用信息服务平台开通运行。推出上海文创金融服务平台，做好金融服务支持上海进口博览会工作。此外，主动实施各项金融服务措施，积极吸引金融机构、金融人才集聚上海，金融业从业人员超过 37 万人。设立并连续评选金融创新奖，在全国率先建立金融业联合会，成功举办十届陆家嘴论坛，国际影响力进一步提升[2]。

三、国际视野下上海国际金融中心建设评价

目前对全球国际金融中心比较权威的评价大致有两项。一项是自 2010 年

---

① 王宙洁，宋薇萍. 从 400 到 2.8 万亿：上海跨境人民币业务结算量增速惊人［N］. 上海证券报，2018 - 11 - 07.

② 上海：积极落实行动计划建新时代上海国际金融中心［EB/OL］.［2019 - 01 - 22］. http://finance. sina. com. cn/china/gncj/2019-01-22/doc-ihrfqziz9879077. shtml.

起,由新华社联合美国芝加哥商业交易所集团发布的"新华—道琼斯国际金融中心发展指数"(简称 IFCD 指数),另一项排名来自英国 Z/Yen 咨询公司发布的全球金融中心指数(简称 GFCI)。

(一)新华—道琼斯国际金融中心发展指数

IFCD 指数通过金融市场、成长发展、产业支撑、服务水平和国家环境 5 个维度展开评比分析。2017 年,IFCD 指数排名前 10 的国际金融中心分别为伦敦、纽约、香港、东京、上海、新加坡、巴黎、法兰克福、苏黎世、北京(见表 2-6)。相比 2010 年,上海国际金融中心已经由第 8 位上升至第 5 位。上海国际金融中心在金融市场维度、成长发展维度、产业支撑维度等方面均表现出了强劲的发展趋势,但与发达经济体的传统国际金融中心相比,上海在服务水平与国家环境两方面仍有较大提升空间。

表 2-6　2010—2017 年新华—道琼斯国际金融中心发展指数综合排名前 10 的城市

名次	2010 年	2011 年	2012 年	2013 年	2014 年	2015 年	2016 年	2017 年
1	纽约	纽约	纽约	纽约	纽约	纽约	纽约	伦敦
2	伦敦	伦敦	伦敦	伦敦	伦敦	伦敦	伦敦	纽约
3	东京	东京	东京	香港	东京	新加坡	东京	香港
4	香港	香港	香港	东京	新加坡	东京	香港	东京
5	巴黎	新加坡	新加坡	新加坡	香港(5)	上海(5)	上海	上海
6	新加坡	上海	上海	上海	上海(5)	香港(5)	新加坡	新加坡
7	法兰克福	巴黎	法兰克福	巴黎	巴黎	巴黎	巴黎	巴黎
8	上海	法兰克福	巴黎	法兰克福	法兰克福	法兰克福	法兰克福	法兰克福
9	华盛顿	悉尼	苏黎世	芝加哥	北京	北京	北京	苏黎世
10	悉尼	阿姆斯特丹	芝加哥	悉尼	芝加哥	芝加哥	芝加哥	北京

注:2014 年、2015 年上海与香港并列排名第 5 位。

资料来源:中国经济信息社. 新华—道琼斯国际金融中心发展指数报告(2018)[EB/OL].[2018-07-13]. http://index. xinhua08. com/a/20180713/1736547. shtml.

(二) 英国 Z/Yen 咨询公司发布的全球金融中心指数

从 2007 年 3 月开始,该指数开始对全球范围内的 46 个金融中心进行评价,并于每年 3 月和 9 月定期更新以显示金融中心竞争力的变化。GFCI 指数将构成金融中心竞争力的诸多因素划分为 5 个核心领域,即人才、商业环境、市场发展程度和基础设施,以及在上述 4 个领域的领先进而具备的总体竞争力。

2018 年 9 月 12 日,第 24 期全球金融中心指数发布,共有 100 个金融中心进入榜单,其中全球前十大金融中心排名依次为:纽约、伦敦、香港、新加坡、上海、东京、悉尼、北京、苏黎世、法兰克福。上海由上一期的全球第 6 位升至第 5 位。纽约在本次全球金融中心指数排名中位列榜首,以 2 分的微弱优势超越伦敦;香港本期评分再次上升 2 分,与排名第 2 的伦敦仅相差 3 分,同时领先排名第 4 的新加坡 14 分,"纽伦港"全球金融中心第一阵营地位进一步巩固。长期以来,伦敦、纽约、香港、新加坡和东京一直占据全球金融中心指数前 5 的位置,尽管内部排名偶尔出现变化,但其他金融中心难以撼动这一格局。

2020 年 9 月 25 日,最新一期全球金融中心指数报告(GFCI28)发布,按照营商环境、人力资源、基础设施、发展水平、声誉等指标,该报告对全球 121 个全球主要金融中心进行了评价和排名,共有 111 个金融中心进入榜单,全球前十大金融中心排名依次为:纽约、伦敦、上海、东京、香港、新加坡、北京、旧金山、深圳、苏黎世。上海首次位列第 3 位。

四、国内视野下上海国际金融中心建设评价

(一) 综合实力定量评价

从国内的竞争态势看,目前我国已有 31 个城市提出要建设金融中心,而在全国范围内,只有上海、北京、深圳有实力成为全国金融中心,并有实力发展为国际金融中心。

自 2009 年 5 月起,综合开发研究院(中国·深圳)开始发布"CID 中国金融中心指数"(简称 CFCI),每年更新一次,旨在对国内各层次的金融中心在金融产业绩效、金融机构实力、金融市场规模和金融生态环境等方面开展研究。在 2018 年 9 月公布的第 10 期《中国金融中心指数报告》中,评价范围涵盖我国 31

个金融中心城市,包括三大全国性金融中心和六大经济区域的 28 个区域金融中心。综合竞争力排名前 10 的依次是:上海、北京、深圳、广州、杭州、成都、天津、南京、重庆、武汉①。

(二) 差异化竞争压力

在可以预见的未来,上海国际金融中心如何在与北京、深圳和香港的竞争中,获取可持续性的差异化优势,抓住时代赋予上海的机遇,需要深入思考以下问题。

第一,上海国际金融中心以交易规模见长,金融服务功能有待完善。与科技、贸易、航运相关的金融服务发展相对滞后,同融资服务、金融法律、资产管理、咨询研究、信用评级等相关的现代服务业发展水平有限,相关的法律法规、统计方法与税收政策等也有待健全。

第二,上海国际金融中心以机构集聚见长,流量空间集聚有待增强。新金融尤其是互联网金融以各种业态创新登场,彻底改变了传统金融服务的作用方式,从而引发创新与监管之间的博弈。从未来发展趋势看,新金融将同贸易平台、信息平台等融合发展,成为上海国际金融中心建设不可分割的重要组成部分,借助互联网技术,有效提升金融配置效率。

第三,上海国际金融中心以金融创新见长,但对金融创新的监管权力却是在北京。在"一行三会"金融监管体制下,上海国际金融中心建设与金融创新犹如"戴着镣铐跳舞",如何通过金融创新形成上海独特的竞争优势,不仅取决于市场与政府之间的良性互动,同时也有赖于中央与地方金融管理机构之间的权力权衡与博弈。

第四,上海国际金融中心建设所需的金融人才相对匮乏。与成熟国际金融中心城市相比,虽然上海的金融行业从业人员数量逐年增加,但是高水平的金融产品设计、营销和资产管理人才却十分缺乏,高端人才的短缺限制了金融机构国际业务的发展②。

---

① 综合开发研究院(中国·深圳).第 10 期中国金融中心指数:31 金融中心竞争力提升,北上深居前三甲[EB/OL].[2018 - 09 - 12].https://baijiahao.baidu.com/s? id = 1611390766613459073&wfr = spider&for=pc.

② 邵亚良.上海国际金融中心建设若干问题探讨[J].上海金融学院学报,2014(1):5 - 20.

第三章

金融功能、金融创新与金融中心

在一个联系日益紧密的国际金融体系中,金融中心间的合作越频繁,竞争也越激烈,各个金融中心纷纷依靠金融创新完善金融功能,提高国际地位,力图争夺全球金融业的话语权和利润制高点。金融中心犹如一家企业,发生在其中的金融活动如同企业的经营发展,其功能(即金融服务功能)如同企业提供的各种产品;金融创新也如同企业的创新。因为金融市场需求是多样的,所以需要金融创新;因为金融市场需求是多变的,所以需要金融创新。金融中心需要通过制度创新、组织创新提高金融服务效率;通过产品创新,满足不同市场需求。因此,研究金融创新如何完善金融中心功能,对于上海国际金融中心的建设具有重要意义。

第一节　金融中心的主要功能

一、金融中心的四大主要功能

金融功能是金融体系所提供服务的总称,不过对于金融功能到底包括哪些内容,还存在很多不同的观点。Levine(1997)认为金融体系的功能包括促进风险改善、监控经理与加强企业管理、信息获取与资源配置、动员储蓄、促进交易等。Allen 和 Gale(2001)认为金融体系的功能主要是风险分散、信息提供、企业监控等。孙立坚(2004)总结出金融体系的六大基本功能:价值创造、流动性供给、风险分散、价格发现、信息传递和公司治理。白钦先(2003)认为金融功能主要包括资源配置功能、资金媒介功能、资产避险功能、产业结构调节功能、引导消费功能等。白钦先等(2009)又进一步将金融功能区分为基础功能(包括服务功能、中介功能)、核心功能(资源配置功能)、扩展功能(包括经济调节功能、风险规避功能)和衍生功能(包括风险交易功能、信息传递功能、公司治理功能、引导消费功能、区域协调功能、财富再分配功能)。基于前人对金融功能的研究成果,结合金融中心的经营实务,本书将金融中心的功能概括为融资功能、投资功能、定价功能以及宏观调控功能四大主要功能。

融资功能指的是金融中心为资金需求方获得资金而提供的服务。金融中心的特征之一是资本的大量集聚,形成规模庞大的资金池。凭借金融中心强大的信息分析能力,有效降低信息不对称,辨别资金需求方的风险等级,以较低的交易成本向资金需求方提供资金。

投资功能指的是金融中心为资金提供方提供多样化的金融产品,既为了实现资产的保值增值,也为了分散金融风险。主要金融中心都拥有发达的金融市场,这是实现投资功能的核心。各类金融机构围绕金融市场开发产品、提供服务,形成了金融中心的投资功能。

定价功能指的是金融中心拥有影响其他地区同类金融产品定价的能力。与其他商品类似,金融产品的均衡价格同样由供求关系决定。但与其他商品不同的是,金融产品具有高度的同质性和快速的流动性,不同地区的金融交易往往参考一个或几个标杆价格,在此基础上制定实际交易价格。由于这些标杆价格的来源一般为主要金融市场上的成交价格,这些主要金融市场又位于金融中心当中,所以金融中心就具有了金融产品的定价功能。

宏观调控功能指的是金融中心可以帮助政府实施货币政策和财政政策。随着经济改革的深入,政府对经济的行政性干预已逐渐被市场化手段取代。财政政策和货币政策成为宏观调控的主要方式。金融中心中完善的金融市场体系为政府调控提供了价格信号、执行货币政策的场所,也为发行债券提供财政政策支持。

金融中心的四大主要功能互有侧重,但也相互渗透、相互影响。下文主要以融资功能为例,介绍金融创新对金融中心功能的促进作用。

二、促进融资功能的直接因素

融资是重要的金融活动,影响因素众多,大体上可以分为影响融资活动的直接因素以及影响金融环境的间接因素。在直接因素中,信息不对称和交易成本是最受关注的两个;间接因素则包括高素质金融人才的数量、合理的监管制度、专业服务、公平的商务环境和发达的金融交易市场等。

(一) 信息不对称

信息不对称是金融市场的一个重要特征,指的是交易的一方对另一方缺乏充分的了解,并影响其在交易中做出正确的决策。例如,相对于资金提供方而言,资金需求方对自己是否有能力还钱有更加深入的了解。信息不对称会导致逆向选择和道德风险。

逆向选择指的是交易之前出现的信息不对称问题。潜在的不良贷款风险来自那些积极寻求资金的人,因此,愿意承担高额利率的人很有可能是根本不准备还钱的人。因为逆向选择增加了资金损失的可能性,资金提供方可能决定不进行任何投资,即使市场上的确存在着风险很低的投资机会。道德风险指的是交易之后出现的信息不对称问题。由于资金需求方从事了与资金提供方意愿相背离的活动,增大了资金损失的可能性,导致资金提供方承担较大的风险。例如,一旦资金需求方获得了融资,由于使用的是别人的钱,他可能会冒比较大的风险(其收益可能很高,但损失的风险也很大)。由于道德风险降低了收回投资的概率,资金提供方可能不愿意进行任何投资[①]。

信息不对称问题是抑制融资活动的重要因素之一,因此,缓解信息不对称就成了促进融资功能的重要方式。

(二) 降低交易成本

融资中的交易成本指的是资金的供需双方为了实现融资交易而支付的额外费用。这些费用包括寻找交易对手方的搜寻成本,取得交易对象信息并与交易

---

① 弗雷德里克·S. 米什金. 货币金融学(第九版)[M]. 郑艳文,荆国勇,译. 北京:中国人民大学出版社,2011:165.

对象进行信息交换的信息成本,与交易对手方针对契约、价格讨价还价的议价成本,在进行投融资决策前签订契约所需要的决策成本,为了维护契约可以得到良好执行的约束成本等。例如,如果资金需求方希望发行债券或者股权进行融资,那么就需要一家投资银行承担证券承销工作,还需要会计师事务所、律师事务所、资信评级机构等金融服务机构的介入,产生交易成本。对于资金供给方来说,为了寻找投资机会,他们也往往需要聘请专门的资金管理人,并且支付一定的搜索费用。对于资金需求方来说,交易成本越高意味着资金成本越高,他们的融资需求就会受到抑制;对于资金供给方来说,交易成本越高意味着资金收益越低,在同样的收益率下他们需要承担更多风险。因此,交易成本过高是抑制融资活动的重要因素之一,如果想提高本地融资活动的活跃程度和交易规模,需要降低本地的交易成本。

(三) 信息不对称和交易成本对融资结构的影响

由于市场上普遍存在着信息不对称问题,而公众对于信息的甄别能力较差,甄别成本也较高,所以需要专门的金融中介机构代替公众甄别信息,进行对外投资,也就产生了间接融资方式。间接融资,指的是资金提供方与资金需求方之间存在金融中介,帮助双方实现资金的转移。这类金融中介一般是银行、财务公司、信托公司、保险公司等。在这种融资方式下,资金提供方将资金存入上述金融机构或者购买金融机构发行的各类证券,再由这些金融机构负责使用集中起来的资金进行投资。资金提供方与资金需求方之间不直接接触,而是由金融机构以债权人的身份介入其中,实现资金的调剂。与直接融资相比,间接融资最大的特点是金融中介机构的介入。由于金融中介机构雇用了较多金融专业人员,并且其具有小投资者没有的规模优势,所以可以有效降低投资时的信息不确定,降低资金风险,但交易成本也相对较高。在间接融资中,需要上市交易的金融资产占比较小,所以金融市场的重要性较低,核心要素是金融中介机构,特别是商业银行。因此,间接融资发达的金融中心也往往是银行业中心。

与间接融资相对的是直接融资。直接融资,指的是资金需求方直接从资金提供方募集资金,不需要金融中介机构代替资金提供方投资。直接融资的主要形式是发行股票和债券。与间接融资相比,这种融资方式的交易成本较低,资金提供方的预期收益较高。但是由于资金需求方的信用水平参差不齐,又缺少金融中介机构对资金需求方的状况进行核查,资金提供方面临的风险也相对较高。

直接融资的核心要素是金融市场,其他要素都围绕和服务于金融市场,共同实现直接融资。金融市场既可以是有形的交易所,例如股票交易所,也可以是无形的交易市场,例如银行间市场。各类资金需求方在上述市场中通过发行股票或者债券融资。这些资金需求方包括中央和地方政府,以及符合直接融资资质的各类企业。直接融资的资金提供方一般是机构投资者,包括公募基金、私募基金、保险基金、证券公司的自营部门或者资产管理部门,也包括购买债券的银行等。同时,在承销证券时,还需要投资银行、资信评级机构、会计师事务所、律师事务所等提供配套服务。此外,由于金融市场需要合理的秩序和稳定的预期,所以金融监管部门和行业自律协会也应该在金融市场附近驻扎或者设立重要的分支机构,以应对突发性问题或者不断改进规则。因此,直接融资发达的金融中心往往拥有完善的金融市场体系,并且集聚着数量庞大的各类金融机构。

由于间接融资中存在中介机构佣金,导致成本较高,因此寻找新的信息甄别方式,使用直接融资就成为资金供求双方的共同愿望。近年来,随着金融创新的发展,直接融资在融资总额中的比例逐渐扩大,在部分国家和地区甚至超越了间接融资。金融创新对融资结构的影响将在第二节中具体分析。

三、促进融资功能的间接因素

除了直接对融资活动产生影响的信息不对称和交易成本以外,还有一些影响所有金融功能的间接因素,同样对融资活动产生重要促进作用。这些间接因素包括:数量众多的高素质金融人才、较为合理的监管制度、专业服务、适宜的环境和发达的金融交易市场。

(一) 数量众多的高素质金融人才

对于金融机构来说,最重要的资产是人力资本和货币资本。对于金融中心来说同样如此,这在以往对金融中心的研究当中都有体现。英国的金融咨询公司 Y/ZEN 于 2005 年发布了题为《伦敦作为国际金融中心的竞争地位》的报告[简称 Y/ZEN(2005)]。Y/ZEN(2005)对数十家欧美主流金融机构的管理人员进行了问卷调查,并以此次调查的结果为基础,编制了著名的"全球金融中心指数"(The Global Financial Centres Index)。Y/ZEN(2005)总结出金融中心最重要的 14 个指标,分别是:雇用到高水平金融员工的难易程度、监管环境、与国际金融市场的联系紧密程度、商务基础设施的质量、与客户的联系紧密程度、公平的商务环境、政府帮助、企业税、经营成本、获得专业服务的难易程度、生活质量、文化和语言、商业财产的质量和数量、个人所得税①。在这 14 个指标中,"雇用到高水平金融员工的难易程度"被认为是重要性最高的指标,98%的受访者认为该指标非常重要,并且伦敦和纽约两大金融中心在这方面做得非常好②。一名受访者谈道:"我们意识到,银行业是一个周期性行业,在行业景气时我们需要增加人手,而在不景气时我们需要裁员。我们已经把欧洲大陆的业务放在伦敦来做,因为我们总可以在需要的时候找到最有经验的人才,而在形势不好时,把他们辞退的难度也更低一些——在巴黎和法兰克福,辞退员工的成本很高,而且费时费力。"③

另一名受访者提道:"伦敦的金融行业员工成本很高——但是我们并不介意,因为这里的员工素质很高,可以构成重要的竞争优势——我们大部分的经营团队都有较高的学历,并且会说外语。"④

在另一本阐述金融中心发展历程的书——《资本的首都:国际金融中心史,1780—2005》中,作者 Youssef Cassis 同样认为金融人才对于金融中心的形成和发展具有举足轻重的作用。他写道:"过去两百年,金融中心吸纳了大量金融移民,既包括外国银行家,也包括其他金融从业人员。他们将自己的智慧和生命挥洒在金融创新活动当中,为金融中心的发展作出了重大贡献。例如,19 世纪上半叶,从德国和瑞士移居到法国的金融移民建立了巴黎的高级银行。19 世纪的伦敦同样聚集了来自世界各地的金融人才,极大地提高了伦敦在国际金融业当中的服务能力和行业地位。在纽约,投资银行体系完全是由德国裔犹太人在 19 世纪下半叶建立起来的,并且他们在 20 世纪仍然发挥着重要作用。德国纳粹政权推行的反犹太人政策迫使大量犹太银行家离开德国和中欧,来到世界上最具活力的金融中心——伦敦和纽约。规模较小的金融中心同样受益于金融人才的迁入,其中最典型的是 19 世纪的布鲁塞尔和 1945 年之后的日内瓦,此外还有16 世纪和 17 世纪的胡格诺派难民也对金融中心的形成发挥了重要作用。我们

① Z/YEN Limited. The competitive position of london as a global financial centre [M]. London: Corporation of London, 2005: 2.
② Ibid, 18.
③ Ibid, 19.
④ Ibid, 20.

看到了在 1914 年之前，罗斯柴尔德家族在巴黎和伦敦扮演的角色，朱尼厄斯·摩根在伦敦、雅各布·希夫在纽约起到的作用，也看到了 1945 年之后西格蒙德·沃伯格在伦敦、安德烈·迈耶在纽约取得的成绩。"①

正因为人才因素对于金融中心的重要性，吸引和留住金融人才，使他们发挥最大的价值，就成为金融中心建设当中需要重点考虑的因素。

（二）较为合理的监管制度

金融行业是市场化程度最高的行业之一，但同时也是最容易引发连锁反应和系统性风险的行业。同时，经济犯罪频发、涉案金额巨大也是这个行业的特征之一。因此，金融行业也是受到政府监管最严格的行业之一。然而，过度监管经常会导致过于苛刻的经营环境，为数众多的金融活动无法开展，削弱了金融机构对实体经济的服务能力。

在 Y/ZEN(2005)当中，"监管环境"被认为是第二重要的指标，超过 80％的受访者认为监管环境对于金融活动非常重要，并且超过 90％的受访者认为伦敦的监管环境非常适宜，同时也有一部分受访者指出纽约的监管环境还有提高的空间。受访者们普遍认为过度监管和多头监管会造成不便，抑制金融活力。一位受访者表示："纽约的监管问题在于多头监管——有太多的人要求你做太多的事情，而且在半数时间内他们的要求都是互相矛盾的。如果只有一个监管主体，那么情况会好很多。"②

英国的金融监管主要由金融服务管理局（Financial Services Authority）负责。金融服务管理局将监管原则公之于众，并且在执行这些原则时留有一定的灵活性。它还倾向于将监管精力集中于风险最高的领域③。一位受访者表示："英国金融服务管理局会倾听我们的需要，并理解我们的顾虑。而在美国，监管者制定出监管规则后，要求你不折不扣地执行这些规则。"④

Cassis(2006)从金融中心发展历史的角度出发，也认为过度监管不利于金融中心的建设。他写道："过度监管导致的金融资源流逝，比其他任何因素都要

---

① CAPIE, FORREST. Capitals of capital：a history of international financial centres, 1780－2005 [J]. Business History Review, 2007：281.

② Z/YEN Limited. The competitive position of london as a global financial centre [M]. London：Corporation of London, 2005：21.

③ Ibid，22.

④ Ibid.

多。政府应该限制它们对金融市场的干预,让金融市场自己管理自己。这在以往的金融研究中已经成为共识。不计其数的案例表明,即使在没有战争的情况下政府干预也会削弱金融中心的竞争力。如果想理解上述现象,只需要去回头看看那些曾经用来引导和限制国际资本流动的措施:1914 年之前,在巴黎和柏林上市的外国证券需要当局开绿灯;1920 年,伦敦对发行外国证券进行限制;战后,欧洲对外汇兑换进行限制;1963 年,美国引入了利息平衡税;20 世纪 60 年代,为了限制欧洲大陆形成统一市场而采取的一些措施;等等。"①

金融中心的健康发展离不开政府监管,金融功能的正常发挥也离不开政府监管。但是监管尺度和监管水平直接影响着金融中心对金融机构的吸引力。适宜的监管环境可以促进金融机构的运营活力和产品创新,不合适的监管环境会限制金融机构的发展意愿,也会迫使它们离开本地,迁移到其他金融中心。因此,发展金融中心的融资功能,应该设计出较为合理的金融监管制度。

(三) 专业服务

金融功能的实现,不仅需要金融机构从中撮合,还需要会计师事务所、律师事务所、资信评级公司、数据挖掘公司、软件编制公司的介入,即需要专业服务。在 Y/ZEN(2005)的调查中,大多数受访者认为专业服务是金融中心的重要组成部分。一位受访者说:"我只会把纽约和伦敦当作真正的国际金融中心。它们拥有最完善的基础设施,最专业的服务,并且能提供所有我们需要的帮助。"②

对于融资中的直接融资来说,资信评级显得更加重要。如前文所述,信息不对称会抑制融资活动。但金融技术的进步使风险可以被更清晰地辨别出来。以标准普尔和穆迪为代表的资信评级机构的出现,使公众对不同类型公司的风险有了更加清晰的认识。这类机构使用特定的风险评估方法,对企业的资产状况、履行各种承诺的能力和信誉程度进行全面的评价,并使用简明的符号表达出来,为商业银行发放贷款和公众购买有价证券提供参考。除了资信评级机构之外,计算机技术和通信技术的发展也缓解了信息不对称问题,扩大了融资途径。在计算机和先进通信技术诞生之前,投资者与企业之间的信息不对称问题非常严

---

① CAPIE, FORREST. Capitals of capital: a history of international financial centres, 1780 - 2005 [J]. Business History Review, 2007: 284.

② Z/YEN Limited. The competitive position of london as a global financial centre [M]. London : Corporation of London, 2005: 39.

重。由于甄别信贷质量十分困难,发行债券的多是那些信用等级较高的公司,而信用等级在 Baa 级以下的公司发行的债券被称为"垃圾债券",投资者较少。20世纪 70 年代,信息技术的进步使得投资者开始深入了解信用等级较低、知名度略差的公司,并且购买这类公司销售的债券。加上投资银行的推动,垃圾债券在一段时间内成为非常流行的融资工具[1]。

因此,专业服务虽然不属于金融活动,但与金融功能的发挥息息相关。发展金融中心的融资功能,需要专业服务的配套发展。

(四) 公平的商务环境

除了直接与金融直接相关的因素之外,公平的商务环境也是影响金融中心竞争力的重要因素。在 Y/ZEN(2005)的调查中,商务环境由三部分组成,分别是法律体系、个人诚信以及对规定的敬畏程度。大多数受访者认为公平的商务环境较为重要,并且 96% 的受访者认为伦敦的商务环境较好,92% 的受访者认为纽约的商务环境较好。而其他金融中心的商务环境不如伦敦和纽约,只有82% 的受访者认为法兰克福具有良好的金融环境,对巴黎持同一评价的则仅为69%。一位受访者说:"一个成熟的法律体系非常重要。很显然,伦敦就拥有这样的法律体系——这让伦敦成为一个非常适合做生意的城市。"[2]

除了伦敦和纽约之外,另一个国际金融中心——香港也拥有良好的商务环境。诚信,是香港银行业和金融业最重视的两个字,内地的国有企业在香港融资比民营企业容易,因为国有企业不瞒报、不逃税、不做假,民营企业往往因为财务透明度不高导致银行对其缺乏信息。香港税制也非常简单,每个人、每家公司的纳税额及其计算方法都很清楚。市场各方共同认同、平等和规范的制度是香港金融中心形成的重要条件[3]。

综上,发展金融中心融资功能的前提是存在公平的商务环境。

(五) 发达的金融交易市场

资金需求方通过发行股票或者债券进行融资,就形成了最初的有价证券;

---

① 弗雷德里克·S. 米什金. 货币金融学(第九版)[M]. 郑艳文,荆国勇,译. 北京:中国人民大学出版社,2011:270.

② Z/YEN Limited. The competitive position of london as a global financial centre [M]. London:Corporation of London,2005u:30.

③ 香港国际金融中心的融资平台. http://www. dss. gov. cn/news_wenzhang. asp? ArticleID=316041.

交易这些有价证券的场所就成了最初的金融交易市场。此后,随着金融衍生品的快速发展,金融衍生品市场也成为金融交易市场的一部分。在金融中心中,发达的融资功能与发达的金融交易市场紧密相连。发达的金融交易市场提高了资金供给方购买最初有价证券的意愿。对于资金供给方来说,购买有价证券的目的是为了获利,但是由于部分有价证券的到期时间较长,也由于收益率较低,所以它们的市场需求有限。金融交易市场的出现帮助资金供给方解决了上述问题。在发达的金融交易市场中不乏有价证券的买家,卖家可以以较低的成本出手有价证券,解决了到期时间较长的问题。同时,由于金融交易市场当中的价格经常波动,允许卖方通过低买高卖赚取差价获利。除此之外,金融衍生品市场的发展也可以促进融资功能的发挥。例如,20 世纪 80 年代末、90 年代初,我国国债发行刚刚起步,尚未建立国债期货市场,国债发行较为困难,需要依靠行政性摊派。1992 年发行的国库券,发行一年多后二级市场的价格最高时只有 80 多元,甚至低于面值。1993 年底,我国国债期货市场开始试点设立,国债发行被激活。

综上,建设发达的融资市场需要发达的金融交易市场的配合。

第二节　金融功能与金融创新

作为金融网络的重要节点,金融中心往往是金融创新的策源地,也是金融创新的最大受益者。金融中心对实体经济的变化作出反应,通过金融创新完善金融功能,提高其在整个金融体系中的话语权和所占金融利润的比例。金融功能的完善又提高了金融中心对社会资源的吸引力和再度创新能力,进一步巩固金融中心在金融体系中的地位。因此,金融中心促进了金融创新,金融创新又加强了金融中心的实力和地位,两者互相促进,互为依靠。

一、金融创新产生的原因

金融的根本目的是服务实体经济,而实体经济的需求是多样化的,并且这些需求也会随着时间的推移发生变化,因此实体经济向金融体系提出的要求也是多样的和多变的。由于这些要求无法通过传统的金融服务得到满足,所以金融业必须使用全新的理念设计出新的制度和产品,即只有通过金融创新对金融功能进行新的发展,才能更好地服务实体经济。

在农耕时代,实体经济的组织形式较为简单,金融体系的功能也较为单一,主要是货币兑换和信贷关系。文艺复兴之后,商业逐渐成为社会生活的重要组成部分,旧有的金融功能无法克服远洋贸易存在的巨大风险,股份制和现代银行业开始登上历史舞台。此后,经济活动日益复杂,金融功能的发展速度也大大加快。在当代,经济环境的变化、技术手段的突破、监管制度的影响、激烈的市场竞争等因素都在推动金融创新,也在完善金融功能。

第一,经济环境的变化促进金融创新。利率是金融体系中最重要的变量之一。利率波动性的日益增强改变了对金融产品的需求。20世纪50年代,美国3月期国债利率的波动在$1.0\%\sim3.5\%$;到了70年代,波动范围扩大至$4.0\%\sim11.5\%$;进入80年代,这一范围进一步扩大至$5\%\sim15\%$。利率的大幅波动导致了巨额的资本收益或损失,加大了投资回报率的不确定性。利率风险的上升增强了对能够控制这种风险的金融产品的需求,促使金融机构进行创新。此后,可变利率抵押贷款、金融衍生工具等新兴工具相继诞生[1]。

第二,技术手段的突破促进金融创新。计算机和通信技术的发展是推动金融创新的重要支撑力量。技术手段对金融创新的影响体现在两个方面。首先,它减少了处理金融交易的成本,提高了金融机构通过设计新产品、提供新服务所获取的利润。其次,它使投资者更容易获取信息,从而降低信息不对称,为企业发行证券提供了便利。随着技术手段的提高,互联网金融、垃圾债券、商业票据市场、资产证券化等应运而生[2]。

第三,监管制度的影响促进金融创新。金融行业是市场化程度最高的行业之一,也是受到政府监管最严格的行业之一。金融机构不断规避限制它们盈利能力的规章制度,导致了金融创新。在2008年以前的美国,美联储不对存款准备金付息,所以缴纳较多的存款准备金会减少银行的利息收入。同时,大部分州的法律也禁止对支票账户存款付息,而且在过去尚未开展利率市场化改革时,美联储对定期存款的利率也设置了上限。在市场利率较低的环境下,上述两个监

---

① 弗雷德里克·S.米什金.货币金融学(第九版)[M].郑艳文,荆国勇,译.北京:中国人民大学出版社,2011:267.
② 同上书,268.

管政策对银行影响不大。但是 20 世纪 70 年代末、80 年代初,市场利率上升至
10％以上时,公众将大量银行存款转移至其他高收益资产。为了规避法定准备
金和存款利率上限对竞争力的限制,金融机构创造出了货币基金和流动账户①。

第四,激烈的市场竞争促进金融创新。金融行业的特点是利润高度集中和
强者恒强,因此金融中心需要通过不断的金融创新巩固自己的地位,获得更多利
润。金融市场的合作与兼并就是激烈竞争的产物。金融市场是国际金融中心的
核心要素之一,它的竞争力直接影响金融中心对全球金融资源的吸引力与配置
能力。鉴于此,20 世纪 90 年代以来,国际金融市场强强联合的步伐就从未停
止,且愈演愈烈。例如,2008 年,美国纳斯达克交易所与瑞典 OMX 交易所合
并,形成了横跨欧美,集股票、债券、衍生品于一身的交易所集团。此外,纽交所
与泛欧交易所合并、香港联交所收购伦敦金属交易所、东京证券交易所与大板证
券交易所合并也是典型案例。通过并购,金融市场的规模不断扩大,地域概念逐
渐模糊,金融产品也更加丰富。跨国融资与投资、24 小时不间断交易等前人不
敢想象的理念正成为现实。同时,为了加强本地金融市场在全球范围内的竞争
力,各国政府和监管部门也纷纷放松管制,推动改革,丰富和完善金融市场功能。

二、金融创新对融资功能的促进作用

(一) 创新可以缓解信息不对称

如前文所述,信息不对称直接妨碍融资活动的顺利进行,解决这个问题需要
依靠金融创新。缓解信息不对称的办法是生产和销售信息,即金融机构向资金
供给方提供有关资金需求方的详细情况,从而消除信息不对称。在传统金融体
系中,金融中介和专业服务机构是生产这些信息的主要渠道。它们通过拜访、调
查、统计等方式对资金需求方的经营情况和还款能力作出详细分析。然而,上述
生产信息的渠道成本较高,只能服务那些规模较大、资产较好的企业,对于那些
实力较弱的企业则力所不及。计算机和先进通信技术的诞生降低了信息处理成
本,提高了信息处理能力,并创造了垃圾债券市场和商业票据市场,为企业融资
提供了新的途径。

---

① 弗雷德里克·S. 米什金. 货币金融学(第九版)[M]. 郑艳文,荆国勇,译. 北京:中国人民大学出版社,
2011:271.

在计算机和先进通信技术诞生之前,投资者与企业之间的信息不对称非常严重。由于甄别信贷质量十分困难,发行债券的多是那些信用等级较高的公司。信息技术的发展提高了信息甄别能力,降低了信息甄别成本,丰富了直接融资方式。除了前文提到的垃圾债券以外,商业票据也是金融创新的产物。商业票据是由大银行和大企业发行的短期债务证券。信息技术的发展提高了甄别企业信用等级的效率,也支持了商业票据市场的爆发。1970 年后,美国商业票据市场经历了大幅的增长,其未清偿余额从彼时的 330 亿美元上升到 2008 年底的 1.7 万亿美元以上。很多过去习惯于向银行借款的企业现在更多利用商业票据市场来筹集资金①。

(二) 创新可以降低交易成本

过高的交易成本是阻碍融资活动的另一个直接因素,解决这个问题同样需要依靠金融创新。降低交易成本的有效办法是将许多资金供给方的资本积累起来,实现规模经济,即每一元的交易成本随着交易规模的扩大而降低。规模经济之所以存在,是因为在金融市场中,随着交易规模的扩大,单笔交易的总成本只有少量的增加。根据这种理念产生的一类金融创新就是共同基金。共同基金是通过向个人销售份额筹集资金,并投资于股票或债券的金融中介机构。共同基金购买的股票或债券的规模很大,因此可以享受到较低的交易成本。共同基金以管理账户的名义将这些成本以管理费的形式扣除,于是,单个投资者也可以享受成本节约的好处。共同基金的发展也是商业票据市场迅速增长的一个原因。货币基金、部分养老基金和其他类型基金需要投资于商业票据等流动性较强的短期资产,为商业票据市场注入了流动性②。降低交易成本的另一个办法是利用计算机和网络技术与金融理念的结合,例如互联网货币基金、互联网短期理财等。

(三) 创新可以吸引高素质金融人才、构建公平商务环境、提高专业服务水平

人们会对制度激励作出反应,因此制定合理的制度对金融功能的发展有重要作用。在合理的制度背景下,金融中心对金融人才的吸引力将提升,公平的商

---

① 弗雷德里克·S. 米什金. 货币金融学(第九版)[M]. 郑艳文,荆国勇,译. 北京:中国人民大学出版社,2011:270.
② 同上书,165.

务环境也将出现,并且激励专业服务机构改进自身服务水平。以下以英国的人才战略为例介绍金融中心制度的创新方向。

人才是金融中心最重要的要素之一,吸引人才就需要对人才战略进行创新。英国是世界上的主要金融强国,它的人才战略具有重要借鉴意义。首先,英国奉行全球化的人才观,对人才流动采取比较自由的宽松政策。英国政府认为,在经济全球化的大背景下,货物、服务、资本、信息都是高度流动的,人才也像其他商品一样受价格因素的影响,流向报酬高的国家,政府很难用政策来限制。英国每年有不少高科技人才受优厚报酬的吸引流向国外,英国对此并不刻意限制,而是执行"来去自由"的政策。从这种指导思想出发,英国人才政策一个明显的特点就是不限制人才的流动,而是在创造人才回流的宽松环境和创业条件上下功夫。其次,英国的人才观念是极其实用主义和功利主义的。英国在培养人才上的投资较低,但是对外来人才给予较高的待遇。最后,英国瞄准的是全世界的人才,而不仅仅局限于培养和使用本国人才。大量外国人在英国供职,已经成为英国人才市场的一大特点。英国不仅从英联邦的加拿大、澳大利亚等地吸引人才,还向中国等非英联邦的人才敞开大门。这些人才的进入在很大程度上平衡了英国本地人才的流失[1]。在这种制度下,英国拥有了全球最优秀的金融人才。对于立志建设国际金融中心的城市来说,允许人才自由流动、大幅提高人才待遇、面向全球吸引人才是未来人才战略的改革方向。

(四) 创新可以构建合理的监管制度

对于融资活动来说,政府监管不可或缺,否则很容易产生金融风险。然而,金融机构对政府监管极其敏感,尤其是对过度监管非常在意。过度监管指的是,政府对金融机构和金融市场活动的各个方面进行的管理和限制,包括市场准入、业务范围、市场价格、存款保险、资产负债比例等。在一个高度市场化的经济体当中,金融是市场机制不可分割的一部分。对于市场经济自我维持的运转而言,便利的交易方式(如支付清算体系)、对未来需求信息的披露(如期货市场)、风险管理的手段(如保险和对冲交易)、资金成本信号(如利率、汇率)以及公司治理机制(如股票市场)都需要金融体系的参与,也是金融创新的载体。然而,在过度监管的环境下,这些功能有相当一部分被政府指令取代。在过度监管环境中,金融

---

① 钟华.解读英国人才战略[N].市场报,2001-04-15.

风险发生的概率虽然较低,但是金融活力也被抑制,势必对金融中心的竞争力产生负面影响。因此,既要防范金融风险又要避免过度监管就成为金融监管的两难问题。解决这一问题需要依靠金融创新。

在 Y/ZEN(2005)的报告当中,大多数受访者都对伦敦的监管环境较为满意,这是因为英国在金融监管方面的创新——英国金融服务管理局起到的作用。杨凌(2006)对英国金融服务管理局的历史沿革和组织形式做了详细说明:"1986年 10 月 27 日,为提高本国在投资领域的国际竞争力,适应迅猛发展的新技术带来的金融服务手段的革新,英国政府启动金融改革,取消了延续数百年的固定佣金制度,鼓励同业竞争,实施电子化交易平台,允许机构投资人直接进入市场,放宽对混业经营的限制,被业界称为金融大爆炸。随后的十多年里,银行、证券,保险和信贷等在获准经营后,从业的公司及个人均根据不同的法律和规章以高度自律的原则服从不同的自我监督的行业组织实施的监督和管理。由于国际金融行业的竞争加剧以及监管失察,陆续发生了巴林银行危机、国际商业信贷银行私人养老保险和日本住友商事越权交易期铜的金融丑闻,公众及金融市场参与者均对有责任维护市场秩序和信心的整个金融监管体系提出了更高的要求。1997年 5 月 20 日,重新执掌英国政府的工党宣布将逐步整合金融体系中各自为政的主要九大自我监管组织的职能,合并为单一的监管者。其中,成立于 1694 年的英国中央银行——英格兰银行对银行类企业的监管权,成立于 1773 年的股票交易所——伦敦证券交易所对上市公司的审批权,1688 年创立的国际保险业的鼻祖——劳埃德社对保险业从业人员准则的制定权,原属于财政部的保险立法权等,均被以法律的形式赋予了新成立的单一的监管者——英国金融服务管理局。此外,金融服务管理局还将负责过去不受监管的领域,如金融机构与客户合同中的不公平条款、金融市场行业准则、为金融业提供服务的律师与会计师事务所等的规范与监管。2001 年 11 月 30 日,英国议会批准通过的《2000 年金融服务与市场法》正式生效,该法案整合并取代了之前的《1979 年信用协会法》《1982 年保险公司法》《1986 年金融服务法》《1986 年建筑协会法》《1987 银行法》和《1992 年友好协会法》。《2000 年金融服务与市场法》实际上是一部(在一定程度上是世界第一部)全面的金融监管法案。该法案共分 30 部分 433 款,详细规定了金融监管的方方面面,包括监管机构、监管的业务活动、资格认证、准许从事监管活动、发行上市、规章和准则、金融服务赔偿计划等。根据《1998 年英格兰银行法》和《2000 年金融服务与市场法》,英格兰银行仅仅被赋予了制定英国官方利率的职能,而英国财政部负责制定及执行政府的财政预算,除此之外的监管各类金融企业及金融业务的职能从 2001 年 12 月 1 日起,均由新成立的金融服务管理局承担,从而使英国成为世界金融中心中第一个采用单一监管机构模式的国家,使政府与日常金融监管活动脱离,实现了对金融市场的监督管理的独立及统一。"①

虽然在 2008 年金融危机之后,英国金融服务管理局被分拆为两个机构——英国金融行为监管局和英国审慎监管局,但是英国对金融行业施行统一监管和原则性监管的经验仍然值得借鉴。

(五) 创新可以完善金融交易市场

金融中心中发达的金融交易市场对融资功能有重要促进作用。金融交易市场的完善也需要依靠金融创新。除了前述的垃圾债券市场和商业票据市场以外,金融创新还创造了其他众多金融产品,其中部分金融产品的出现或者提高了资金供给方对融资工具的购买意愿,或者增加了用于投资融资工具的资金,促进了融资功能的发展。例如,资产证券化形成的金融衍生品市场就具有这样的功能。

资产证券化指的是将不具有流动性的金融资产(如住房抵押贷款、汽车贷款、信用卡贷款)转化为可流通的资本市场证券的过程。计算机技术的发展大大降低了金融机构的交易成本,使它们可以将金额较小的贷款组合捆绑在一起,收取组合中抵押贷款的本金和利息,并将其转卖给第三方。这些证券化贷款被分割为标准单位有利于销售和转让,同时也降低了个体持有的风险,增强了市场吸引力②。资产证券化的出现,提高了金融机构发放住房抵押贷款、汽车贷款、信用贷款的意愿,也提高了这些贷款的流动速度,增加了可用于融资的现金。

三、金融创新对融资结构的影响

由于在历史上,低成本的信息甄别服务主要由金融中介提供,所以间接融资

---

① 杨凌. 英国金融监督管理体制简介[EB/OL]. [2006 - 12 - 21]. http://wenku. baidu. com/link? url=T nZ4b48bGzMhiFDnIJpJ_m2G4vKHzXWGGIC66lJOT1pSr4an1Kd8YbctKllLgI_dKjj6a46wlz6BuWNOH WnlVprtffWeI3iLH4DkVMOchiCG.
② 弗雷德里克·S. 米什金. 货币金融学(第九版)[M]. 郑艳文,荆国勇,译. 北京:中国人民大学出版社, 2011:270.

一直是规模最大的融资方式[①]。但是由于间接融资中存在的中介机构佣金,导致间接融资成本高于直接融资。因此发展新的信息甄别方式,绕开金融机构进行直接融资,降低融资成本,成为金融机构不懈追求的目标。近年来,随着金融体系的不断创新,信息甄别技术较以往有较大提高,甄别成本也显著降低,直接融资发展迅速。祁斌和查向阳(2013)使用存量法计算了高收入国家、中等收入国家和我国在1990—2012年直接融资占融资总额比例的变化趋势(见图3-1)。根据他们的计算结果,20世纪90年代,高收入国家的直接融资比例已经达到60%,此后20多年有所上升,并始终保持在70%左右的水平。中等收入国家的直接融资比例在20世纪90年代初期只有40%~50%,近年也达到了70%左右的水平,与高收入国家水平接近。我国的直接融资比例上升程度更加明显,从1990年的不到10%,上升至2012年的40%以上。究其原因,金融创新降低了与传统银行业务有关的功能在金融体系中的重要性,提高了与金融市场有关的功能在金融体系中的重要性。

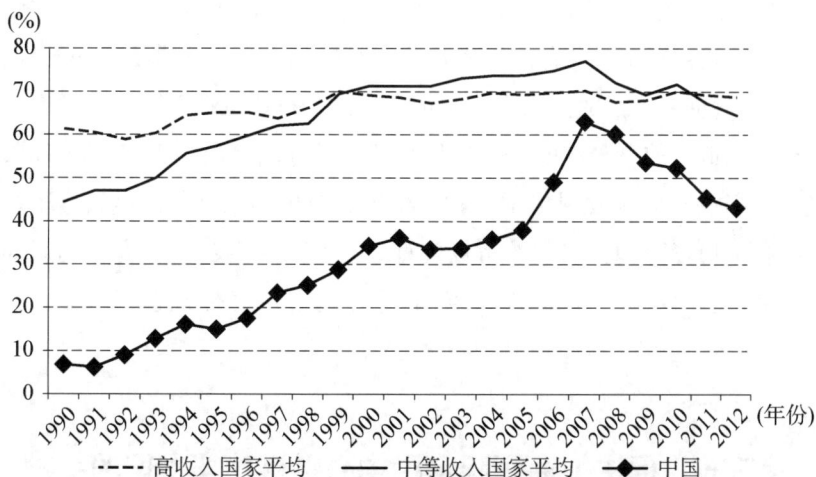

图3-1　高收入与中等收入国家直接融资比重变化趋势

资料来源:祁斌,查向阳.直接融资和间接融资的国际比较[J].新金融评论,2013(6):102-117.

第一,金融创新降低了与传统银行业务有关的功能在金融体系中的重要性。金融创新的直接结果是缩小了银行业在金融体系中的份额,增加了金融市场在

---

① 弗雷德里克·S.米什金.货币金融学(第九版)[M].郑艳文,荆国勇,译.北京:中国人民大学出版社,2011:162.

调节金融资源中的作用。在美国,对非金融企业借款人而言,银行作为资金来源的重要性正在急剧下降。1971年,银行为这些借款人提供了接近40%的资金,而到2008年,这一比例已经下降至29%以下。储蓄机构的市场份额更是从20世纪70年代末的20%以上下降到了金融危机前后的4%。与其他金融中介机构相比,银行在金融中介机构总资产中的份额也已经从1960—1980年间的40%下降至2008年底的18%,储蓄机构占金融中介机构总资产的份额更是从20%下降到2.5%。传统银行业务的式微源于金融创新的冲击。一方面,金融创新创造了大量新兴金融工具,与传统银行业务形成了竞争和替代关系;另一方面,银行本身为了盈利的需要,也大量开展表外业务,缩减传统业务。因此,与传统银行业务有关的功能在金融创新中不断被弱化[①]。

第二,金融创新提高了与金融市场有关的功能在金融体系中的重要性。金融创新的另一个直接结果是丰富了金融市场的类型,扩大了金融市场的规模。在金融创新出现之前,金融市场的种类较少,主要为股票、债券、外汇、期货等,而且各金融细分行业的差别较大,泾渭分明。在金融创新出现之后,银行深度涉足金融市场,既提供可证券化的金融资产作为金融创新产品的供给方,又提供投资资金作为金融创新产品的需求方。其他金融细分行业也在不同的金融产业链上分工合作,创造出前所未有的金融产品类型。当前,金融市场已不仅仅局限于传统金融产品领域,而是发展出了金融衍生工具市场、商业票据市场、货币基金市场、抵押贷款市场等种类繁多的市场类型,呈现你中有我、我中有你的局面。金融市场的种类和规模空前增加,在金融体系中的重要性稳步提升。

第三节　促进上海国际金融中心融资功能发展的关键

经过数十年的发展,上海已经成为我国最重要的金融交易市场和直接融资市场,为实体经济的发展做出了重要贡献。但是,上海与伦敦和纽约两大国际金融中心相比仍然存在差距,需要通过金融创新缩短这些差距。下文仍以融资功

---

① 弗雷德里克·S. 米什金. 货币金融学(第九版)[M]. 郑艳文,荆国勇,译. 北京:中国人民大学出版社,2011:273.

能为例,论述上海需要进行何种金融创新。

一、注重金融产品创新

发展融资功能首先应该有合适的金融工具。在上海,实体经济融资仍然主要使用传统金融工具,主要包括信贷、债券、股票、信托、融资租赁等。上述融资方式对资金需求方的资质要求较高,难以惠及绝大多数中小企业。而且上述融资方式的风险较为集中,风险敞口较大,一旦发生违约,个体损失较为严重。因此,应该创造新的金融工具解决上述问题。一方面应该基于大数据技术开发评价中小企业违约风险的信息系统,解决中小企业的信息不对称问题,使金融机构可以对中小企业的违约风险进行定价,创造出适合中小企业的融资工具;另一方面应该开发金融资产的保险产品,如中国版的信用违约掉期,分散个体金融风险,提高个体参与融资活动的积极性,增加可用于融资的资金规模。

但是,在进行金融产品创新的同时,也应该注意可能引发的风险。在美国等金融发达国家,新型金融产品层出不穷。虽然丰富了金融市场,但也造成了金融创新逐渐脱离实体经济、金融风险难以控制的弊端,所以金融产品创新是一把双刃剑。上海进行的金融产品创新必须做到有所为有所不为。因此,比较可行的方式是首先仔细考察在其他国际金融中心中交易的金融产品,充分评估其收益与风险,判断哪些可以直接服务实体经济、哪些纯粹是为了金融利润而创新,去其糟粕,取其精华,走先学习模范、后创新创造的上海金融产品创新道路。

二、发展互联网金融

技术手段的进步大大降低了金融服务的交易成本,特别是互联网技术的发展将越来越多的公众与金融中心连在一起,产生了全新的金融业态——互联网金融。互联网金融通过极低的边际成本,将过去没有经济价值的长尾客户吸引到金融体系当中,形成了规模庞大的资金池,大大降低了单位资金的管理成本,提高了融资活动的资金供给。上海作为国际金融中心,应该起到规范互联网金融的运作,使互联网金融筹集的资金为我所用的作用。

需要说明的是,互联网金融虽然使金融服务更加平民化和分散化,但是对金融中心在金融体系中的地位只有促进,没有削弱。在互联网金融的一端,连接的是数以亿级的个人客户,负责提供资本;在另一端,连接的是金融中心,负责制定监管制度、防范互联网金融的风险,管理金融市场以供互联网金融投资,甚至还可以基于互联网金融积累的资本和信息再次进行金融创新。互联网技术的进步只会将金融中非核心的业务向其他低成本地区外包,同时强化金融中心对金融核心业务的主导,也为金融中心提供源源不断的新增资本,有利于发展各类金融功能。因此,上海国际金融中心的建设应关注互联网金融标准和监管制度的制定,关注对互联网金融资本的运用以及新产品的创新。

三、吸引金融人才

人才是金融中心最重要的要素之一。上海金融功能的发展和完善需要吸引各类金融人才。国际金融中心的服务范围覆盖全球,其业务往往需要在与中国的语言、法律和政策截然不同的环境下进行,对人才素质的要求也达到了新的高度。他们不仅需要精通金融技术、熟悉中国的金融环境,还需要了解全球其他地区的环境。因此,上海国际金融中心的人才队伍必然是本土化与国际化相结合的,只有相互配合才能完成沟通中国与世界的任务。这就意味着,上海既需要培养具有国际视野的本土人才,也需要吸引熟悉中国情况的国际人才。

具体来说,上海吸引金融人才首先要解决三类问题:一是海外金融人才的居留和户籍问题;二是国有金融机构内部的环境问题;三是金融行业人才市场的问题。在海外金融人才的居留和户籍问题上,主要是外籍人才工作居留手续比较烦琐,而且非户籍的居留和落户问题难度比较大。在国有金融机构内部的环境问题上,海归人才回国后难以适应,而且薪酬福利、绩效考核方式等也与海外机构存在落差和差异。在金融行业人才市场这个问题上,上海的金融人才服务机构数量少、力量薄,人才中介的信用体系仍然是初级的,招聘海外人才的网络渠道也是单一的,难以招聘到海外资深人才。解决这些问题需要从北京到上海,从中央到地方,对金融体制机制的领导方式进行创新,形成符合上海金融发展模式的管理体系①。

---

① 张锦荣.上海引进金融人才有三大问题,第二个最严重[EB/OL].[2015-06-27]. https://zhuanti. cebnet.com.cn/20150627/101204265.html.

四、改革监管体系

与我国金融监管的大环境类似,上海的金融监管也是由中国人民银行、中国银保监会、中国证监会在上海的分支机构进行。各监管机构针对不同的领域进行监管,即分业监管。但是现在我国金融业早已经开始了混业经营,各种跨界金融产品的大量出现引起了金融监管边界和责任的模糊。现有的监管体系缺乏明确的责任划分,分业监管体制造成了央行与监管部门、监管部门与监管部门之间的行政分割,出现了监管真空、互相扯皮、监管冲突等问题。例如,企业发行债券融资,需要发展改革委审核批准,涉及上市公司的公司债券需要证监会审核批准,一些短融和票据需要银行间市场交易商协会审核。多头监管引发职能混乱、效率低下。监管手段行政化色彩浓重,监管行为渗入金融机构的日常经营,使得金融机构市场化、商业化行为难以充分发展,抑制了金融改革和创新[1]。

针对上述问题,上海应该对监管体系进行整合,形成统一的监管部门,同时依据不同金融产品的特点,实行不同的监管政策。此外,应该将适合市场自治的监管权力下放,让市场起决定性作用。

五、提高专业服务水平

当前,上海作为国内的金融中心,承揽的业务主要在中国境内,无论买方卖方均以国内客户为主。但是,作为国际金融中心,其业务范围需要向境外扩展,应该为中国企业"走出去"、外国企业"走进来",以及完全在中国境外发生的业务提供服务。对于上海来说,上述三个方面不仅是国际金融中心建设的必然要求,更意味着巨大的市场和利润。特别是为发生在中国境外的业务提供服务这个领域,完全超越了地理界限,给上海的金融发展提供了广阔空间。目前,这个领域的典型业务之一是航运服务中的离岸贸易金融。离岸贸易金融是指,贸易双方在第三国办理交易结算,而货物可以不经第三国直接送至目的国。这利用了第三国金融服务丰富、交易手续便捷、结算税费较低的好处。例如,国际金融中心

---

[1] 邵兼人. 证监会在监管实践中存在过度监管的趋势[EB/OL]. [2014-12-06]. http://finance.jrj.com.cn/people/2014/12/06095018485375.shtml?to=pc.

之一的新加坡位于连接远东与非洲、欧洲的必经之路,是著名的国际转运中心。在此基础上,新加坡发挥当地法制健全、政策开放、税费优惠、通信便捷、金融发达的优势,承揽了大量离岸贸易金融工作,享受可观的金融收入。

六、构建公平的商务环境

金融市场是市场化程度最高的市场之一,政府直接干预的程度较低,它的运行主要依靠规则约束。这些规则包括政府颁布的法律、交易所发布的规章、行业内约定俗成的规定等。金融从业人员在这些规则下从事金融活动,并根据这些规则进行金融创新。因此,上海发展融资功能,需要制定一套与国际接轨的规则。这套规则应该具有如下特征:一是这套规则应该符合国际惯例,如在会计制度上,国际通行的是 GAAP 和 IFRS 两套准则,均与我国现行的会计标准不一致,需要想办法让我国的会计准则与国际接轨,或者让国际流行的准则和我国常用的准则同时存在;二是这套规则的所有文件都至少应该有中英双语文本,便于国际投资者了解;三是这套规则应该具有稳定性,不会突然出现重大修改,即使真的需要修改,也应该有透明的程序和反应的时间;四是这套规则应该对所有投资者一视同仁,不应该因为投资者的国籍不同而区别对待。

七、发展金融交易市场

金融中心可以大体上分为以银行体系为中心和以市场体系为中心两大类型。在我国的金融格局中,北京是银行业中心,上海是金融市场中心,所以上海以市场体系为重点建设发展融资功能具有先天优势。上海是我国金融市场体系最完善的城市,拥有上海证券交易所、上海期货交易所、中国金融期货交易所、中国外汇交易中心、中国银行间债券市场、上海黄金交易所、上海股权托管交易中心等一系列国家级金融市场,为金融创新和金融国际化提供了绝佳平台。不仅如此,现代金融创新的发展,降低了传统银行业务在金融体系中的重要性,提高了金融市场在整个金融体系中的地位。因此,完善金融市场体系,深化金融市场功能,就成为上海国际金融中心建设的重中之重。

第四章

金融制度创新与金融中心建设

金融制度创新是金融创新的重要组成部分,也是金融中心建设的制度保障。本章主要从金融决策体制、金融经营体制和金融监管体制三个方面,分析金融制度创新与金融中心建设的关系。

第一节　金融决策体制创新

长期以来,我国的金融监管体制由"一行三会"组成,实行的是"分业经营、分业监管"的模式,银行业、证券业、保险业、信托业各自经营和自身职能相关的金融业务。地方金融管理方面,2002 年 9 月上海市成立金融服务办公室,与三家金融监管机构建立起了"3＋2"联席会议制度以改善横向性监管,但主要采取"一事一议"的方式,效果不甚显著。2018 年下半年,上海市地方金融监督管理局(上海市金融工作局)正式组建,不再保留上海市金融服务办公室,职能从以协调服务为主转向监管与协调服务并重。

王华庆和李良松(2019)对地方金融监管制度进行了研究。他们认为,地方监管制度源自地方政府平台的债务风险,以及小贷、互联网金融平台的风险。目前,我国的金融管理主要是中央事权。目前地方政府的监管对象为小额贷款公司、融资担保公司、区域性股权市场、典当行、融资租赁公司、商业保理公司、地方资产管理公司七类机构,由中央监管部门制定规则,地方金融监管部门实施监管;对投资公司、开展信用互助的农民专业合作社、社会众筹机构、地方各类交易场所四类机构,强化地方金融监管,提高准入门槛,严格限定经营范围,即"7+4"的机构监管范围。随着金融领域的改革深化,金融决策体制也需相应改革创新。

一、金融决策制度的现状及瓶颈

在对驻沪金融机构高管的问卷调查中,在被问及"中国的金融监管当局总部所在地与金融中心不在同一城市,对贵公司的经营产生怎么样的影响"时,77.78%的内资银行选择了"影响较大"。该情况反映出在实际业务操作中,行政因素影响到了金融机构与监管机构的沟通协调。

另外,现有金融决策制度,在风险可控的条件下也有进一步简政放权的空间。以证券业监管为例,虽然上海拥有证券交易所,但监管决策范围较小。与之相比,尽管美国证券交易委员会的总部也位于华盛顿,但美国上市公司在上市前只需要向美国证券交易委员会申报即可,而不必获得核准。

当前,金融决策权的缺乏成为掣肘上海建设国际金融中心的一个关键因素。上海国际金融中心的建设与自贸区建设是联动的,都属于国家级别的战略。其本质是改革进入深水区的开拓者,以及开放促改革的先行者。因此,在制度创新方面上海需要有前瞻性的眼光和迅捷的反应。国际金融中心建设的过程不仅需要提高金融决策权,在金融创新的演进与监管中,还要健全金融、科技等方面的法律法规。如果上海没有一定的决策权(至少是金融创新实验权或对法律的解释权),就会使监管滞后于市场从而产生系统性风险,但如果过于严格控制或有风险,又容易使金融产业和市场丧失活力。这就需要从理念上转变,更多给予地方自治权,因地制宜把握当机进行制度创新。

二、促进金融决策权由自上而下的控制转向动态结构平衡

我国经济发展的轨迹是从计划向市场转变,长期以来践行的自上而下的决策流程将逐步变为既有自上而下的方向性指导,又有从市场自下而上的反馈,还有市场主体之间的横向互动,这种金融决策流程实现了动态结构平衡。要达到上述目标,主要需要从制度改革以及引导市场行为逻辑两方面入手。

(一) 制度改革为市场动态结构均衡奠定基石

目前我国金融决策流程通常的模式如下：监管机构决定试行某一业务或者某一监管措施,之后市场主体对这一行为进行反应。在这个过程中,由于规则制定先于实际运作,市场主体往往在个体利益最大化的过程中,采取规避监管、野蛮发展的方式。因为众多市场主体倾向于趋同的发展路径,引发了市场结构的不稳定性,而监管机构的法规修订、介入行为通常又有时滞,这两者同时作用无疑增加了系统性风险。

解决上述问题的理论主要来自新制度经济学。Douglass(1990)通过对经济史的研究提出了制度是经济增长的原因。民族国家是一个关键的制度,在此基础上,现代经济增长出现了。然而,制度本身一旦形成就有自我加强的本能,即路径依赖。制度变迁从外部因素来看,是一个外部国家的制度与本国制度的竞争过程;从内部因素考察,则是个体心智模型以及互动中的学习、演进过程。由于人口增长等客观因素的存在,社会各要素的价格会发生系列变动,自然也就改变了制度创新的交易成本,从而为制度变迁提供了可能。但是,青木昌彦(2001)的研究表明,渐进式的内部改变成功的可能性非常渺茫。制度的实质是关于博弈规则的"共有信念",这种信念一旦形成就会成为每个个体的决策前提,因为它规定了交易对方的行动预期。社会经济各个领域所构成的相互独立又相互制衡的结构,使得某个领域单独的制度创新几乎不可能持久,除非强大的外力导致了共有信念的突变。

综合两人的观点,良好的制度是保证长期稳定发展的基石。如何使各市场主体形成改革的一致预期,减少我国现行金融发展模式所导致的信息沟通不畅,拉近监管机构与市场的距离,促进市场各个主体之间的良性互动,是我国金融决策优化最重要的方面。

(二) 引导市场参与主体理性行为

长期以来,我国的资本市场和发达国家相比存在着信息不完全、不对称、非理性的特点。这一方面与制度建设有关;另一方面也和市场参与主体的短视性、投机性有很强的关系。例如,中国股市个人投资者的持股市值占比25%,却贡献了80%的成交量。这部分投资者对自身的风险承受能力认识不足,他们也缺乏信息甄别能力、风险管理能力,造成趋同的过度投机行为。机构投资者往往会产生非理性行为,例如,开放式基金为了博取更高的票息收入而下沉持仓债券资质等。这些例子无不透露出我国资本市场参与主体的理性程度还有待积极引导。

行为金融学提供了引导市场参与主体行为的理论指导,该理论以人的心理特征和行为特征为出发点来研究、解释股市变化的现象。2002 年诺贝尔经济学奖得主丹尼尔·卡尼曼发现,大多数投资者的行为并不总是理性的,人们总会系统地偏离经济理性并进行许多错误决策。由于过度自信、避免损失、从众心理等人类普遍存在的心理模式,金融市场中的投资者存在非理性的现象,甚至会因为群体间的循环放大,而演化成整体的失衡。Schiller(2014)认为,人的经济选择并非都是理性的,非理性的群体行为可导致市场价格充满误导性的"噪声"。典型的案例就是美国次贷危机所呈现的"非理性繁荣"。

回顾我国资本市场的发展进程,非理性行为最终都对资本市场造成了极大的伤害,"红小豆 602 事件""三二七国债事件"间接造成相关市场关停;场外配资造成了 2015 年股灾,市场流动性枯竭从而丧失定价功能,政府不得不介入干预。因此监管机构在制度建设的同时也应时刻关注资本市场非理性行为的集聚,防止多种因素叠加造成系统性风险。

(三)制度与行为的交叉视角:动态结构平衡

综合新制度经济学和行为金融学的理论,我们发现,市场化是一个循环累积的增长过程,市场化伴随着与时俱进的制度建设,以及经济主体的理性(共有信念)的深化。

金融决策体制是整体经济理性所演化出的制度结构内的一个子系统,不可能逾越整体制度的均衡。而各个领域的制度结构的制衡关系,其支配性因素是"共有信念"。所以,培养共有信念,达成一致的改革预期,形成结构平衡是达到有效监管、形成良性发展循环的必要条件。制度改革和提升市场的经济理性这两个目标作为底层逻辑,应当成为金融决策体制改革关注的首要目标。

三、金融决策权的顶层设计

(一)加强央行独立性与专业性

从经济运行的实际情况来看,长期以来央行实施的静态控制的行政监管所能实施的力度有限。随着经济活动越来越复杂,产业间、国家间的相互影响越来越频繁,在正式规则之外,央行更需要调整金融资源对产业的流向,突出金融业回归对实体经济的服务功能。调整金融资源对产业的流向能为金融资源流向实体经济尤其是重点产业降低交易成本,也能为泡沫经济和非理性繁荣的金融交易提升壁垒。央行调整金融资源对产业的流向有很多方法,比如行政化和市场化的各种激励与限制政策等。

当前经济结构、金融市场存在种种掣肘因素,从而造成货币政策无法顺利传导至实体经济。例如,在现有市场结构下,金融和房地产领域是货币政策传导过程中最先获得资金的行业,这两个领域一定程度上造成对实体经济所需资金的占用。另外,近几年来经济下行压力较大,地方政府以财政投资来拉动经济增长,进一步挤出了民间投资以及消费,使经济增长结构难以得到改善,而财政政策空间逐步减小。这也从另一方面对货币政策影响实体经济提出了较高的要求。因此,当前央行需要制定合理的货币政策,防止资金在虚拟经济中空转,并结合"一带一路"倡议、"人民币国际化"战略,对制造业升级和国内经济转型起到重要支撑。从长期来看,一个强有力的、客观专业的中央银行无疑会对我国未来的长期稳定发展起到重要作用。

(二) 加强上海作为监管机构地方总部的作用

国际金融中心在建设和发展过程中,金融决策机制是非常关键的环节,如中央银行与执行机构的设置。从国内外案例来看,无论是自然集聚模式形成的国际金融中心,还是政府推动模式形成的国际金融中心,其与中央银行总行或地区总部基本位于同一地区。因此加强上海作为监管机构地方总部的作用,是建设国际金融中心的重要组成部分。

早期,伦敦作为金融中心的成功主要源于英国经济的发展和成功,得益于英镑作为储备货币地位的增强。今天的英国已经不再是全球最大的贸易国和交通中心,也不再是最大的全球资金供给者,而英镑昔日的地位已经被美元、欧元等货币取代,但是伦敦依然是成功的全球金融中心。这主要是由于多年以来它已经形成了高度专业化的金融服务,以及合理、高效的金融决策体系。无独有偶,纽约成为全球金融中心,与纽约联邦储备银行的特殊地位和作用密不可分。法兰克福能成为金融中心,原因之一就是德国央行坐落于该城市,而欧洲央行的落户,则进一步巩固了其作为金融中心的地位(王山,2009)。

借鉴这些国际金融中心建设的经验,上海如果要确立国际金融中心的地位,则要突破一个决策体制的瓶颈,即中央银行不在上海的事实。上海可以借鉴纽约的经验,加强其金融决策地位。纽约联邦储备银行在其内部 8 个部门的基础上设执行办公室,由办公室统一对联邦储备银行的所有业务进行集中统一安排和处理。上海则可以加强中央银行上海二总部的建设,在发展和创新债券市场、推动信用体系建设、推进人民币国际化等方面争取与总行相关司局在职能上的联动性或更大的自主权。

第二节　金融经营体制创新

一、金融经营体制及其构成

随着改革开放的推进,我国的金融行业迅猛发展,其经营体制逐步呈现多元化、专业化的态势。我国金融经营层面的主要参与机构包括银行、证券公司、保险公司、信托投资公司和基金管理公司等。这些机构有着截然不同的分工,因此具有不同的盈利模式与风险偏好。它们之间相互作用,共同为金融市场、经济活动注入活力,构成了我国金融经营体制的中坚力量。

目前,银行依然是金融经营体制中最为重要的一个组成部分。对于银行而言,最大的利润来源是息差,近年来伴随中间业务收入不断增加,呈现出收入多样化的趋势。另外,随着利率市场化进程不断深入,以及银行业分层服务的趋势逐步建立,以往几大国有银行垄断信贷市场的格局逐步被打破,进而形成由国有上市银行、股份制商业银行、城商行、农商行、信用社等组成的不同梯队。这些机构的资金来源不同,风险偏好也有差异,从而有机地为不同地区、不同产业、不同规模、不同资质的企业与个人提供了便捷的信贷、结算服务。从这一点上讲,银行在经济发展过程中起到的作用无可替代。截至 2019 年末,我国银行业资产总额达 290 万亿元,负债总额达 265.54 万亿元,资产负债规模稳步增长。同时我国商业银行流动性整体合力充裕,流动性比率达 58.46%,比 2018 年末上升3.15 个百分点。但是,由于近年来经济下行压力较大,银行的资产质量略有下降:不良贷款小幅增长,资产质量下迁压力加大。2019 年末银行业金融机构不良贷款达 3.19 万亿元,同比增加 3 498 亿元,不良贷款率达 1.98%,同比上升 0.01 个百分点。此外 2019 年末逾期 90 天以上贷款余额达 2.59 万亿元,增幅为 4.37%,逾期 90 天以上贷款余额与不良贷款余额比值为 81.18%,同比下降 6.18 个百分点,银行业金融机构对于不良贷款的认定更趋于谨慎。

保险业是继银行业之后规模第二大的金融机构。保险业为居民、企业所面临的风险进行定价,并提供相应产品及服务供客户降低其所面临的不确定性。同时,保险业所吸纳的保费也成了资本市场上众多不可忽视的机构资金之一,是金融系统中很重要的参与者。目前我国保险业资产平稳增长,保险密度和保险深度不断上升。截至 2019 年末,保险业总资产达 20.56 万亿元,同比增长 12.18%,增速较上年上升 2.73 个百分点。其中人身险公司总资产达 16.96 万亿元,同比增长 16.08%;财产险公司总资产达 2.29 万亿元,同比下降 2.32%;再保险公司总资产达 4261 亿元,同比增长 16.75%。2019 年,我国保险业资产配置基本稳定,其中银行存款、其他投资占比下降,债券、股票和证券投资基金占比上升,资金运用平均收益率为 4.94%。目前我国保险业综合偿付能力总体充足。

证券公司是我国证券市场上主要的证券承销、发行机构,同时也提供财务顾问、行业研究等服务。我国资本市场从无到有、从落后到市值名列前茅,与证券公司长期以来提供的专业服务密不可分,资本市场未来的发展离不开证券公司的有力推动。截至 2019 年末,全国共有证券公司 133 家,其中上市公司 35 家。证券公司总资产达 7.26 万亿元,同比增长 15.97%。2019 年全行业实现营业收入 3 604.83 亿元,同比增长 35.37%,较上年增长明显。

基金管理公司负责专业化的资产管理职能。对于我国的资本市场而言,基金公司起到了帮助市场完成价格发现的功能,同时,基金公司为投资人实现了长期、稳定的收益,形成很强的财富增长效应。截至 2019 年末,全国共有公募基金管理公司 128 家,较上年末新增 8 家。其中,中外合资公司 44 家、内资公司 84 家,共管理公募基金 14.77 万亿元,同比增长 13.35%。其中股票型基金占比 8.80%,同比上升 2.47 个百分点;混合型基金占比 12.79%,同比上升 2.35 个百分点;债券型基金占比 18.73%,同比上升 1.37 个百分点;货币市场基金占比 48.19%,同比下降 10.25 个百分点。2019 年已登记私募基金管理人 24 471 家,管理私募基金 81 739 只,基金实缴规模达 13.74 万亿元,同比增长 7.51%。

信托业是借助银行理财资金进入证券市场、购买非标债权的桥梁。信托行业的通道类业务在过去几年内迅速扩张并由最初的银信合作逐渐发展为多方合作,但其所面临的金融风险由于业务的复杂化而逐步积聚。在《关于规范金融机构资产管理业务的指导意见》及其配套实施细则逐步落地之后,信托公司通道业务规模明显缩小,多数信托公司主动控制规模和增速。2019 年以来,随着国家政策基调由"强监管、去杠杆"转向"稳增长、稳杠杆",加之"37 号文"发布之后,信托行业资产规模仍呈下降态势,但降幅有所收窄。此外,在实体经济因转型阵痛和融资条件恶化导致信用违约事件大幅增加的背景下,信托行业作为金融业中的重要组成部分,面临较大转型压力。截至 2019 年 6 月末,我国 68 家信托公司管理的信托资产规模为 22.53 万亿元,较 2018 年末减少 0.75%。

金融经营体制内的其他主体包括:会计师事务所、信用评级机构、律师事务所、评估公司等,这些机构为金融行业投融资主体提供服务,是推动金融行业发展、服务我国经济建设所不可或缺的力量。

二、当前金融经营体制的缺陷与不足

当前金融经营体系的缺陷与不足既有长期以来发展过程中逐步形成的问题,也有在现有经济大环境下暴露出来的问题。目前我国正处在转变发展方式、优化经济结构、转换增长动力的攻关期,结构性、体制性、周期性问题相互交织,"三期叠加"影响持续深化,经济下行压力加大。同时,世界经济增长持续放缓,仍处在国际金融危机后的深度调整期,世界大变局加速演变的特征更趋明显,全球动荡源和风险点显著增多。2020 年之后,突如其来的新冠肺炎疫情更是重创国内外经济。因此,在这样的大环境下,我们很有必要正视当前金融经营体制的缺陷与不足。

(一) 信用制度不完善

现代市场经济的信用形式主要包括商业信用、银行信用、国家信用、消费信用等。我国信用制度建设依然有待改善,目前在实际业务中,信用制度建设所暴露的问题大致有如下几点。

(1) 银行体系的信用数据不全面、标准不一致、信息开放程度低。除了信贷业务,各家银行的转账、结算记录都是信息孤岛,从而无法耦合并产生有用的信用信息。相比之下,互联网消费平台则结合了消费结算数据,利用统计建模,完成对用户人群特征的刻画,并实现大数据授信。因此,促进金融机构在确保数据安全的前提下信息共享,对提升信用数据可靠性有很大作用。

（2）资本市场信用评级客观性存疑,等级区分度小。目前发行债券的企业需要评级机构出具评级报告,由于实行买方付费制,因此评级的客观性得不到保障。另外,债券市场独特的发行门槛造成存续债券绝大多数的评级集中在AA＋和AAA,而这些债券本身的信用资质离差较大,并不能一并仅仅归为这两个信用评级。

（3）信用产品市场的刚性兑付须有序打破。长期以来我国的信用产品存在刚性兑付,这种隐形规则虽然在近年来有所打破,但集中式爆发的模式往往对资本市场冲击较大。让信用产品的刚性兑付格局被打破,让潜在信用风险更加充分地暴露出来,让未来的信用评级更加准确地反映违约风险,这本身是正确的方向。当前,中国监管部门应该把握好度,既要让风险逐渐释放出来,又要避免风险的集体爆发与相互叠加,避免防范风险的行为本身加剧风险。

（二）资本市场有待进一步市场化

在资本市场起步的时候,为了保护投资者、抑制市场的过度投机行为,我国股市制定了 T＋1 和涨跌停板等限制措施。在特定阶段,这些措施的确起到了定海神针的作用,令我国资本市场随着我国经济腾飞不断壮大。

然而,当前股票市场在各个层面都发生了巨变:2019 年末 A 股总市值约为59 万亿元人民币,是 1991 年末的 5 400 多倍;机构投资者稳步增长,已成为市场最主要的参与者;科创板、创业板注册制逐步放开,炒壳炒小的动机已然不存在;科创板、创业板涨跌停限制放宽到 20%,使各价位流动性大为改善,市场定价的有效性得以提升。在目前阶段,资本市场中尚有一些非完全市场化制度由于历史遗留问题而得以延续,如主板的涨跌幅限制设为 10%、主板尚未实行注册制改革、T＋1 交易模式等。这些制度限制随着我国要素市场化改革的深入,须有所调整。

（三）银行资产质量顺周期性波动较强

迄今为止,我国银行业进行过三次大规模不良资产剥离,分别为 1999 年应对亚洲金融危机时期、2005 年四大行上市前,以及 2011 年后钢贸不良贷款处置时期。这三次不良贷款剥离主要是为了让银行快速处置资产负债表上的不良资产以满足监管要求,同时也暴露出了我国银行业长期以来模式化扩张所伴随的结构性问题。

从历史上看,我国银行业不良贷款主要集中在制造业,部分轻工、装备制造和化工等中低端制造业领域以及贸易流通领域。这与我国经济发展周期、银行管理思维模式落后有着密不可分的联系。在改革开放前30年,由于下游房地产、制造业需求旺盛,各地集中上马一批低附加值、重资产、盈利能力较弱的制造业投资,这些投资在经济下行的压力下造成了银行资产质量的下降;而2010年后贸易融资所产生的不良贷款则是银行在缺乏盈利突破口时加大风险敞口所致,暴露出发展理念落后、风险管理能力不足等问题。

当前受新冠肺炎疫情、中美贸易摩擦等因素影响,国内外市场有效需求放缓,部分企业因资金链断裂出现贷款违约,银行的资产质量再次成为关注焦点。2020年7月,习近平总书记在企业家座谈会上就如何构建以国内大循环为主体,国内国际双循环相互促进的新发展格局指明了方向,也为我国银行业行稳致远,实现高质量发展提供了根本遵循。

(四)现有金融经营体制对中小企业支持力度较弱

在现有体制下,金融资源大量倾斜于大型国有企业,而广大中小企业难以获得充足的金融支持。从长期看,这些企业的发展速度将受到很大牵制。

综观世界各国,中小企业融资作为一个世界性难题,主要瓶颈在于企业可抵押资产较少、信用风险较高、单笔业务的成本费用率高等。这些因素使银行、证券等金融机构并不热衷于向中小企业,特别是小微企业提供金融服务。从上海金融业的发展情况来看,问题则体现在多个方面。例如,金融机构对中小企业缺乏足够的重视,实际上如果采取科学的业务模式,还是能取得良好成效的;又如,当前的金融体系仍倾向于为大企业提供金融服务,这主要是因为缺乏股权投资基金、风险投资基金等专注于投资有高成长潜力中小企业的金融机构,从而导致金融服务对象的结构失衡现象。

三、未来金融经营体制的调整方向与实施途径

未来,我国金融经营体制应尽快从主要以规模、数量等增长为支撑的发展模式,过渡到以金融功能塑造为核心的发展阶段,加强制度创新以适应国际化发

展。针对当前存在的问题，主要应从以下几个方面推进经营体制的创新。

（一）适应国际化发展的金融经营制度创新

推进适应国际化发展的金融制度创新主要可以从以下两点着手：①从政府推动向市场主导转变；②发挥金融服务功能，支持中小企业发展。

市场主导的金融模式是当前发达国家采取的主要模式，具有较强的市场活力和国际竞争力。一方面，这些市场主导的国家和地区，其金融市场的自由度和开放度都比较高，不仅能激发金融创新，而且能增强对各种金融要素的吸引力，从而获得长远、高质量、不断增长的金融资源；另一方面，市场机制对于实体经济的发展也起到了巨大的推动作用，这对加强金融资源聚集有重要意义。因此，加快政府职能转变，不仅能推动市场机制的较快发展，而且能在一定程度上缩短这个过程的时间。作为我国的金融中心，上海应通过转变地方政府职能，约束与规范地方政府的行为，避免政府直接干预企业日常经营行为；同时要加快推动金融市场制度建设，尽可能创造公平竞争、公开透明、合理引导的市场环境，使国有、股份制、民营、外资等不同所有制的金融企业可以在平等条件下开展市场竞争，从而使上海成为国际金融企业经营和业务创新的乐土。

在应对金融服务对象结构失衡现象方面，有如下几个重点领域值得关注：一是大力培育有利于高新企业和中小企业发展的私募股权基金、财富管理服务和风险投资基金，促进场外交易市场的发展，形成多层次资本市场体系，并通过金融机构创新来形成较完善的"微金融"体系；二是鼓励商业银行、证券公司等金融机构开展业务创新，改善体制内和体制外"二元金融"状况，重视对中小企业提供信贷业务服务；三是逐步消除金融业对民营资本的进入壁垒，发挥民营资本在信息上的优势，提高服务中小企业的效率。

（二）加快完善金融经营环境

加快完善金融经营环境包括完善法制环境和市场环境。在法制环境方面，上海应在金融法制环境方面积极探索符合金融中心建设需要的地方金融法律新制度和新机构，并在全国立法制度的框架内探索符合区域特征的法律。一是进一步提升上海金融法庭的能级，完善金融仲裁体系，在上海建立金融仲裁专业委员会，使上海成为国际金融仲裁的中心。二是通过改善司法环境，赋予司法机关应有的执行力和强制力，确保判决决议的有效执行。同时，对涉及金融诈骗、逃避债务、国际洗钱等严重扰乱金融秩序的犯罪行为进行严厉惩处,维护个人投资者和金融机构的合法权益。三是完善知识产权保护制度,保护金融创新者的利益。随着上海金融业开放程度的不断提高,上海地方政府应高度重视金融创新环境的优化和创新制度的完善。在现有法律体系框架下,进一步出台金融知识产权保护政策及相关法律制度,使金融创新者的利益得到充分保护,严厉打击盗用知识产权的行为。四是在法律的制定过程中,应当尽可能地吸收国际惯例和有关国家的先进经验,以实现在保持独立性的前提下,提高法律制度的国际化和开放性程度。

在完善市场环境方面,放松对金融业务过于严格的管制,是激发金融机构创新活力的重要举措。处于我国金融制度改革前沿的上海,应当有勇气率先转变管制金融机构业务的方式,即从规定"正面清单"转为规定"负面清单",从而为金融机构的业务创新提供更大空间。目前存在的对内资金融机构的业务限制多于外资金融机构的状况亟待改变。凡已经允许外资或承诺允许外资金融机构开展的业务,原则上也应该同意内资金融机构开展,以保证平等竞争。

第三节　金融监管体制创新

随着科技的发展、对外开放的深化,监管制度成了上海国际金融中心建设的瓶颈。金融是一个特殊的行业,由于信息不对称天然存在,金融机构又具有垄断性,全方位的监管是必需的。目前,鉴于各类新业务、新模式不断涌现,监管机构要面对监管套利和逃避规制的金融创新活动,做到识别真伪,并引导金融活力走向普惠民生、服务实体。这离不开金融监管体制的创新。

一、金融监管体制的发展历程

从中华人民共和国成立初期到改革开放前,我国金融体制实行的是中国人民银行"大一统"模式。1952年国民经济恢复期结束时,作为国家银行,中国人民银行建立了全国垂直领导的组织机构体系,人民币成为全国统一货币,对各类金融机构也实行了统一管理。

在统一的计划经济体制中,自上而下的体制成为国家吸收、动员、集中和分配信贷资金的基本手段。为了与高度集中的银行体制相适应,我国从 1953 年开始建立了集中统一的综合信贷计划管理体制,即全国信贷资金不论是资金来源还是资金运用,都由中国人民银行总行统一掌握,实行"统存统贷"的管理办法,银行信贷计划纳入国家经济计划。该体制一直延续到 1978 年。其间虽有几次变动,但基本格局变化不大。

改革开放之后,为配合经济发展,我国于 1979 年恢复了中国农业银行,改革了中国银行的体制,恢复了国内保险业务。另外,各地还相继组建了信托投资公司和城市信用合作社,出现了金融机构多元化和金融业务多样化的局面。从1984 年 1 月 1 日起,中国人民银行开始专门行使中央银行的职能,同时新设中国工商银行,人民银行过去承担的工商信贷和储蓄业务由中国工商银行专业经营。至此,中央银行制度的基本框架初步确立,我国金融体制也开始向现代化市场金融体制转变。

在 1995 年之前,国内对于银行业的混业经营与分业经营并没有明确的规定,银行业实际上处于混业经营状态。20 世纪 80 年代中后期上海的几家银行先后设立了证券部,随后几乎所有的银行都设立了信托投资部、证券公司或证券营业部,著名的国泰、南方、华夏三大证券公司当时就分属于建行、农行、工行。但随着后来国内证券业的飞速发展,金融机构的非理性投机行为越来越多,加之监管缺失,最终造成了 1992 年的金融秩序混乱。1993 年 7 月,国家开始大力整顿金融秩序,自此以后我国颁布了一系列法律法规,不断地强化国内的分业经营政策(翟义波,2015)。不过,那时商业银行还是可以投资经营证券、信托、租赁等金融业务,而且可以直接投资经营企业、酒店、出租车公司,等等。1997 年亚洲金融危机爆发后,中国经济明显下滑,银行不良资产和违规案件大量爆发,这推动中国金融启动了一轮深刻的改革,其中包括成立了中央金融工委,发行 2 700亿元专项国债,补充四大国有商业银行资本金,剥离银行附属公司和非银行业务,实行分业经营和分业监管等。从这之后,银行的多元化经营受到最为严格的控制,基本上收缩到商业银行业务经营范围之内(王永利,2015)。

1998 年,我国进一步完善了分业管理的体制,证券、保险监管职能从中国人民银行分出。国务院原证券委员会与原中国证监会合并为正部级的中国证监会。11 月又成立了中国保监会。2003 年 4 月,中国银监会正式对外挂牌,银行监管权力从中国人民银行分出,中国金融管理"一行三会"的格局形成。"一行三会"的监管模式由中国人民银行、银监会、证监会和保监会四个部门构成。采取的主要是规则性监管模式,并且主要运用微观审慎监管指标进行监管。

2018年3月,全国人大第十三届一次会议通过《国务院机构改革方案》,将中国银行业监督管理委员会、中国保险监督管理委员会合并为中国银行保险监督管理委员会,至此"一行三会"调整为"一行两会"。不过,监管制度改革是一个复杂的系统工程,金融监管理念还在摸索过程中,分业混业的分歧还没有结束。

二、金融监管面临的瓶颈和约束

(一) 监管协同性有待加强

随着社会经济条件的变化,当前金融经营体制的缺陷与不足也越来越明显。由于现代金融业中信贷、证券、保险等业务难以截然分开,在我国目前监管机构分设的体制构架下,容易产生由于监管机构之间不协调而导致的监管空白和漏洞。

一方面,上述问题是金融结构巨变使然。2008年国际金融危机之后,中国的金融结构发生了巨大变化,银行存款比重大幅下降,影子银行体系快速发展,金融机构功能边界逐渐模糊。责权不清引发监管重叠与监管真空两个极端,以央行和银监会为例,二者在对金融创新和衍生品的监管上存在职能重叠,类似现象同样在利率监管、信贷政策、金融信息安全等领域发生。

另一方面,金融创新与人民币国际化的推进放大了监管协调不足的问题。以互联网为内驱力的金融创新在近两三年独占鳌头,金融混业经营大潮让监管风险暴露得更为明显,而金融业国际化的推进,更是加速了该问题的暴露和传播力度。业内人士表示,2011年下半年发生的温州中小企业流动性危机,以及2013年6月发生的货币市场流动性危机,归根到底都是因为监管机构间的协调不畅导致了监管盲区,从而引发危机。此外,2015年因场外配资问题而造成的股市动荡也与监管协调不足有关。种种现象表明,现行监管框架与我国金融业发展存在着体制上的矛盾(罗锦莉,2015)。

上海目前的监管体系同样面临协调机制不足的问题。当前,与我国的银行保险业、证券与期货业的分业经营相对应,我国实行的是银保监会、证监会为监管主体的分业监管的多头监管体制。作为上述机构的派出机构,上海银保监局、证监局分别负责上海市银行保险业、证券与期货业的金融监管。这种多头监管格局所产生的问题影响了上海建设国际金融中心的进度。

（二）利用监管科技有待加强

随着金融科技的显著发展，监管科技也在迅速兴起。监管科技主要应用于监测、报告、合规，借助大数据和人工智能来实施更有效的监管。我国目前也采取了一系列行动，有效提升监管科技以适应新技术、新业务的发展。

2017年，央行成立金融科技委员会时提出：将强化监管科技应用实践，积极利用大数据、人工智能、云计算等技术丰富金融监管手段，提升跨行业、跨市场交叉性金融风险的甄别、防范和化解能力。2019年8月，《中国证监会监管科技总体建设方案》正式印发，标志着监管科技建设工作的顶层设计完成，并进入全面实施阶段。该方案提出，在加强电子化、网络化监管的基础上，通过大数据、云计算、人工智能等科技手段，监管科技将为证监会提供全面、精准的数据和分析服务。

三、突破金融监管体制的瓶颈的途径与政策建议

（一）更新监管理念

金融监管理念转型过程中，会形成路径依赖，即政府和民众往往依赖原来有效的制度进行监管。这些监管制度是在特定历史条件下，为解决当时的问题而形成的，而当环境发生变化时，例如，上海进一步推动国际化、进一步加强金融创新、更大的证券交易量等，原来行之有效的制度往往就变成了桎梏。为了应对这种改变，严格的金融监管必不可少，但金融的发展还需要在此基础上创造宽松的自由金融环境。严和松不仅仅是一个度的把握问题，更关键的在于监管理念的更新。在风险可控的条件下，上海可以逐渐放开过度管制与干预，运用市场规律对金融市场进行调节。

更新监管理念，首要的是正视风险，客观评价风险。风险伴随着经济活动，尤其是金融活动，不可能消除。如果在面对新技术、新业务、新模式时以一刀切的处理方式来规避风险，则会造成遏制创新、压抑金融活力。

与之相反，如果不能划清监管底线，则必然会产生过度自由化，从而导致行

业的系统性风险。由于单纯依靠监管机构的力量无法从纷繁复杂的金融活动中预警或及时发现风险,对于那些不可认知的风险,难免会发生反应延迟、反应不充足的现象。此时如果不能明确底线,则极易造成风险大面积扩散,形成区域性、系统性风险。因此,明确底线也是更新监管理念的一个极其重要的组成部分。

(二) 提升信息共享水平,增进协同性

从"一行三会"到"一行两会",目前我国金融业依旧采取分业监管模式,央行的作用发挥有限。同时,在监管过程中由于存在信息收集、识别和处理等方面的高成本,金融监管部门不可能掌握金融机构的所有真实信息。另外,分业监管体制本身又会使监管主体之间产生新的信息不对称。由于市场总是走在监管的前面,立法滞后,执行力度不够也是亟须解决的问题。要完善监管的模式,关键是建全信息共享制度,加强金融监管机构之间的协调合作,使得信息能够及时地在金融监管机构之间以及监管部门与金融机构之间的透明共享。

从世界各国的监管协调机制来看,由于各国经济发展的多样性以及不平衡,各国的金融制度、监管方式与政策措施均呈现多样性,因此金融监管协调与合作的方式也呈现多元化。目前,监管机构之间的协调合作机制通常有三个层次的安排:①由法律直接规定协调与合作的框架和安排,如美国、德国和韩国,或由法律做出原则性要求,如英国;②在机构之间签署谅解备忘录,对在法律中难以细化的协调、合作事宜,如具体的职责分工、信息的收集与交流以及工作机制等做出明确的规定,如英国、德国和澳大利亚;③在操作层面做出一系列安排,实际运作这一协调合作机制。

在操作层面的安排可以细分为如下三点:一是在管理层层面安排交叉参加对方理事会、董事会;二是建立协调委员会,定期召开协调会议,讨论与金融稳定和金融监管有关的重大问题,协调各项政策与业务;三是在业务上加强信息交流和政策协调,相互提供服务,联合进行检查,合作处理有问题的金融机构,以及通过工作人员的借调安排等形式来建立多方位的合作关系,并增进机构之间的合作(李成,2007)。

从监管发展历程以及效果上看,1999 年美国通过了《金融服务现代化法》,标志着美国进入了混业经营时代。该法案对新的监管框架和协调机制做出了如下规定:首先,美联储作为金融控股公司的伞形监管人,负责金融控股公司的综

合监管,而金融控股公司下属各类公司的监管责任属于职能监管人。监管机构有义务相互提供信息和尽可能利用对方的既有信息。其次,监管机构在对自己管辖范围内事务实施监管时,如涉及另一监管机构职责范围,应事先进行协商。再次,各监管机构应遵守其他监管机构所属金融领域的法律,以减少潜在的冲突。最后,为解决可能出现的监管冲突,各监管机构之间还建立起冲突解决机制。又如,英国在 1997 年对金融监管体制进行改革,原来由苏格兰银行等 9 家监管机构共同监管的集中统一的分业监管框架被新成立的超级金融监管机构——金融服务局取代,统一对银行、证券、保险等领域进行监管。金融服务局和英格兰银行建立了信息共享方面的制度安排,以保证所有与履行各方职责有关或可能有关的信息能得到全面和自由的共享。一方要尽量提供另一方所需要的有关信息,得到信息的一方要保证该信息只为履行其职责所用,而且除法律允许外,不得将信息转给第三方。信息的交换分为几个级别,在所有级别上,金融服务局和英格兰银行之间都有紧密和固定的联系。

美国和英国的实践取得了很好的成效,因此我国可以在立足自身具体情况的条件下,借鉴外国经验,加强金融监管机构之间的信息沟通和协调,使现有监管体制能够充分发挥效用,并在实施中继续探索更有效的监管制度创新。

(三) 建立健全金融消费者保护机制

2008 年的金融危机引发国际社会对金融消费者权益保护的立法改革。2011 年 3 月,世界银行拟定了《金融消费者保护的良好经验建议(草稿)》,提出功能完善的金融消费者保护机制应包括“消费者自我保护能力的提升”。为增强全民的金融知识水平,我国应当制订一个广泛的金融教育计划,并由政府主管部门来负责实施。2010 年 20 国集团领导人首尔峰会通过了《20 国集团首尔峰会宣言》,各国同意增强金融消费者保护,并将此列为未来需要更多关注的议题。2011 年 10 月,OECD 响应 G20 财政部部长和中央银行行长会议关于建立金融服务领域的消费者保护原则的呼吁,发布了《金融消费者保护高水平原则》(简称《原则》)。《原则》提出:所有利益相关者应提升金融教育和素养,金融消费者应当能够轻松获得有关金融消费者保护、权利和责任的信息。

目前我国尚未就金融消费者权益保护制定专门法律,在消费者权益保护一般法下,对金融消费者的保护明显不足。因此,我国应借鉴金融危机后西方主要国家的做法,尽快制定金融消费者权益保护的特别法。我国可以通过对金融消费者的教育和培训、促进金融机构的合规性和自律性,从而形成多元化良性发展的制度结构。这种集自律监管、行业协会监管、消费者参与和法治监管于一体的新型制度结构将有效降低金融监管的成本。

(四) 加强和国际监管组织的合作与交流

在制度建设和金融开放的过程中,为保障金融稳定,需要进一步加强对内外资金融机构的监管,包括加强对金融机构事前、事中、事后的检查,加大处罚违法行为的力度,促使国内外金融机构能更好地遵守我国的金融法律法规,为金融发展创造更好的市场秩序。同时,要积极推进国际监管领域的合作,如积极推动与境外金融监管机构之间保持正式的合作与交流;积极发展双边和多边监管合作关系;实现国际金融监管信息的有条件共享;对跨国金融机构实行国际统一监管;努力与国际证券监管委员会组织、国际保险监督官协会和巴塞尔银行监管委员会等国际组织开展合作,积极参与国际金融监管标准的研究和制定。

第五章

互联网技术与金融创新

互联网正在以摧枯拉朽之势改变传统金融的信息处理方式,潜移默化地从物理空间渗透到流量空间以实现资源的有效配置,由此引发国际金融中心建设的新趋势、新内涵、新路径。互联网时代推进国际金融中心建设,不能囿于固有的工业经济思维模式,一味追求金融机构的物理集聚,而是要从互联网思维出发,积极探索"互联网+金融"的有机融合、有效结合的互联网金融新模式,创新金融发展政策举措和金融监管模式,突破金融中心建设既有路径,推动上海国际金融中心建设实现"弯道超车"。

第一节 互联网时代的国际金融中心新内涵

自 1992 年党的十四大把上海国际金融中心建设确立为国家战略以来,如何从理论层面丰富和完善对国际金融中心的认识,在实践层面推进国际金融中心建设,一直以来备受学界、政界和金融业界人士的高度关注。围绕国际金融中心内涵,传统观点认为金融中心是一定范围内金融机构的物理集聚,并从金融发展的内在动力以及外部环境等不同角度阐述了金融中心的形成机制。随着信息技术的突飞猛进,互联网赋予了国际金融中心新内涵。

一、国际金融中心的传统观点

传统观点认为,金融中心是一定范围内金融机构的物理集聚。Kindleberger (1974)在《金融中心的形成:比较经济史的研究》一书中对金融中心的发展历史作了开拓性研究,指出金融中心是金融机构和金融交易集中的场所,金融集聚出现于银行业不断地在某个城市建立分支机构的过程之中,同时规模经济又促使银行和其他金融机构等各种金融要素集聚。Park(1982)沿用了这种地理意义上的集聚来界定金融中心。这是典型的工业化时代的金融中心观,主要强调城市内部的金融力量,经济发达、需求旺盛、区位优势明显、人才集聚、基础设施完备的城市首先成为区域金融中心,进而发展成国家金融中心和有国际影响力的中心,在这个阶段,金融业的重要性尚不及制造业。在此基础上,Reed(1989)和 Sassen(1991)对全球金融中心体系和全球城市展开研究,根据经济控制力、资源支配力和科技创新力的差异,将金融中心划分为若干等级。国际金融中心是其中的最高等级,能对周边地区甚至全球产生辐射作用。

关于金融中心的形成机制,一种观点认为,金融中心能否形成取决于地区金融发展的内因,即金融发展的内部演化机制将形成金融中心的向心力和离心力。Krugman(1991,1998)从产业集聚视角提出了形成金融中心的向心力(金融集聚)与离心力(金融扩散)原理,用来揭示金融中心的动态演变规律,即回答"金融中心的形成与演化的原因",但结论却莫衷一是。在形成金融中心的向心力方面,Porteous(1999)提出了金融中心建设的路径依赖理论。潘英丽(2003)探讨了金融中心的聚集效应和外部规模经济效应,以及金融机构选址决策的重要性。徐明棋(2014)指出建设国际金融中心,关键是把握好金融机构集聚的原因和规律,创造金融机构集聚的条件和基础。然而,金融信息论者则更多关注离心力的变化,比如,O'Brien(1992)认为,随着金融管制放松和现代通信技术的发展,地理因素将不再左右金融机构的布局,银行和其他金融机构不再需要集聚在金融中心。闫彦明(2006)指出,金融资源的集聚与扩散有其内在的规律,各类金融资源流动的结果导致了国际金融中心的兴衰、演替。根据各类金融资源集聚、扩散的特点,金融资源集聚、扩散的典型形态及主要影响因素等,按主导因素、辐射范围两个纬度可将金融中心划分为四种模式。陈淳等(2009)指出,拥塞效应、金融安全、追随客户、地区竞争以及通信技术的迅速发展等是导致金融扩散的重要原因。

　　另一种观点则认为地区金融发展的外因在金融中心形成方面起着主导性作用,因此金融发展的外部环境决定了金融中心形成的条件和基础。Sassen(1991)在全球城市理论中指出,金融业不能孤立地存在,它的发展与相关的服务业如法律服务、会计服务、咨询、广告、信息服务业密切相关,这些产业在 CBD 集聚,并形成先进生产服务业集群。这表明,研究金融中心,不仅要关注金融业的发展,与金融业相关的专业服务业的发展对金融中心的成长同样重要。Laulajainen(1998)指出,政治地位、经济实力、监管环境与税收制度、时区优势、信息优势、人才优势是决定金融中心及其国际地位的关键环境因素。杜恂诚(1999)、吴景平(2002,2003,2005)对上海在 20 世纪二三十年代的远东金融中心地位和发展环境进行了卓有成效的研究,并提出金融中心重建目标。冯德连、葛文静(2004)构建了解释国际金融中心成长的轮式模型,主要包括两种拉力(科学技术、经济发展)、三种推力(供给因素、历史因素和城市因素),以及地方政府公共政策的作用等。周小川(2004)、李扬(2005)、徐诺金(2005)等人提出并完善了金融生态系统理论。

二、服务经济与国际金融中心

　　20 世纪 80 年代之后,西方推行的新自由主义思想,加速了经济的金融化趋势,金融成为经济发展的核心。随着全球化和信息化程度加深,西方城市率先实现产业转型升级,金融中心的内涵也随之出现了新的变化,金融服务供给不断丰富和拓展金融中心的内涵。Martin(1999)、Thrift(1994)和 Roberts(1994)强调金融业是高附加值的信息服务业,认为金融中心首先是金融信息收集和扩散的场所。马梅等(2014)发现,在互联网时代推进上海国际金融中心建设,既要继续重视金融机构集聚,更要注重鼓励企业赢得全国性用户网络接入权,加强平台组合,增强信用数据流。这是服务经济时代的金融中心观,突出了金融中心的金融服务供给特征。在这个阶段,金融业的重要性不亚于制造业,而且信息对金融中心的形成具有决定性作用(Gehrig, 1998;Zhao, Smith & Sit, 2002)。

　　互联网时代,国际金融中心建设的目标和方向将在服务经济的基础上进一步产生变化。一方面,信息化将改变国际金融中心金融机构集聚的形式与内容,进而改变金融中心的内涵及其形成机制。互联网时代国际金融中心的运行特点、规律、机制、环境、趋势等都有别于工业经济时代的金融中心。面对一个更加扁平化的信息世界,应如何解释与探寻金融资源集聚与扩散的内在机制规律和外在影响因素?另一方面,就上海而言,一些研究已经注意到上海国际金融中心的建设路径将有别于过去伦敦、纽约等发达国家金融中心的建设路径(杜恂诚,1999;肖林,2009;张宏鸣,2011;马梅,2014;吴大器和张学森,2014),但留下的争论仍日趋白热化:上海是建成全球金融中心还是区域性金融中心?是在岸金融中心还是离岸金融中心?是政府主导型的金融中心还是市场驱动型的金融中心?是采取渐进式即影响范围从国内到区域再到国际的常规性发展路径(《推进上海国际金融中心建设行动纲要》的思路),还是采取突变式的(以离岸试点为主)非常规发展路径,抑或是渐进突变双驱动模式?国际金融中心建设先于还是后于本币自由兑换?如此等等。

实际上,对上述问题的有效回答必须扬弃工业经济时代金融中心概念的狭隘理解,而是要从近年来异军突起的金融企业互联网化和互联网企业金融化的现实背景出发,从电商、互联网支付、网贷网销、众筹等风起云涌的市场创新实践出发,与时俱进,探究互联网时代国际金融中心建设的新内涵与新趋势。

三、互联网与国际金融中心新内涵

互联网时代国际金融中心建设面临着新机遇和新挑战。在全球化和信息化的交互作用下,世界将变得更加扁平化、去中性化和移动化。应当看到,便捷的信息基础设施以及广泛的对外金融联系,而不是工业中心、商贸中心或其他,将成为互联网时代一座城市能否建成国际金融中心的必要条件。这或许是互联网技术产生的新的向心力,带给发展中国家城市"弯道超车"的新契机,由此开启国际金融中心建设的新模式。

互联网时代和工业经济时代的国际金融中心建设都呈现出服务业高度密集、对周边地区乃至全球具有辐射作用等特点,但两者的实现形式有着根本的不同。首先,就新内涵而言,互联网时代的国际金融中心更加强调线上资本市场的直接融资功能,而不是只依靠金融机构的地理集聚来发挥间接融资的规模效应,这是同传统国际金融中心最大的区别。其次,从新特征来看,互联网技术改变了借、贷、汇等金融信息的处理方式,它既不像专业的信用评估公司或投资银行的研究部门那样以抵押物的数量和品质区分贷款者,也不像银保监会等政府职能部门定期强制披露企业的信用信息,而是基于社会网络、搜索引擎和云计算三者之间的动态协作,向社会大众提供即时的相关金融动态状况,呈现出高效便捷、去杠杆化、个性化、交易成本低、准入门槛低、参与率高、信息可追溯等主要特征(见表5-1)。

表5-1　传统意义上的与互联网时代的国际金融中心内涵与特征比较

比较点	传统意义上的国际金融中心	互联网时代的国际金融中心
共同点	金融市场功能配置齐全、服务业高度密集, 对周边地区甚至全球具有辐射作用	
发展阶段	工业经济时代、服务经济初期 信息基础设施比较薄弱	互联网时代 信息基础设施比较完备
面向对象	大型生产者为主 侧重生产领域	众多消费者为主(长尾市场) 生产、生活领域并重
融资渠道	间接融资为主	直接融资、互联网融资为主
形成标志	金融机构的地理集聚	金融市场的(流量)空间集聚
核心要素	金融物流的集聚与扩散	金融信息流的集聚与扩散
创新基础	基于交易产品的金融创新	基于交易信息的金融创新
产品特征	规模经济、格式化	个性化、定制化、移动化
信用条件	抵押物(静态)	信用记录(动态)

第二节　互联网技术推动金融服务创新

互联网时代,信息技术、网络技术、智能技术、大数据和云计算能力的持续进步,加速推动了金融、商贸等服务行业与信息化的融合,不仅带动了第三方支付、P2P贷款、众筹融资等新型互联网金融服务模式与平台组织不断涌现,而且还对用户生活方式、支付习惯以及管理技术和行业生态环境等产生了重大影响,进而推动传统金融形态、业态的改造与创新。谢平和邹传伟(2012)认为,金融和互联网的数字属性使两者具有结合的天然基因,可以基于社会网络、搜索引擎和云计算三者之间的动态协作,提高金融运行效率。

一、新业态：互联网金融与产业融合

信息化浪潮席卷下，互联网与金融之间的产业融合呈现两大发展趋势。一方面金融"触电"，形成电子银行、手机银行与网上金融超市等金融互联网业态；另一方面电商"淘金"，互联网企业特别是电商进军第三方支付平台，涉足金融产品交易与平台金融等互联网金融业态。其实，无论是金融互联网还是互联网金融，都是互联网企业和金融企业之间的跨界合作与业态创新，实质是依托互联网技术及自身的运营模式，丰富与拓展金融服务内涵，两者异曲同工、殊途同归。

实际上，中国网上银行的发展已有十余年，随着手机银行的兴起，金融互联网已经成为商业银行最大的交易渠道，现阶段以微信银行[①]和网上金融超市为代表的新型金融互联网业态，符合传统金融服务升级的演进方向。目前，对传统金融机构影响和冲击比较大的当属互联网金融，即原本一些与金融业相对独立的产业开始逐步向传统金融机构未覆盖的领域渗透，从而引发对什么是互联网金融以及互联网金融对传统金融冲击与影响的反思。

互联网金融是一种新金融业态，其特点是依托互联网技术，特别是移动支付、社交网络、搜索引擎和云计算等，是继商业银行等金融中介为代表的间接融资、证券市场为代表的直接融资之后，出现的第三种融资途径[②]，它改造了金融业务的服务内容与业务流程，打破了金融服务的地域限制，是实现资金融通、支付、结算等金融相关服务的新兴金融业态。以产业融合的视角看，互联网金融是金融业与信息产业特别是电子商务之间互动与融合的产物，金融企业借力互联网平台，可以拓展客户规模、精准客户匹配、提升资源适配、提升风控能力、降低运营成本；同时，互联网企业通过与金融企业的合作，大幅提升跨领域经营的能力和机会[③]。

---

① 2013 年 7 月 2 日，招商银行宣布升级微信平台，推出首家微信银行，服务范围从单一信用卡服务拓展为集借记卡、信用卡业务于一体的全客群综合服务平台，可以实现转账汇款、手机充值、预约办理等一系列服务。2013 年 7 月 28 日，中国工商银行正式推出微信银行服务。微信用户只需登录工行网站用手机扫描二维码，或者通过微信平台关注"中国工商银行电子银行"公众账号，即可使用工行的微信服务银行。

② XIE P, ZOU C W. The theory of internet finance [R]. Working Paper of CICB, 2012.

③ 巴曙松. 互动与融合：互联网金融时代的竞争新格局[N]. 中国经济时报，2012 - 09 - 18.

二、新领域：互联网金融与长尾效应

互联网金融关注"长尾市场"的需求信息。传统市场理论把注意力集中于大企业和主要需求者。然而，随着互联网和数字技术的发展，一些原本受到地域限制而被忽视的中小用户的需求信息被汇集起来，形成服务经济时代利润的重要来源，这就是"长尾理论"所要表达的深刻含义。长尾规模足以同主要市场规模相比拟，在这种情况下，企业就需要特别关注中小用户的需求，包括"最后一公里"对提升服务品质的关键作用。"长尾现象"是服务经济有别于制造经济最显著的特征所在，互联网金融正是由隐藏在"长尾"中的一系列潜在的支付需求、投资需求和融资需求催生。

互联网金融把私人信息公开化、分散信息集中化。互联网金融有着与直接金融和间接金融截然不同的信息处理方式，它既不像专业的信用评估公司或投资银行的研究小组那样区分贷款者资质，又不同于银保监会等相关职能部门定期披露企业的信用信息，而是基于社会网络、搜索引擎和云计算三者之间的动态协作：社会网络负责产生和传播信息，搜索引擎建构、排序及索引信息以缓解信息冗余问题，云计算为处理海量信息提供解决方案。互联网金融的信息处理方式是，通过交易价格产生连续时间的动态违约概率序列，揭示金融产品的风险定价，从而把对贷款者进行风险评估的成本降至最低[①]。这种信息处理方式与信用违约互换（credit default swap，CDS）的市场机制十分类似。

长尾理论和互联网金融独有的信息处理方式，彰显出互联网金融的现实意义在于，一是强大的信息处理能力可以降低交易信息的不对称程度，节省交易成本，提高交易效率；二是互联网技术取代了专业化的金融知识，降低了金融参与门槛，为全社会增添了一种更加民主化的资金融通渠道，而不是少数专业精英控制的金融垄断，从而有助于实现金融发展的普惠效应；三是与传统金融部门形成业务竞争关系，冲击和倒逼传统金融部门改善服务质量、创新金融产品、优化资源配置，使虚拟经济更合乎实体经济发展的需要。此外，互联网金融还可被用来解决中小企业融资难的问题，一定程度上促进了民间金融的阳光化与规范化。

---

① XIE P, ZOU C W. The theory of internet finance [R]. Working Paper of CICB, 2012.

三、新机制：互联网金融与资源配置

互联网金融的信息处理方式决定了其配置资源的特点：储蓄者和融资者通过互联网直接发布并匹配资金供需信息，达成市场交易，而不需要经过银行、券商或交易所等金融中介，降低了交易成本和信息不对称程度。在这种资源配置方式下，交易双方依托网络实施信息更加充分透明的竞价行为（比如拍卖），因此是富有效率且机会公平的。但是在互联网金融发展初期，社会网络在公开和传播信息的过程中对信息的甄别与监督能力有限，同时风险管理与行业监管手段又相对滞后于实际发展需要，因而尽管互联网有助于降低交易成本和信息不对称程度，但当融资规模较大且存在难以消除的市场风险与信用风险时，银行等传统金融中介在这方面仍具有不可替代的信息处理优势与信用担保功能，可以通过再保险等手段转嫁风险。利用微观数据的研究结果也进一步证实了，在正规金融不可及的情况下，互联网金融可显著促进家庭信贷需求，并降低家庭信贷约束的概率[①]。所以从这个意义上讲，互联网金融在相当长的一段发展时期内，将成为传统金融的一种补充形式，推广互联网金融，有助于提升金融服务的可及性。

从本质上讲，信息技术和金融的本源都是数据，两者具有天然结合的基础。互联网和智能手机的普及引致了无网点银行服务的兴起，一定程度上推动了信息技术与金融的深度结合。一些实证研究（何光辉和杨咸月，2011；范正，2012；谢平，2012）关注到手机银行等信息产业的基础设施终端在互联网金融发展中的重要性，网络覆盖率、手机渗透率等重要指标不断提升，为互联网金融服务创新开辟了广阔的市场空间。所以互联网金融的资源配置方式，是在信息化背景下利用信息技术改变金融排斥，进而优化资源配置和促进经济增长的具体表现。

同时，借助大数据等现代信息处理手段，互联网金融的演进也在构筑不同于传统金融自上而下的信用体系，即不再沿袭以往从国家到银行再到国有企业的信用链，而是形成一种新的自下而上的信用评级与违约风险评估机制。这套评估机制由于是从浩瀚且分散的市场中采集而得的，因而更有助于发挥市场在资

---

① 尹志超，张号栋. 金融可及性、互联网金融和家庭信贷约束——基于CHFS数据的实证研究[J]. 金融研究，2018(11)：188-206.

源配置中的决定性作用。为此,互联网金融不仅仅是一种新的金融业态,更是一种新的市场机制,具有效率导向和自我完善与纠偏的功能,因而从多层次资本市场的构成要素看,互联网金融也是国际金融中心不可或缺的重要组成部分。

第三节 互联网金融与上海国际金融中心建设的新挑战

国内互联网金融大潮初起,上海互联网金融企业屹立潮头,尤其是一些民营资本,不受体制束缚,本着首创精神投身改革实践,先行先试,在业务模式、交易总量、风险控制等方面可圈可点,一定程度上对以银行业为代表的正规金融形成从投融资体制到业务流程再造等一系列冲击,其创新方向符合信用经济、平台经济、网络经济与体验经济的内在要求,成为推动上海国际金融中心建设的新动力。

一、金融要素地理集聚的重要性弱化

上海在国际金融中心建设方面取得了重点突破和长足进步,已经集聚了全国相对而言最为完整的市场要素、人力资本和金融机构,但是互联网金融的发展使得这些优势的重要性在物理空间层面被削弱,而在流量空间层面则产生极化效应。

传统金融机构依赖大城市主要是希望通过在人流、资金流密集的地方布点来获取收益,然而在互联网时代,由于信息获取、业务拓展和风险控制等都可以借助互联网来完成,这使得金融机构集聚于商务成本相对较高城市(如北京、上海)的动力大为降低,而且随着互联网金融业务的拓展,更多的金融交易将通过"点对点"的直接交互模式完成,互联网分散金融业务的影响不容小觑。

然而,在互联网时代,由于金融资源可以借助网络实现跨区域或零边际成本地移动和集聚,因此在流量空间上的集聚规模或将远超物理空间可能达到的集聚规模。换言之,互联网技术将造就"超级第一",产生极化效应,而第二、第三层次集聚的必要性也随之下降。

二、工业化时代信息流控制方向改变

传统工业经济发展阶段,信息流从属于人流、物流和资金流,处于相对次要的地位;而在互联网时代,随着信息技术和数字技术的发展,信息流成为掌控资金流,进而支配人流和物流的核心要素,企业之间的竞争逐步演变为信息资源的争夺,以至于形成了"获得用户网络接入权胜过获得资本所有权、获得数据投入量胜过获得资金投入量"的新规则(马梅,2014)。与此同时,平台经济日益成为金融机构控制、处理和应用用户信息流的重要载体,企业与企业之间的竞争与合作,逐步演化为平台与平台之间的竞争与合作(李凌,2013)。

在互联网金融领域,一是形成了数字驱动的发展格局,第三方支付企业可以根据海量交易数据(如支付宝的基础数据量为 50TB 左右),对用户开展全面深度的行为分析,通过建立模型甄别"洗钱""虚假交易"等违法违规现象;二是形成了"赢者通吃"的竞争态势,互联网金融企业利用平台的双边市场定价机制,争夺用户网络接入权,可以在短期内迅速占据市场;三是形成了"有偿还就能贷"的风控原则,改变了以往"有资产、有抵押才能贷"的传统授信理念,较好地解决了长期以来中小和小微企业因缺乏资产而导致的信用配给不足问题(马梅,2014)。因此,在互联网时代推进上海国际金融中心建设,应当格外重视基于用户信息流生成的新技术与新规则。

三、创新与监管的两难困境

互联网金融对市场风险缺乏有效监管。P2P 平台的野蛮生长表明,尽管互联网金融在信息获取和大数据处理方面具有一定的优势,但仍不可避免地涉及诸如信用违约、价格波动、期限错配、非法洗钱,甚至是非法集资等市场风险,同时,互联网金融快速健康成长的营商环境也尚未形成。2013 年 12 月 18 日,上海市网络信贷服务企业联盟发布《网络信贷(P2P)行业标准》,在管控 P2P 网贷行业风险方面,明确规定联盟内公司不得以任何方式挪用出借人资金,必须建立自有资金与出借人资金隔离制度,不得以期限错配方式设立资金池。这是国内网贷行业协会出台的第一部行业标准,对于形成全国行业规范具有一定的借鉴意义,但行业标准只具有参照意义,而不具有强制性,对法律底线的解释在操作层面仍比较笼统,缺乏监管主体。

就第三方支付而言,现行监管措施主要是通过发放牌照实施市场准入门槛①,实际上是用事先审批取代了事后监管,并不能有效阻止与规制少数授权第三方支付企业的不合法、不规范行为。此外,互联网金融业务模式属于复合性,即混业经营模式,以及线上线下业务融合模式,而现行"一行两会"的金融监管体制属于分业监管,这也在一定程度上加剧了金融监管的难度。

四、平台竞争引发企业重组周期加快

2013年下半年以来,随着第三方支付向移动支付领域集中,行业竞争日趋白热化,上海在沪京深杭四座城市的较量中,优势不再明显。一是上海缺少类似阿里巴巴(杭州)、腾讯(深圳)、百度(北京)这样全国性的互联网巨头,上海的互联网支付龙头企业,如汇付天下和快钱致力于精细化的专业市场,代价是难以形成大规模的用户网络平台。二是支付宝(杭州)、财付通(深圳)等互联网金融企业相继寻求同苏宁、京东等电商平台的最佳合作模式,呈现出支付企业电商化、电商平台延展支付功能的平台组合式竞争态势,以期借助大数据分析客户消费行为、锁定客户关系和开展定制化金融服务,但在平台组合的竞争中,却难觅"沪籍"企业身影。这意味着上海在掌控、参与和创新金融资源配置方面,优势地位尚不突出,与国际金融中心建设的目标也不相吻合。

第四节 互联网金融监管新框架与上海国际金融中心建设新思路

创新与监管并非截然对立,而是同一枚银币的两面,适度监管有助于互联网金融创新。随着"一行两会"鼓励互联网金融业态创新的态度逐步明朗,互联网金融将逐步从"失于监管、野蛮生长、无序竞争"转入"分类监管、协调监管、有序

---

① 自2011年5月以来,共有七批约250家第三方支付企业获得授牌。

竞争"的发展阶段,从金融与互联网的数字化融合逐步向借助互联网技术打通金融、投资、贸易之间体制隔阂转变。在这个意义上,互联网金融不仅是国际金融中心建设中传统金融有益的补充形式,而且或将成为推动上海国际金融中心升级和"四个中心"联动发展的关键力量,由此形成全球资本与财富管理平台的重要支撑载体。上海互联网金融发展和金融体制创新需要新框架与新思路。

一、传统体制下互联网金融监管框架

中国人民银行相关司局从 2013 年起对互联网金融进行持续跟踪调研,在向国务院提交的调查报告中,形成了互联网金融监管指导意见草案①。根据目前中国互联网金融的发展现状,拟将互联网金融分为第三方支付、P2P 贷款、众筹融资、互联网理财和互联网保险五大部分(见图 5-1),并就监管框架做出原则性规定,大致包括"适度监管、分类监管、协调监管、协会监督"。

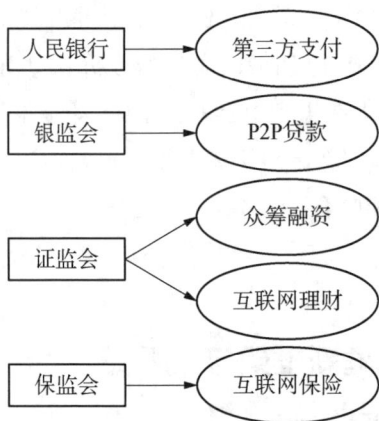

图 5-1 我国"一行三会"体制下互联网金融分类监管新框架

(1)适度监管。监管机构既要海纳百川、尊重市场、呵护创新,也要坚持"底线原则"②,规范市场秩序。

(2)分类监管。从互联网金融的业务差异出发,依托"一行三会"的监管架构和专业分类,明确监管责任主体(见图 5-1)。

(3)协调监管。互联网金融的业务范围往往会跨越多个监管领域,呈现线上线下融合趋势,需要"一行三会"以及工信部和财政部等多个部委成立工作小组,促进形成新的调研机制、意见反馈机制和协调监管机制。这是互联网金融监管的重

---

① 由曦,等.立规互联网金融[J].财经,2014(9):59-66.
俞燕.互联网保险进阶:颠覆性或远超互联网金融[J].财经,2014(9):68-71.
② 在 P2P 贷款监管中提出的"非法集资"和"非法吸收公众存款"两条"红线",就是一种底线思维,而且还应在操作层面具体提出 P2P 平台不能归集资金形成资金池,不能为放贷人提供担保,不能用"秒标""净值标"等与真实需求无关扩大借贷杠杆率的交易模式,不能做期限错配等。

点和难点所在。

（4）协会监督。监管机构通过向社会放权，发挥中国互联网金融协会等行业自律组织的作用，鼓励行业协会运用声誉机制形成对互联网金融企业的市场化激励与约束，鼓励具有良好经营理念和市场信誉的互联网金融企业创新服务功能。这既有利于规范互联网金融企业的市场行为，又能够为鼓励创新与完善监管机制提供有力支撑。

二、互联网金融冲击传统监管框架

2015 年 11 月 4 日，《中共中央关于制定国民经济和社会发展第十三个五年规划的建议》首次明确提出"改革并完善适应现代金融市场发展的金融监管框架"，"实现金融风险监管全覆盖"，其被广泛解读为中国金融监管体系改革已经提上议事日程。

11 月 25 日，央行行长周小川在《人民日报》上刊发《深化金融体制改革》一文，强调要"加强金融宏观审慎管理制度建设，加强统筹协调，改革并完善适应现代金融市场发展的金融监管框架""强化综合经营监管，实现新型金融业态监管全覆盖。强化对金融控股公司，以理财产品、私募基金、场外配资等为代表的跨行业跨市场交叉性金融业务监管全覆盖"。

互联网时代，金融体制改革和监管模式变革呼之欲出。

三、上海推进国际金融中心建设新举措

面对互联网金融在资源配置方式和信息处理结构方面可能对传统金融业布局产生的影响，为积极应对互联网金融对国际金融中心建设提出的新挑战，上海应进一步贯彻落实 2014 年 8 月市政府《关于促进本市互联网金融产业健康发展的若干意见》，鼓励有条件的企业发展互联网金融业务、申请有关业务许可或经营资质；支持互联网金融企业在境内外多层次资本市场上市（挂牌），为互联网金融企业发展营造公平竞争的营商环境，把发展互联网金融作为建设国际金融中心升级版的重要组成部分。

（一）承接落实国家层面的监管措施

在"创新发展，市场选择；联合监管，各守一段"的监管原则下，上海在企业规制、人员配备、政策的可操作性等方面，应逐步深化和细化国家监管方案，实现无缝对接；同时在规范互联网金融企业经营方面，积极出台相关衔接性政策，尤其要重视民营互联网金融企业的政策需求，形成健康、公平、有序的市场发展环境。

（二）强化扩大创新监管的示范效应

上海应充分发挥人才优势和技术优势，在完善与健全P2P网络贷款平台日常监督管理机制的同时，鼓励企业运用用户信息流创新信用评级与管理工具；通过项目交流、人才培训与政策引导等方式，建立互联网金融发展的公共平台；帮助企业建立基于风险管理的自监管营运体系，示范与引领行业健康发展；同时也为全国范围内优秀的互联网金融企业筑巢上海，为增强上海国际金融中心的集聚效应提供政策便利。

（三）加快提升上海智慧城市建设水平

以互联网金融产业链的视角检视信息基础设施建设情况，赢得全国性用户网络接入权，促进通信、大数据、数据库管理、云计算、软件开发、互联网维修、互联网终端设备等关联产业，完善智慧城市基础设施建设。建议逐步向第三方支付机构开放第二代中国现代化支付系统、征信系统、网上银行跨行支付系统、公民身份联网核查系统等支付清算业务相关系统，完善数据库的对接，向互联网金融机构开放银行间的同业拆借市场、票据市场、债券市场、外汇市场等，形成具有金融信息处理与备份功能的数据中心，确保金融信息安全与私人交易信息得到严格保护。

（四）"信息披露和金融业务监管"双管齐下

对于互联网金融的风险监控，还应强调"信息披露和金融业务监管"并举的原则与措施，但在行业成长初期，可以采取审慎宽松的监管态度。当互联网金融企业完全致力于信息匹配与交易撮合且不涉及资金借贷业务时，相当一部分风险主要来自信息和互联网技术，此时的监管应当跳出现在根据巴塞尔Ⅲ等监管理论所阐述的，诸如宏观审慎监管、微观审慎监管、资本充足率、流动性、杠杆率等概念与做法,而是采取同直接融资中信息披露机制相类似的信息监管方式。然而,针对一些已经实现了(纵向)一体化的 P2P 网贷平台,如涉及担保的 P2P 网贷等,则不能将互联网金融企业与资金借贷链完全分离开来,而是要在实行信息监管的同时,还要对这样的互联网金融企业进行必要的流动性风险和系统性风险的业务监管,包括引入一些新的金融监管手段和风险评估方法。

(五) 有序构建上海本地金融机构网聚平台

平台与平台之间的竞争与组合是未来互联网金融发展的一个趋势,也是未来金融格局演变的一个着力点。上海目前似乎还没能培育出能够与阿里巴巴、腾讯、平安等相抗衡的大平台,在未来以平台组合竞争为主要模式的市场竞争中或将处于相对劣势,但上海本地金融企业可以在平台规制理论指导下,通过平台合作、跨界整合、价值链分裂、差异化服务等,争夺用户信息资源,培育和优化具有上海本地特色的综合金融服务平台。

(六) 紧密依托中国(上海)自贸区推进互联网金融开放

鼓励互联网金融为上海的实体产业特别是服务经济服务,发挥互联网金融在减少信息压缩方面的优势,促进互联网金融对传统金融的互补作用,以及对传统商业模式与价值链的整合功能。加快推进在自贸区成立民营银行,鼓励民营银行从事第三方支付、P2P 贷款、众筹融资、互联网理财、互联网保险等互联网金融业务,在从业资质认证、数据平台接入等方面给予优先权,探索适用于互联网金融的生物认证与回单凭证管理方法等。同时,借助互联网技术打通金融、投资、贸易之间的体制隔阂,以互联网金融创新深化自贸区投资和贸易体制机制改革,并推动"四个中心"联动发展。

总之,上海要充分发挥互联网金融在创新驱动转型发展中的引领作用,继续全面深化改革,营造各类资本公平竞争的市场环境,鼓励金融业态的多样性,更好地发挥互联网金融在资源配置、价格发现、信息公开、降低成本等方面的功能与优势,合理化解互联网金融发展过程中遇到的各类风险与问题,不遗余力地推进上海国际金融中心建设。

第六章

金融结构创新与直接融资发展

上海国际金融中心建设不仅表现为各类产品、业务或机制的创新,也表现为金融结构的深刻变化,同时金融结构变化也会推动上海国际金融中心的建设。因此,本章拟从上海金融结构的实际情况出发,结合金融结构理论,梳理上海金融结构创新的重点和特征,并分析上海金融结构创新的主要影响因素,指出发展直接融资市场的瓶颈、途径和趋势。

第一节　金融结构及其影响因素

金融结构理论认为金融发展的实质是金融结构的变化,研究金融发展和创新就是研究金融结构的变化过程和趋势,主流经济学认为金融结构的变化呈现一定的规律性,但不同国家,受其经济社会水平及历史文化等影响,金融结构呈现不同的模式。

一、金融结构的内涵和衡量

(一) 金融结构的内涵

一国现存的金融工具与金融机构之和构成该国金融结构,通常包括构成一国金融总体的各个组成部分,如银行、证券、保险等金融产业的分布、存在、相对规模、相互关系与配合的状态。美国著名经济学家戈德史密斯提出的金融相关比率(FIR),即一国某一时点上所有未清偿金融工具余额(金融资产总值)与国民财富的比值,是衡量一国金融结构与金融发展水平的重要指标之一。除此之外,随着金融结构理论的发展,我国通常使用直接融资与间接融资的比例这个指标。

1. 直接融资与间接融资的比例

所谓直接融资,亦称直接金融,是指没有金融中介机构介入的资金融通方式,即在一定时期内,资金盈余单位通过直接与资金需求单位协议,或在金融市场上购买资金需求单位所发行的有价证券,将货币资金提供给需求单位使用。其主要表现形式有商业信用、企业发行股票和债券,以及企业之间、个人之间的直接借贷。间接融资是指通过金融中介实现资金融通的方式,即拥有暂时闲置货币资金的单位通过存款的形式,或购买银行、信托、保险等金融机构发行的有价证券,将其暂时闲置的资金提供给这些金融中介机构,然后再由这些金融机构以贷款、贴现等形式,或通过购买需要资金的单位发行的有价证券,把资金提供给这些单位使用,从而实现资金融通的过程。直接融资与间接融资的比例反映了一国金融市场的结构与发展水平,深刻理解指标含义并考察该指标随时间变化的趋势、国别间的差异将有助于改善一国金融结构,促进实体经济发展。

2. 直接融资和间接融资的特点

理论上,直接融资主要有以下5个特点:①直接性。所谓直接性是指资金的需求者直接从资金的供应者手中获得资金,即资金的供应者和需求者直接建立债权债务关系或者所有权关系。②分散性。所谓分散性是指融资活动是在无数个企业之间、政府与企业和个人之间,或者企业与个人之间进行的,即融资活动分散于各种市场、各类主体,具有一定的分散性。③差异性。由于直接融资是在各种市场、各类主体之间进行,而不同的主体在资质、信誉方面有较大的差异。④部分不可逆性。例如,资金需求方通过发行股票所取得的资金不需要返还。资金提供方无权中途要求退回股金,而只能在证券市场上在不同的投资者之间互相转让。⑤自主性。例如,在商业信用中,赊买和赊卖者可以在双方自愿的前提下,决定赊买或者赊卖商品的品种、数量和对象,而在股票融资中,股票投资者可以随时决定买卖股票的品种和数量等。

从上可见,直接融资具有以下两大优点:①资金供求双方联系紧密,有利于资金快速合理配置和使用效益的提高;②筹资的成本相对较低。同时,直接融资缺点如下：①直接融资对于资金需求方而言需要披露的信息更多；②对于资金提供方而言甄别优质的资金需求方需要专业的金融知识；③直接融资成本受市场情绪、国内外经济形势影响相对较大。

间接融资具有以下 5 个特点：①间接性。所谓间接性是指资金需求者和资金初始供应者之间不发生直接的资金关系。资金需求者和供应者之间由金融中介发挥桥梁作用，即资金供应者与资金需求者只是通过金融中介机构发生融资关系。②相对集中性。多数情况下，金融中介并非是某一个资金供应者与某一个资金需求者之间一对一的对应性中介，而是同时面对资金供应者群体和资金需求者群体。在这种融资方式中，金融机构具有融资中心的地位和作用。③金融中介信用差异小。世界各国对于金融机构的管理一般都较严格，而且，金融机构自身的经营也多受到相应稳健性经营管理原则的约束。一些国家还实行了存款保险制度，因此，间接融资对资金供给方的保护程度相对较高，其承担的信用风险也相对较小。④可逆性。间接融资又可称为借贷性融资，即到期均必须返还，并支付利息，因此具有可逆性。⑤金融中介机构掌握融资的主动权。因为资金初始供应者与金融机构发生融资关系后，金融中介机构掌握主动权，由其决定是否满足特定资金需求方的融资需求。

综上，与直接融资相比，间接融资具有以下 3 个优点：①银行等金融中介机构网点多，吸收存款的起点低，能够广泛筹集社会各方面闲散资金，形成大规模资金；②资金供给方出资给金融机构，而此类金融机构体量大，且受到严格监管，资金的安全性较高；③有助于解决由于信息不对称所引起的逆向选择和道德风险问题。因为金融机构的出现是专业化分工协作的结果，它具有了解和掌握借款者有关信息的专长。间接融资的缺点主要表现在：由于资金供给者与需求者之间加入金融机构为中介，隔断了资金供求双方的直接联系，在一定程度上减少了资金供给方对资金需求方经营状况的关注和资金需求方在资金使用方面的压力。

（二）金融结构的衡量

1. 衡量指标的构建

通常，金融结构的衡量指标有增量法和存量法两种计算方法。

所谓增量法，是指用每年或一段时间内从资本市场和银行分别融通资金的总额衡量金融结构的方法。通过以下公式计算：

$$直接融资比重 = \frac{非金融企业股票融资 + 企业债券}{社会融资规模} \times 100\%$$

所谓存量法,是指用融资余额来衡量一国金融结构的方法,即一国的金融体系中,资本市场和银行的规模之比。计算公式如下:

$$直接融资比重 = \frac{股市市值 + 政府债券余额 + 非政府债券余额}{银行贷款余额 + 股市市值 + 政府债券余额 + 非政府债券余额} \times 100\%$$

2. 指标的运用

世界银行等国际机构的研究一般采用市场主导型金融体系和银行主导型金融体系这组概念。直接融资和间接融资这种划分方式与市场主导型金融体系和银行主导型金融体系这组概念总体上是一致的。一般来说,直接融资比重较高的国家都是市场主导型,间接融资比重较高的国家都是银行主导型。但两者也存在差异,例如,市场主导型的国家也存在市场低迷,在资本市场上的融资额较低的情况,因而一些年度的直接融资比重较低。比如 2008 年美国发生金融危机后,2009 年美国资本市场的融资额大幅降低,当年 IPO 融资额为 289 亿美元,仅为 2010 年的 1/3。每年的融资增量有更大的波动性和不确定性,而存量规模相对稳定,这是国际上普遍采用存量法来描述一国金融结构的主要原因。

按照存量法计算,在 20 世纪 90 年代,发达国家的直接融资水平已经达到了 60%,这是由于其经济和金融体系的发展进入相对成熟阶段,金融体系结构趋于稳定。此后该指标呈现缓慢上升趋势,近年来已接近 70% 的水平。仅有的例外是意大利,其直接融资比重从 70% 以上的水平下降到 2012 年的 66.8%,主要是因为近年来受到债务危机的冲击较大。

中等收入国家在 20 世纪 90 年代初期,直接融资比重为 40%～50%,这既与这些国家经济发展水平有关,也与其中一些国家(如中国)的资本市场发展历史较短有关。此后该指标稳步攀升,近年也达到了 60%～70% 的水平,与高收入国家水平接近。

二、主要融资工具

融资工具是融资得以实现的载体。融资工具的创新,直接推动金融结构的变化。

（一）直接融资工具

综观世界各国，直接融资工具主要有票据、股票、债券等形式。

所谓票据是指持有人对不在其实际占有情况下的商品或货币的所有权的债务凭证，一般包括汇票、本票和支票 3 种。按照承兑方性质的不同，票据又可分为商业票据和银行票据两大类。商业票据是商业信用的融资工具，即在信用买卖时证明债权债务关系的书面凭证，可分为商业汇票和商业本票两种。银行票据则是在银行信用基础上产生的，是由银行承担付款义务的信用流通工具。理论上，票据有以下 4 个特点：①可以流通转让。一般票据都可通过背书（持票人在票据背面签字以表现其转让票据权利的意图）转让，并可多次转让，无须事先征得债务人的同意。②只要票据记载合格，票据的受让人就可取得票据上载明的权利。③有明确的、合乎法规的书面形式。④只要票据要式齐备，并非伪造，债务人都应无条件付款，不得以各种理由拒付，否则持票人可依法追索。

债券是指由债务人按照法定程序发行的，证明债权人有按约定的条件取得利息和收回本金的债权凭证。债券是现代经济中一种十分重要的融资工具，按发行主体的不同又可分为政府债券、企业债券和金融债券等。其中，政府债券的发行主体是政府，通常又可分为中央政府债券和地方政府债券两种，中国等发展中国家为促进经济发展通常会发行规模较大的各类债券，因此，政府债券在发展中国家占有较大的份额。企业债券的发行主体是企业，是企业为筹集经营所需的资金而向社会发行的借款凭证。金融债券则是政策性银行、商业银行和其他非银行金融机构为了筹集资金而发行的债券。

股票是股份公司通过股票市场筹集资金的信用工具，即股份公司发给股东的，证明其所拥有的股权，并取得股息收入的凭证。股份有限公司是股票的发行主体，股票持有者即是股份公司的股东。与其他融资工具相比，股票的一大特点是一经购买就不能退还本金，而且股息红利也会随企业经营状况而变动。股票的一大优点是流动性较强，即可以在证券市场上转让流通，且成交较为活跃。股票的收益主要包括股息收入和资本利得，前者取决于公司的利润，后者与投资者通过股票市场的买卖获得差价的收入有关。由于公司的经营受多方面因素影响，股票的市场价格也因此受到影响，具有一定波动性。因此，对投资者来说股票是一种高风险、高收益的金融工具。

(二) 间接融资工具

间接融资工具主要包括贷款、银行承兑汇票、信用证等。

贷款是金融中介机构按一定利率对资金需求方出借货币资金的信用活动。贷款的提供方需要基于财务数据、借款人的信用记录、保证、抵(质)押等因素对借款人进行信用评估,在满足贷款条件的情况下进行放贷。贷款是间接融资工具中最常见的一种方式。

银行承兑汇票是由付款人委托银行开具的一种远期支付票据,票据到期银行具有见票即付的义务。银行承兑汇票具有信用好、承兑性强、灵活性高的特点,可以有效节约资金成本。

信用证是银行根据进口人的请求,开给出口人的一种保证承担支付货款责任的书面凭证。在国际贸易活动中,买卖双方互相难以考察对方的信用情况,因此通常需要银行信用作为背书。信用证在起到融资作用的同时,为进出口贸易进行了增信。

三、金融结构主要模式

统观世界各国金融结构和金融发展,银行主导型和市场主导型两种模式功能侧重不同,各有特点,但效率孰高孰低至今并无定论。

(一) 两种模式的典型案例

日本和德国是传统意义上典型的银行主导型国家,在 20 世纪 90 年代,两国的直接融资的比重均为 40%~50%。近年来,两国的资本市场取得了长足的发展,金融结构不断趋近于市场主导型,2012 年直接融资比重分别达到 69.2% 和 74.4%。我国目前也是较典型的银行主导型国家,按存量法计算的直接融资比重近年来有所提升,约为 50%。

在高收入国家中,美国的金融结构显现出较为显著的市场主导型特征。在 20 世纪 90 年代初期,按照存量法计算,其直接融资比重已经超过 80%,此后一直处在这个水平之上。即便是在 2008 年发生金融危机的前后,美国的直接融资比重也没有发生太大的变化,2007 年该数值为 85.4%,2008 年为 84.5%,2009 年为 84.6%,2012 年上升到 87.2%。这不仅因为美国股市的市值在较短的时间内回升,也与美国债市规模庞大有很大关系。2012 年,美国债市的余额总量大致是股市的两倍,规模相对比较稳定。

(二) 两种模式的主要特征

一国采取不同的金融结构模式,该国金融工具的种类和规模也不同。同时,企业、居民的金融资产组合也有较大区别。主要表现在:

(1) 银行主导型金融体系中,金融机构特别是银行的资产及负债所占比重都较高。例如,德国的银行贷款占比达 60% 左右。2014 年,我国金融机构贷款比重也高达 61%,也属于银行主导型金融体系。与之相对,市场主导型金融体系中,银行及非银行金融机构的资产及负债份额在一国金融资产和负债中并不占主要地位,股票市场或债券市场相对发达。

(2) 银行主导型金融体系中,金融工具规模和交易量有限。市场主导型金融体系中,证券和衍生金融工具发达。如图 6-1 所示,对于银行主导型金融体系而言,银行贷款、非银行贷款是非金融企业的外部资金来源。如果把银行贷款占比和非银行贷款占比加总,德国、日本、加拿大的该指标分别为 86%、86% 和 74%;而对于市场主导型金融体系的美国来说,该指标仅为 56%。与之对应的是,德国、日本、加拿大作为银行主导型金融体系的代表,其债券融资和股票融资占比合计均在 10%~30% 之间,而美国该指标高达 43%。

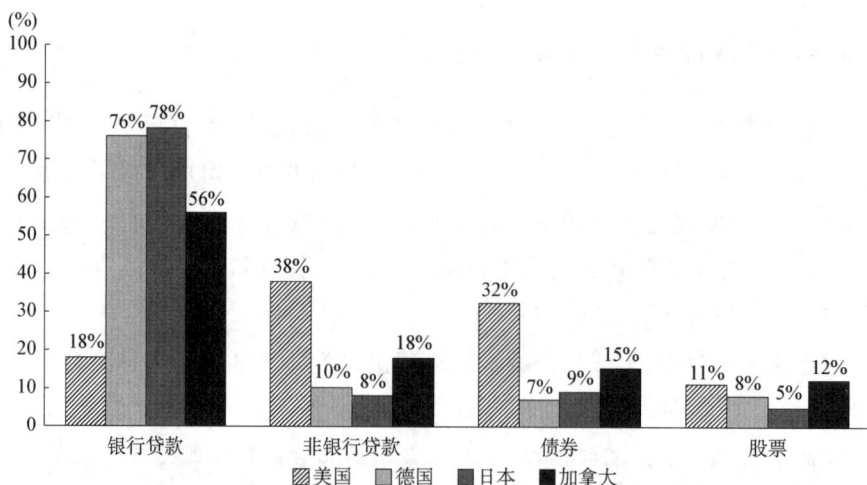

图 6-1　非金融企业的外部资金来源:美国、德国、日本和加拿大的比较

资料来源:转引自弗雷德里克·S. 米什金. 货币金融学(第九版)[M].
郑艳文,荆国勇,译. 北京:中国人民大学出版社,2011:162。

（3）银行主导型金融体系中,现金和存款是居民金融资产组合中最重要的部分。市场主导型金融体系中,股票、债券和其他股权投资在居民金融资产中占较大比重。

上述两种金融体系受到理论界和实务界高度关注。20 世纪 90 年代,金融功能论提炼了金融体系的几大功能,比较如表 6-1 所示。

表 6-1　两种金融体系金融功能比较

功能	银行主导型	市场主导型
融资功能	由于合同不完全,交易费用高昂;当银行与企业存在长期合作关系时,存在谈判可能并降低融资成本;市场波动对于融资影响较小	由于市场的相关权益人较多,利益诉求不一致,谈判较为困难,存在"搭便车"现象。融资不但受到长期经济发展趋势影响,也受到短期市场波动影响
信息收集	银行利用与企业密切的关系获得非市场信息,相对较好地解决逆向选择	健全的信息披露机制、监管、舆论监督令市场导向的金融体系有更好的透明度
激励机制	银行对企业的授信通常较为保守,一方面这可以抑制企业的过度投资,另一方面也将一些风险较大、小微科创企业拒之门外	市场对企业资质有更全面的评价,各类融资企业均能享受到与其相适应的激励机制
信用创造	具有信用创造功能,影响货币乘数	不具有信用创造功能,不影响货币乘数

四、影响金融结构的因素分析

已有研究认为,影响一国金融结构的主要因素包括经济水平、产业发展阶段、文化法治、制度环境以及金融自由化程度等。随着经济发展水平的提高,直接融资比重不断提高,资本市场在金融体系中将发挥更大作用。金融结构发展的总体方向是向市场主导型金融结构演进。

(一) 经济水平和产业发展阶段

通常,经济发展水平越高,资本市场往往越发达。随着商业文明的发展,特别是工业化大生产的出现,通过市场化方式筹集大规模资金的需求使得更多的企业走向资本市场,通过股票或债券向广大投资者直接募集资金。重工业化的进程和高科技产业的崛起更是加速了这一过程,确立了资本市场在发达国家特别是美国的主导地位。以美国为例,芝加哥大学曾研究过去 100 年中美国金融结构演变的过程。他们发现,1913 年末,美国股市的市值与银行存款的比值大致为 1.2,之后的几十年间该比值逐步攀升。尤其是 1980—2000 年的新经济时代,该比值增长迅速,截至 1999 年末,该比值已达到了 8.9。此后美国资本市场的相对规模大致维持在一个较高的水平。美国在 20 世纪末直接融资迅速发展,主要原因是伴随着经济发展和人均 GDP 增长,美国的财富管理和直接参与证券投资的需求显著增加,共同基金等机构投资者快速发展。

另外,金融结构的选择或发展与产业发展密切相关。传统制造业或形态较为简单和稳定的产业往往能较为有效地依靠银行的支持得到发展,而创新经济或高科技产业等因其较大的不确定性或产业形态的快速变迁,需要投融资双方风险共担、利益共享、定价市场化和服务多层次等机制。因此发展创新经济需要资本市场的配套,充分利用其特有优势。例如,以硅谷为代表的美国创新产业之所以迅速发展,重要原因之一是美国发达的资本市场为其提供了风险共担的融资机制。在新兴市场中,韩国资本市场近年来也是伴随三星等高科技产业的快速崛起而迅速发展起来的。所以,产业发展与金融形态相辅相成、相互促进。

(二) 法律、历史、文化、信用等制度环境

制度环境对于金融结构同样存在重要影响。有研究显示,英美法系的立法理念更倾向于让投资者受益(pro-investor)而非债权人受益(pro-creditor)。英美法系以判例法为主,能更快解决新出现的商业纠纷问题,适应商业环境的快速变化,这种制度环境更有利于金融市场的发展。与之相对应,民法国家更注重对债权人的保护,银行主导型金融体系倾向于占主导地位。在 1990 年,大陆法系国家平均直接融资比重比英美法系国家低约 10 个百分点,前者为 51.2%,后者为 61.0%。近年来,两种法系国家的金融结构差距有逐渐缩小的趋势。2012年,大陆法系国家平均直接融资比重与英美法系国家的差距缩小为 5 个百分点,大陆法系国家为 66.1%,英美法系国家为 71.2%。

同样,一国发展的历史轨迹对金融结构也有决定作用。TOI(timing of industrialization)理论认为,德国和日本的工业化进程开始较晚,为了能够赶上其他发展更快更早的国家,有必要采取银行主导型金融体系。而英国在欧洲国家中率先进入工业革命,美国在新中国成立之初就采取较为彻底的自由经济体

制。因此,相对于其他发达国家,英美两国的资本市场发展具有较强的天然优势。

(三) 金融自由化改革

20 世纪 80 年代,全球范围内很多国家启动了一轮金融自由化的改革。美国推动了利率市场化和汇率自由浮动,局部开始混业经营,而英国则启动了"金融大爆炸"改革计划;90 年代后,日本启动金融自由化改革。另外,中低收入国家中,中国、印度和印度尼西亚也先后在 90 年代推动了市场化导向的金融改革。

尽管各国金融自由化改革的动力、目标和成效不尽相同,但改革的方向都是增强金融资源的市场化配置效率,金融脱媒(即脱离传统的商业银行存贷模式)成为一个重要的趋势,对直接融资比重影响显著。如日本金融自由化是被外来压力推动进行的,在节奏、时机等方面缺乏协调性和主动性。但从 20 世纪 90 年代到 2012 年,其直接融资的比例从 40%～50% 一直提高到 70% 左右。印度的资本市场发展很早,20 世纪 90 年代初就达到了近 60% 的水平,2012 年则增长到 70% 左右。美国的金融分业经营改革和 401K 计划实施等则进一步推动了资本市场发展。

第二节　我国金融结构现状、不足及原因分析

20 世纪 90 年代以来,伴随经济金融的改革开放,我国的金融结构发生了明显的变化。我国在提升金融业发展水平的同时,有力地推动了经济社会的转型发展。但也必须承认,我国的金融结构目前也呈现出许多不尽如人意之处,需要在发展中不断完善。

一、我国金融结构的发展现状

(一) 金融市场发展迅速

我国金融市场规模总量的发展可以用突飞猛进来形容。以金融机构存款为

例,我国金融机构存款规模在 1978 年仅为 1 155 亿元①,2018 年发展到 177.5 万亿元,增长了约 1 536 倍。

从金融资产种类来看,我国的成绩也是有目共睹的。最为突出的是债券市场和股票市场从无到有,且经历了一个从少数品种到产品种类基本齐备的过程。我国 1981 年、1983 年开始发行国债、企业债,1997 年 6 月组建全国银行间债券市场,2005 年开始发行短期融资债券。目前我国银行间债券市场的产品已经涵盖政府信用债、金融债券、企业债券和资产支持证券四大类 20 余种产品,债券市场的基础产品种类已基本齐备,满足了各类机构的投融资需求。我国股票市场发轫于 20 世纪 90 年代初,沪、深两大交易所分别于 1990 年 12 月和 1991 年 7 月挂牌营业,目前已成为全球重要的股票市场。

(二) 金融机构存款总量占比较大

我国金融市场以金融机构发行的金融工具为主,债券和股票余额等直接融资占比有限。以 2018 年为例,金融机构存款总量达 177.5 万亿元,但债券和股票市场资产仅分别为 76.45 万亿元和 56.71 万亿元,两市场规模之和仅约为金融机构存款总量的 75%(见表 6-2)。

表 6-2　2018 年末我国部分金融资产规模

项　目	规模(万亿元)
流通中货币	7.3
金融机构存款余额	177.5
债券市场	76.45
股票市场	56.71

资料来源:除债券市场外,其他项目规模数据来自国家统计局网站"年度数据";债券市场规模数据来自《2018 年中国债券市场报告》的托管债券规模数据。

(三) 金融市场参与者呈现机构化

直接融资市场上,金融机构不仅起着中介作用,同时也是大量金融资产的持

---

① 仅包括流通中货币、金融机构存款总量和金融机构贷款总量。笔者没能在官方网站、年鉴等公开渠道查到其他相关数据,因此假定其他种类的金融资产规模即使存在也可能较小,考虑到数据不可得性,仅用前述三项指标之和衡量金融资产规模。

有者,我国金融市场参与者机构化的趋势明显。如表 6 - 3 所示,商业银行是我国记账式国债、政策性银行债券、资产支持证券的最重要的持有者,持有比例分别高达 71.2%、77.2%和 56.6%。即使是信用债,商业银行和非银行金融机构合持比例也高达 46%。

表 6 - 3　我国债券市场的持有者持有比例(%)

	记账式国债	政策性银行债	资产支持证券	信用债
商业银行	71.2	77.2	56.6	34.1
非银行金融机构	5.8	4.4	6.2	12.1
非金融机构	0	0	0.1	0
非法人机构投资者	2	15	35.3	51.4
其他类投资者	21	3.4	1.8	2.4
合计	100			100

资料来源:中国人民银行网站、2015 年金融市场统计。

(四) 债券市场加速发展

近年来我国债券市场呈现加速发展态势,主要有以下几个维度的现象:①发行增速明显。2015 年我国债券市场累计发行债券 22.3 万亿元,同比增长 87.5%,成为中国债券市场发展史上高速增长的一年。之后,2016 年和 2017 年的债券发行略有回落。但 2018 年,债券市场发行增速回升,共发行各类债券 22.6 万亿元,同比增长 10.41%,其中,在银行间市场发行和交易所发行的债券分别占比 93.42%和 6.58%(该比例不包含可转债、可交债)。②存量规模稳步增长。2018 年,全国债券市场托管存量达 76.45 万亿元,同比增加 9.36 万亿元,同比增长 13.95%。其中,地方政府债规模进一步扩大,年末同比增长 22.55%。商业银行债规模保持高速增长,年末同比增长 22.8%[①]。债券市场的较快发展,有望在不久将来对金融结构产生较大影响。

---

① 中央结算公司.2018 年中国债券市场发展报告[EB/OL].[2019 - 10 - 12].https://www.chinabond.com.cn/.

二、我国金融结构面临的主要挑战

与社会经济发展要求及国外金融结构现状相比,我国金融结构面临以下几个挑战。

(一) 直接融资比重偏低

2018年,我国直接融资比重仅为14.78%[①](按照增量法计算),比重明显偏低,属于典型的银行主导型金融市场体系。

(二) 直接融资比重增速有限

如图6-2所示,按增量法计算,2005—2018年,我国直接融资比重从7.83%提升到14.78%,年均增长不到1%,其中,2017年和2013年,直接融资比重出现较明显的下降。如果按存量法计算,增速同样有限,2005—2018年,我国直接融资比重从22.83%提升到47.94%,年均增长约1.8%,其中,2008年金融危机以前,直接融资比重增长相对较快,但受金融危机的影响,2008年以后,直接融资比重增速再次放缓。可见,我国直接融资比重如若要赶上世界发达经济体50%左右的水平,任重道远。

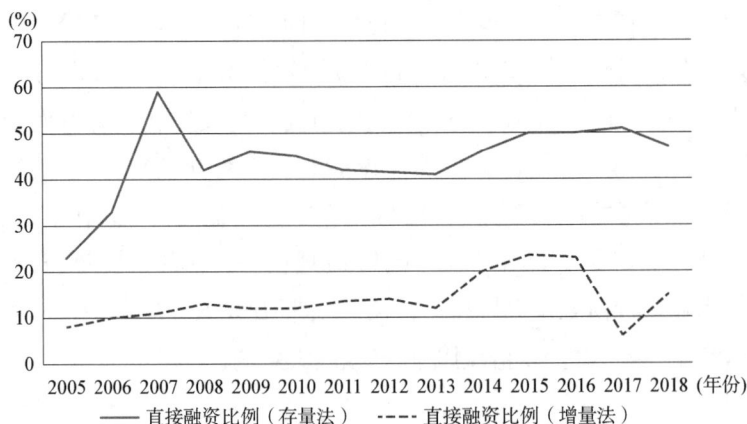

图6-2 2005—2018年我国直接融资比重

资料来源:中国人民银行网站 http://www.pbc.gov.cn/.

---

① 按照增量法计算而得。如果按存量法计算,2018年直接融资比重为47.94%。

（三）股票市场波动较大

直接融资比重增速有限，但市场依然出现较大幅度的波动。如图 6-3 所示，2007 年我国股票市场出现了较大幅度增长，上证综合指数明显上升，但随后又出现显著下降。特别是 2015 年的股市波动，被国外媒体夸张地比喻为"股灾"。以上海证券市场为例，年内最高点为 5 178.19 点，最低点为 2 850.71 点，相差近 1 倍左右，这在世界上也是罕见的。

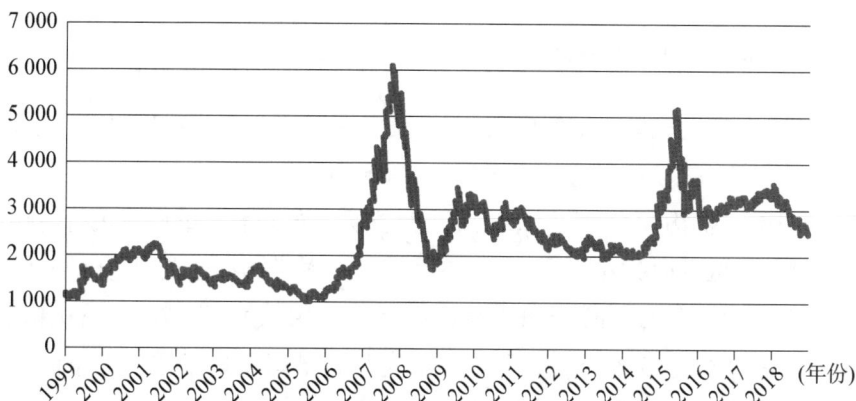

图 6-3　1999—2018 年上证综合指数波动情况

三、我国金融结构问题的原因分析

（一）经济增长形成对传统金融结构的路径依赖

长期以来，我国经济发展中的融资环节主要依托于银行。20 世纪 80 年代后，股票、债券作为新兴的融资渠道，一定程度上形成了融资方式的补充。然而，资本市场作为一个和经济发展紧密挂钩的新生事物，在制度建设、投资者教育、市场运行机制、监管等问题上都需要审慎推进。出于上述原因，资本市场准入条件比银行要严格许多，很多企业依然选择银行作为首选的融资渠道。

但是我们也应当看到，市场主导的金融结构作为一个要素市场化改革的目标，将对我国后续经济发展产生强大的助推作用。在过去的 30 多年里，我国资本市场进行了一系列的尝试与突破。20 世纪 80 年代起我国开始在场外市场发售债券,主要原因是为了解决我国经济发展中一些重大项目的资金筹措问题,90年代后又相继形成了交易所、银行间债券市场两个发动机并进的机制,债券发行规模逐步扩大,为我国经济建设发挥重要作用;保险业在90年代开始大发展,有效缓解了国有企业在90年代改革中面临的一系列保障问题;股票市场从无到有,其间帮助国企完成了股权分置改革,也为一系列新兴产业的发展注入了能量。

我国的金融结构将随着资本市场深化改革,逐步实现市场主导,提高资源分配效率并实现市场化定价。

(二)国有机构占主导地位

我国金融市场规模总量的增长,主要表现在国有金融特别是国有金融机构的增长,有如下几个原因:①改革开放初期,我国的金融机构基本上都属于国有企业,且以银行机构为主。以工、农、中、建、交为首的国有大型商业银行,对我国经济发展的投融资服务发挥了主导作用。②非金融类国有企业对金融刚性依赖以及政府隐性背书导致资源向非金融国有企业倾斜。由此造成了民营机构融不到资,而国有机构过度投资。③非金融国企与金融国企形成错综复杂的、紧密的、超越市场约束的关系。因此,我国金融业发展在一定程度上是各类国有机构推动的结果。国有机构在过去的金融市场发展历程中作出了重大贡献,而在未来,我们期待更多类型的市场主体能够参与到我国金融市场的建设中。

(三)金融改革创新较难

由于金融体制改革滞后不利于经济发展,金融体系改革实践仍任重道远。2012年以来,我国先后设立5个国家级金融综合改革试验区:①温州市金融综合改革试验区;②广东珠三角金融改革创新综合试验区;③福建省泉州市金融服务实体经济综合改革试验区;④云南沿边金融改革综合试验区;⑤青岛财富管理金融综合改革试验区。但是,截至2015年底,上述国家级金融综合改革试验区仍未取得突破性成效,更难在其他地区复制和推广。2014年底以来,央行大力推进利率市场化改革,如实现金融机构存款利率浮动区间的上限由存款基准利率的1.1倍调整为1.5倍,推出企业和个人的大额存单等。但与利率真正市场化还有很大的差距。

与此同时,金融创新也在不断进行,特别是互联网金融的发展,一度给金融发展注入了无限希望。但在经历 2014 年、2015 年的异军突起、爆发式增长后，互联网金融的风险也日益暴露。这不仅不利于互联网金融的发展，而且还给金融安全带来隐患。2016 年的两会明确提出"规范发展互联网金融"，上海探索多年的战略性新兴板也被叫停。金融创新与金融安全之间，如何协调发展，无疑是我国金融发展的一大挑战，也成为我国金融结构现状难以明显改变的一大原因。

第三节　直接融资市场与金融结构创新

为进一步推动我国金融市场发展，助推经济创新转型发展，积极发展直接融资市场是重要方向之一。直接融资市场的健康稳定发展是达成上述目标的基础，而不能单纯地认为积极发展直接融资市场是保增长的手段。

一、直接融资对于金融结构创新的意义

发展直接融资、优化金融结构可以提高资源配置效率。金融市场通过资源配置、财富再分配和风险再分配，实现对实体经济发展的支持。因此，在经济转型提高资源配置效率的过程中，深化发展直接融资将承担历史重任。

直接融资可以在以下几方面改善配置效率。首先，深化发展直接融资可以降低企业融资成本。目前，我国金融资源高度集中在国有银行金融机构，是我国金融资源配置效率较低的一大原因。经济转型背景下，迫切需要提高金融资源配置效率，降低企业融资成本。事实证明，通过改革推动金融资源配置效率提高的效应正逐渐显现。如人民币利率市场化推动下，2015 年 12 月固定利率企业债券加权平均发行利率为 4.06%，与 2014 年同期相比下降了 146 个基点。公司信用类债券收益率曲线也大幅下行。2015 年年末，5 年期 AAA、AA＋企业债收益率较上年末分别下降 150 个和 172 个基点[①]。债券收益率曲线的大幅下移，极大降低了企业债券融资成本，有利于金融资源更多地配置到实体经济，或从效率较低的传统产业转移到效率较高的新兴产业；其次，深化发展直接融资有利于

---

① 中国人民银行. 2015 年金融市场运行情况[EB/OL]. [2019 - 10 - 12]. http://www.pbc.gov.cn/.

缓解中小企业融资难、融资贵的难题。我国直接融资市场的滞后发展，不仅不利于金融业转型升级，也阻碍了金融业服务实体经济。实践证明，缓解中小企业融资难、融资贵的问题，必须依靠直接融资。不确定性和轻资产的特点决定了中小企业难以获得银行资金的支持，而股票、债券、VC/PE 等直接融资方式，因具有风险和利润共担等特点，相对能符合中小企业的融资需求。

二、推进上海证券交易所制度改革以促进金融结构创新

股票市场作为直接融资的主要渠道之一，不仅能集聚大量的资金推动各类企业发展，而且在全球化、信息化浪潮中，股票市场成为衡量一国经济和金融发展水平的重要指标。上海国际金融中心建设需要与之相应的国际化水准的股票市场，因此上海证券交易所在全球交易所公司化浪潮中如何深化改革成为一个重要课题。

（一）上海证券交易所面临的挑战

成立于 1990 年的上海证券交易所，是中华人民共和国成立以来内地的第一家证券交易所，不仅对上海经济金融发展有着重要的影响，也是中国资本市场发展的一个里程碑。在过去的 30 年里，上交所虽历经股市震荡，但也获得了蓬勃发展，成为上海国际金融中心建设的重要组成部分。截至 2019 年 4 月底，上海证券交易所的总市值达 33 万亿元左右，世界排名第二。上交所因此也从一个服务于上海、周边地区、全国的区域性交易所成长为一个面向全球的世界性交易所。

目前，上海证券交易所在国际金融中心建设中的地位仍有进一步提升的空间，其发展面临的巨大挑战不可忽视，大致有以下几点：

第一，上海证券交易所应吸引更多的优质上市公司资源，进一步服务实体经济。20 世纪 90 年代到 21 世纪初，上海证券交易所吸引了一大批当时的优质上市公司。但近年来，这种吸引力却出现了危机。特别是互联网、软件服务、通信等新兴产业的公司数量明显偏少，不仅少于深交所，更少于国际资本市场。以互联网行业为例，近年来，我国互联网行业发展较快，涌现出了许多优秀的互联网企业，但它们绝大多数选择在境外上市。如表 6-4 所示，1997—2014 年，新浪、腾讯、百度、58 同城、阿里等著名互联网企业先后在 NASDAQ、港交所、NYSE

上市。有研究认为沪深证券交易所正在被中国的互联网企业所抛弃,在国际资本市场中正逐渐被边缘化。元件、软件服务、互联网、通信设备、医疗保健、环境保护类企业在上海证券交易所所占比重不到30%。

表6-4　近年来在国际资本市场上市的中国互联网企业

公司名称	上市交易所	所处行业	上市时间
中国移动	港交所	通信服务	1997 年 10 月
新浪	NASDAQ	IT	2000 年 4 月
网易	NASDAQ	IT	2000 年 6 月
携程网	NASDAQ	IT	2003 年 12 月
腾讯	港交所	IT	2004 年 6 月
百度	NASDAQ	IT	2005 年 8 月
畅游	NASDAQ	游戏开发	2009 年 4 月
当当	NYSE	电子商务	2010 年 12 月
唯品会	NYSE	电子商务	2012 年 3 月
58 同城	NYSE	信息服务	2013 年 10 月
去哪儿网	NASDAQ	网络服务	2013 年 11 月
聚美优品	NYSE	网络零售	2014 年 5 月
京东	NASDAQ	网络零售	2014 年 5 月
智联招聘	NYSE	信息服务	2014 年 6 月
阿里	NYSE	信息服务	2014 年 9 月

资料来源:根据公开资料整理。

第二,上海证券交易所应进一步扩大市场规模,促进市场公开透明,做好投资者教育,降低市场投机性。目前,上交所总市值约 33 万亿元人民币。尽管上交所挂牌公司总市值已排名世界第二,但与市场规模世界第一的纽交所相比,仍有进一步发展的空间。上交所的市场规模应与我国经济体量相匹配,扩大市场规模是时代所需。另外,我国股市在透明度、公平性方面还有相当长的一段路要走,上交所未来的健康发展对于信息披露和监管提出了更高的要求。此外,我国股市的投机性较强,市场大起大落对于投资者不利,也无助于为融资企业提供长期稳定的融资环境。因此做好投资者教育,促进市场参与者的长期、价值投资有利于上交所未来的发展。

（二）证券交易所改制引致的发展机遇

公司制改革意味着交易所将是一个独立的市场主体，以利润最大化为重要目标的公司模式将极大激励，并有可能促使交易所提高决策能力，有效地按现代公司治理制度行使运营管理、风险监管职能。另外，公司制改革也将推动股票发行制度向注册制转变，并提升交易所的国际化水平。

首先，改制将提高资本市场的资源配置效率。如前所述，上海证券交易所尽管曾经取得引人瞩目的发展，但与国内外其他证券交易所相比，近年来的表现并不尽如人意。不论是发展速度还是发展质量都无法与上海国际金融中心建设相匹配，也不能满足中国经济转型发展对金融业的需求。如果实行公司制，有望推动上海证券交易市场的发展。如吸引更多的优质企业上市，提供更优质的服务。对于后者，目前最大的需求表现为交易服务和信息服务提供水平的提高。因为提供优质的交易服务是吸引优质上市公司的重要手段，及时、准确、完整地提供交易双方的信息是市场保护中小投资者的重要途径，只有切实保护了上市公司的利益和投资者的利益，融资供需双方才能合力推动市场发展，实现资源配置效率的提升。

其次，改制将有助于推动股票发行制度向注册制转变。我国股票发行目前采用的是核准制，这种新股发行的行政许可权不仅容易导致行政监管与市场的错位，导致公司上市变成一种行政资源，从而发生许多寻租行为，而且也加剧了我国股票市场的波动。因为在经济高速发展的背景下，企业对于上市融资的需求显著增强，投资者的投资需求也高速增长。核准制审核速度较慢，我国又规定了每年上市的公司数量，使得新股发行的速度远远跟不上经济发展的需要，从而形成常见的摇号申购新股，新股发行之后极短时间内价格迅速上涨的现象。然而，在新股价格接连上涨之后，往往随之而来的就是不断下调。这是对市场的一种扭曲，不但导致投资风险加大，而且也不利于资本市场的成熟。面对这种情况，审核制向注册制演进的呼声日益强烈，真正具有完全化市场特征的注册制成为我国资本市场改革的必然选择。证券交易所采取公司制治理结构无疑与注册制改革相辅相成。

最后，改制将有助于提升金融业国际化水平。20世纪90年代以来，通信技术的迅猛发展促进了证券交易的全球化进程，如计算机网络通信的普及使得身处世界各地的人们能够即时买卖股票。更重要的是,公司选择上市的交易所不再局限于所在国的证券交易所,而是可以在世界范围内进行上市。在这样的背景下,交易所不仅面临着本国的竞争对手,更面对着全世界的竞争对手。因此,在信息化与经济全球化的趋势下,我国的证券交易所面临着来自全球的竞争压力,有必要提升国际化水平。上海证券交易所作为国际金融中心建设的重要组成部分,肩负着代表中国资本市场国际化水平的重任。而公司制改革有助于提升证券交易所的国际化水平,如公司制改革将赋予证券交易所更多的经营管理权,减少行政干预,增强证券交易所的内在动力。

三、积极发展直接融资平台以促进金融结构创新

发达的资本市场是推动创新创业的重要因素,企业未上市前的直接融资方式对创新创业影响明显。风险投资/股权投资(VC/PE)作为企业创立之初及起步阶段的主要直接融资方式,不仅是上海建设国际金融中心的重要组成部分,也对上海加快建设具有全球影响力的科创中心有重要意义。

(一) VC/PE 为科技产业化提供资金支持

受经济低迷及金融危机的影响,全球实体经济发展动力不足。科技创新作为经济转型发展的动力源之一,尽管得到越来越多的共识,但由于科技创新及产业化过程面临着高风险,企业投入的积极性有限。受市场机制不完善、法律建设滞后等因素影响,我国科技成果产业化率长期较低,阻碍了经济转型发展。在此背景下,以 VC/PE 为代表的风险投资在我国的地位和作用也逐渐被认可,并成为推动创新创业的重要力量之一。

风险投资与传统融资方式有着本质不同,即风险投资不需要抵押,也不需要偿还。对于投资者而言,风险投资具有高风险和高收益的特点。一方面,风险投资的收益主要不是靠企业的利润分配,而是通过股票上市、收购和企业回购等方式出售所投资风险企业的股权而获得高收益;另一方面,风险投资具有"成三败七"的高风险。尽管项目成功的概率很小,但成功企业的巨额收益减去风险损失后的净收益仍然十分可观,即从整体看,风险投资仍能给投资者带来丰厚回报。对于融资者而言,不需要抵押,不需要偿还,意味着即使失败也不会背上债务,因此,许多创业或创新就成为可能,并推动经济持续发展。

以美国为例,第二次世界大战后美国高度重视科技,不仅重视国防技术开发,而且支持基础科学研究,并认可民用技术在国民经济建设中的重要性,因此,20世纪五六十年代,美国民用航空、先进材料、计算机和通信等技术处于全球领先地位。但科技不能直接推动经济增长,需要将技术创新发明应用到产业领域,促进生产要素与生产条件的重新组合,形成新的生产函数。即技术创新推动了生产能力的发展,生产能力的发展推动经济的可持续发展。也正是在这样的背景下,风险投资始创于美国20世纪50年代。此外,风险投资在推动科技产业化方面的巨大作用,受到以色列、日本、英国等国家的认可。70年代,这些国家也大力推动其发展。

20世纪90年代起,中国逐步提出并走上创新转型发展之路,VC/PE也开始被国人认识、接受。2009年,随着创业板推出,VC/PE在中国有了快速发展;党的十八届三中全会后,市场进一步向好,成为重要的推动科技产业化的资金来源之一。

(二)上海VC/PE发展空间巨大

上海一直是我国风险投资最为集中和活跃的地区之一。但与上海建设国际金融中心和建设具有全球影响力的科创中心要求相比,与北京风险投资市场相比,上海仍需要加快发展VC/PE。资料显示,2013年VC基金在北京投了372个VC项目,但在上海仅投资了189个项目。投资规模上,北京市场高达22亿美元,但上海市场只有7亿多美元。2014年中国创业投资机构20强中,仅有3家机构总部在上海,不仅远远低于北京,也不及深圳(见表6-5)。因此,必须进一步促进上海风险投资,推动直接融资市场发展,加快实现国际金融中心建设更好地服务于实体经济发展的目标。

表6-5　2014年中国创业投资机构20强

排名	机构名称	总　部
1	红杉资本中国基金	北京
2	IDG资本	香港、北京、上海、广州、深圳等地有办事处
3	北京君联资本管理有限公司	北京
4	今日资本(中国)有限公司	上海

（续表）

排名	机构名称	总　部
5	晨兴资本	香港
6	经纬中国	北京
7	毅达资本（江苏高科投核心企业）	南京
8	赛富投资基金之管理公司	香港
9	深圳市创新投资集团有限公司	深圳
10	软银中国创业投资有限公司	上海
11	上海永宣创业投资管理有限公司	上海
12	苏州元禾控股有限公司	苏州
13	深圳市同创伟业创业投资有限公司	深圳
14	联创策源投资咨询（北京）有限公司	北京
15	兰馨亚洲投资集团	上海、广州等地办事处
16	深圳市东方富海投资管理有限公司	深圳
17	DCM 资本	北京
18	凯鹏华盈中国基金	北京
19	达晨创业投资有限公司	广州
20	纪源资本	深圳

资料来源：根据公开资料整理。

与此相对应，上海中小科技企业的融资需求是相当大的。以张江高科技园区为例，目前张江园区注册企业达 1 万余家，已形成以信息技术、生物医药、文化创意、低碳环保等为重点的主导产业。这些企业大部分是自主创新创业，资金需求较大。尽管园区陆续推出孵化器、SEE 贷、互惠贷、科技一卡通等服务，但中小企业融资难问题并未得到根本解决。因此，积极发展风险投资，才能将科技成果有效转化成生产力，促进上海经济转型发展。

（三）促进上海风险投资领域健康发展的政策建议

第一，风险投资领域需要有适当的补偿资金支持。有研究认为，投资者没有足够快速地补充资金是投资者从市场"出局"的主要原因之一。为此，政府对风险投资的资金支持和鼓励是保障上海风险投资健康发展的重要措施之一。从当前实施的相关政策看,上海在这方面还是走在较前面的,如为减少经济下行及金融市场剧烈波动带来的影响,上海市政府出台了《上海市天使投资风险补偿管理暂行办法》,规定从 2016 年 2 月 1 日起,对投资机构投资种子期、初创期科技型企业,最终回收的转让收入与退出前累计投入该企业的投资额之间的差额部分,给予一定比例的财务补偿(最高可达 60％、300 万元)。该政策一出台即引发了"引导市场"还是"滥用财政"之争。从实践来看,更多的业内外人士认为类似政策尽管有一定的操作风险,但勇于探索终要比停滞不前更具意义。对此,笔者建议,政府鼓励和支持风险投资的相关政策需在以下几个方面加以完善:加强事前事中监管,在补偿前公开补贴理由、依据和补贴对象的评估、论证等事项;细化具体操作制度,以增强可操作性并加强相关部门的监督作用;完善补贴体系,给予公众知情权、参与权、监督权,确保政策补贴切实用在"双创"风险企业上;加强税收引导相结合,探索对风险投资实行税收抵扣或税收优惠等策略。

第二,加快完善制度建设。诺思等(1989)认为"有效率的组织需要在制度上作出安排和确立所有权,以便造成一种刺激,将个人努力变成私人收益率接近社会收益率的活动"。上海直接融资市场同样做了许多制度建设的工作,比如建设了上海股权交易托管中心。作为多层次资本市场的一个重要组成部分,上海股权交易托管中心、天津股权交易所、前海股权交易中心等近 30 多家区域性股权市场均快速扩张,规模实现迅猛增长,成为缓解中小企业融资难、规范企业治理、促进企业发展的重要力量。建设上海股权交易托管中心也有利于进一步拓展金融市场功能,为非上市公司的股权有序流转提供重要支持。值得注意的是,市场在迅猛增长的同时,问题也日益突出,如行政化色彩较浓、信息披露制度不完善、区域间流动不顺畅等,不仅造成重复建设和资源浪费,也限制了市场化机制作用的发挥。除了由国家统一加强类似场外市场建设之外,上海也需要率先提高股权托管交易中心体制机制探索,形成与国际金融中心建设相匹配的"四板"市场,比如进一步完善场外市场登记结算体系,在时机成熟时积极争取在上海建设全国场外市场登记结算中心,设定统一的投资者权益保护标准、统一的挂牌企业审核原则和信息披露规则,提高市场自律监管能力和水平等。

四、切实落实科创板以促进金融结构创新

2019 年 3 月 2 日,中国证监会发布《科创板首次公开发行股票注册管理办

法(试行)》和《科创板上市公司持续监督办法(试行)》;上海证券交易所亦正式发布实施设立科创板并试点注册制相关业务规则和配套指引,对科创板股票发行、上市、交易、信息披露、退市和投资者保护等各个环节的主要制度作出明确安排。无疑,设立科创板并试点注册制,是中央释放给上海的又一次极大改革红利,是完善上海国际金融中心建设的重要体制、机制,同时也是中国资本市场改革创新发展的重要载体,是直接融资市场积极发展的重要表现。因此,切实落实好科创板建设,使科创板真正具有投资价值,是推动中国金融结构创新和直接融资市场发展的重要手段。相关观点中,以下两点对推动科创板健康发展尤其重要。

(一) 切实深化科创板体制改革

科创板的意义不仅仅是为科技企业拓宽融资渠道,而且是一场市场化的革命。科创板也只有实现真正意义上的市场化,才能为科技企业提供长期有序的资金支持。具体有以下几点建议:首先,科创板在发展过程中,证监会应以法律形式保障交易所依法、独立行使相关权利,充分授权上交所的上市决定权。其次,要打造有投资价值的科创板,切实避免"重融资、轻回报,仅仅作为上市公司融资的渠道,忽略投资者回报"的现象在科创板上出现。沪深两市曾经出现过及现在仍未解决的一些不良资本现象,应在科创板设立之初就扼杀掉,让投资者伴随股市成长、分享股市红利。最后,加强信息披露的及时性、完整性,建设一个健康、有活力的市场。这要求切实满足投资者"及时、有效了解上市公司"的信息要求,严厉打击欺诈、操纵股市的行为,包括对个人董、监、高违法、违规行为的监管。

(二) 吸引技术含量高、具有全球视野的企业落户、扎根在科创板

技术含量高、具有全球视野的企业是科创板的灵魂。首先,应加大招商引资的力度。对内,要积极吸引,以研发为驱动、拥有独立知识产权的企业来科创板落户;对外,吸引一批国外高新技术企业落户,只要有核心技术,哪怕是初创阶段,也给予支持。同时,还要积极"走出去",扩大影响,吸引"一带一路"沿线国家和地区的科创企业来上海落户、融资、发展。其次,要进一步完善退市机制。如在科创板率先探索保险机制,即在上市时购买退市保险,当股票退市时对中小投资者的利益作一定补偿,从而使退市机制能更加稳定推行,不会造成恐慌,实现稳投资、稳股市、稳金融,也可以让优秀的企业在科创板继续存在。最后,应加大

税收调节机制，让真正有技术含量的企业继续加大科研力度，避免金融吞食科技的现象出现。对此，有专家建议根据退出时间孰长的原则，分层次递减设定税率，根据退出股份比例孰少的原则，设定奖励机制。同时，通过制度设计，对疯狂抛售的行为给予一定惩罚。总之，应该建立一个富有弹性、灵活性的自我完善机制，充分释放市场活力，吸引技术含量高、具有全球视野的企业落户并扎根科创板。

第七章

金融组织创新与银行业发展

上海国际金融中心建设，一方面需大力发展直接融资市场，另一方面要进一步完善间接融资市场，提高间接融资市场投融资效率，提升金融机构服务实体经济的能力。本章从金融组织创新的角度分析近年来上海间接融资市场的完善现状，重点关注大型、国有银行机构创新改革和中小银行金融机构发展。

第一节　金融组织创新的背景分析

一、金融组织创新的现状与优势所在

金融组织创新中以银行最为典型，银行是依法成立的经营货币信贷业务的金融机构，是商品货币经济发展到一定阶段的产物。实践证明，在资金融通给具有生产性投资机会的借款人的过程中，银行发挥了十分关键的作用，对确保金融体系和经济体稳定、高效运行十分重要。

（一）金融组织创新现状

1. 银行业金融机构出现较早

一般认为最早的银行是成立于 1408 年的意大利威尼斯银行，由货币兑换业发展而来。而世界上最早的证券交易所则出现在 1613 年的荷兰阿姆斯特丹。作为 14—15 世纪世界贸易中心，威尼斯当时有不少货币兑换商，他们从为商人

兑换货币、保管货币、收付现金、办理结算和汇款,发展到利用手中聚集的货币发放贷款取得利息,于是货币兑换业发展成为银行。但现代银行(1694 年成立的英格兰银行),即根据资本主义原则组织起来的最早的股份银行的成立时间,则晚于证券交易所。

2. 非银行金融组织发展迅速

近年来,保险公司、养老基金与财务公司等非银行金融中介机构快速发展,金融中介地位得到不断提升。

非银行金融机构是随着金融资产多元化、金融业务专业化而产生的。1681年,世界上第一家保险公司在英国成立;1818 年,世界上第一家信托投资机构在美国产生;1849 年,世界上第一家农村信用社在德国创办。第二次世界大战后,非银行金融机构逐步形成独立体系。20 世纪 70 年代以来,非银行金融机构有效地推动了金融创新活动。

非银行金融机构与银行的最大区别在于信用业务形式不同。通常,非银行金融机构从最终借款人那里买进初级证券,并为最终贷款人持有资产而发行间接债券,而且主要运用于长期性投资。

非银行金融机构通常经金融监管局批准成立,主要包括公募基金、私募基金、信托、证券、保险、融资租赁等机构以及财务公司等。其中,信托投资机构是专门或主要经营金融信托业务的金融机构。它是一种团体受托的组织形式,主要种类有信托投资公司、信托银行、信托商、银行信托等。次贷危机爆发后,很多投资银行等非银行机构被并进了银行业组织结构之内。

3. 对金融组织的监管日趋严格

银行的盈利模式可概括如下:通过资产转换,即销售具有某组特征的负债(流动性、风险、规模和回报率的特定组合),并利用所得到的资金购买具有不同特征组合的资产,和提供一系列服务(支票清算、记账、信贷分析和其他)的过程,为市场提供所需要的资金和服务的同时,赚取可观的资产收益或遭受损失。基于此,银行经营需要考虑 4 个基本原则:①流动性。即当存款外流时银行有足够现金用于支付储户。②安全性。通过购买低违约率资产和进行资产多样化组合,将风险保持在适当的低水平。③收益性。通过低成本获取资金。④充足性。确保银行应当保有的资本规模,并获取所需要的资本。基于银行业的特殊性,银行业务历来受到严格的监管,这也是银行业务创新和灵活性不足的原因之一。

4. 金融组织创新理念不足

金融组织从业人员对于金融创新没能真正了解，对金融创新的重要性认识不足，以至于传统金融管理模式根深蒂固，难以改变。但在当今发展形势下，传统模式已经跟不上时代发展，银行自身经营受到了阻碍。如现有银行考核机制中，存款和贷款往往作为重点考核目标，而对经营利润方面的考核重视不足，致使银行内部一般将重心放在存款和贷款方面，但这并不等于就能够很好地完成银行的经营目标，这也表明银行金融管理方面缺乏创新理念和意识。

5. 金融组织创新科技发展水平较低

金融组织创新要与时代发展相适应，应当充分利用现代信息技术，不断增强自身创新技术水平。林志民（2020）认为，目前银行金融创新科技发展水平整体还比较低，不具备良好的可持续发展能力。如银行在处理业务数据过程中，因数据量过大而在整理及提取相关数据时质量比较低，进而致使银行内部整体工作效率偏低。

（二）当前金融组织创新的优势

1. 金融组织功能比较齐全

作为经营货币的企业，金融组织的存在方便了社会资金的筹措和融通。一方面，金融组织通过吸收存款等方式，把社会上闲置的货币资金和小额货币节余集中起来，然后以贷款的形式借给需要补充货币的人；另一方面，金融组织在办理货币收付、结算等业务的过程中，充当支付中介的角色。随着信用货币的发展，金融组织创造信用的功能也日益显现。另外，信息收集和处理等功能也日渐强大。

2. 金融组织种类多元化

金融组织可以分为以下几类：①中央银行，如中国人民银行、美联储、英格兰银行。中央银行都是金融市场中最重要的参与者之一，是负责货币政策的政府机构。中央银行的行为会影响利率、信贷规模与货币供给，进而对金融市场，乃至对总产出和通货膨胀产生直接的影响。②监管机构，如中国银行保险监督管理委员会、英国金融服务监管局等。它们依法对金融服务进行监管，旨在保证金融市场的高效、有序、廉洁发展，保护消费者权益等。③自律组织，如中国银行业协会。④银行业金融机构，包括政策性银行、大型商业银行、全国性股份制中小型商业银行、邮政储蓄银行、外资银行、非银行类金融机构（小额贷款公司）等。

3. 国际金融组织借力国际资源整合优势

第二次世界大战以后,由一些国家的政府共同投资组建并共同管理的国际金融组织得到快速发展,且在全球金融业发展中发挥越来越大的作用,并通过制定特定的指标,衡量一国经济和金融实力和地位。因此,除了跨国金融组织进行全球金融业务经营外,国际金融组织的出现,使得跨国(地区)经营成为当今金融市场的一大特点。

目前,典型的国际金融组织包括:国际货币基金组织、世界银行/国际复兴开发银行、国际开发协会、国际金融公司、亚洲开发银行、联合国农业发展基金会等。

随着国际金融组织的发展,国际金融组织贷款对世界经济的发展及世界金融的稳定,发挥的作用越来越大。所谓的国际金融组织贷款是指国际金融机构提供的贷款,旨在帮助成员国开发资源、发展经济和平衡国际收支。这类贷款有如下特点:①贷款对象。限于成员国。②贷款领域。用于工程项目且重点是基础设施工程项目,如交通运输(铁道、公路、水运、民航等)和公用事业(电力、通信、供水、排水等);发展农村和农业建设项目以及教育、卫生事业项目等。只有在特殊情况下,才发放非项目贷款。凡是非项目贷款,借款国只能用于满足进口某项物资设备所需的外汇、支持生产或用于克服自然灾害后维持经济发展计划的资金需求等。③贷款性质。接受国际金融组织监督。④贷款期限和利率。一般为数年,最长可达 30 年。贷款利率分固定利率、浮动利率和可变利率三种。⑤贷款费用。一般包括:先征费用,贷款生效时支付贷款额的 1‰;未支付余额承诺费,经借款人申请与贷款人协商批准后可有部分免除。⑥贷款货币。美元、日元、欧元、英镑、瑞士法郎或国际金融组织可有效出资的货币。

可见,这类贷款期限长、利率低,适用于扩展国内投资期限长、取得经济收益较慢的公共基础设施的建设。其中以国际开发协会的贷款最为优惠,世界银行贷款虽然收利息,期限亦较短,但与一般国际商业信贷条件相比仍属优惠,适合需要长期发展的电力、水利、交通设施等建设项目。对于投资基础建设和其他需要长期发展的建设项目的房地产企业来说,如果能成功申请到国际金融组织的贷款,不但能保证工程的如期进行,还能保证工程的质量和企业的效益。另外,这类贷款还有利于整体计划的拟订、发展与执行。因为国际金融组织对贷款计划的申请视其在借款国发展的优先性而决定核准与否,通常先派遣专家对借款国的经济情况及贷款计划进行调查了解,并先协助进行可行性研究及拟订整体计划,待可行性研究与经济价值评估通过后,方核准贷放。计划制订期间还视情况派员实地考察,考核进度情况,故有助于接受贷款国家整体计划的拟订、发展与执行。房地产企业应该根据本国、本地区整体计划来制订自身的开发计划,这样才能顺利地通过计划评估并获得贷款。在特定条件下,该类贷款还可以提高私人企业在国际商业中的地位,有助于国际私人资金的流入。国际金融公司核贷或投资私人企业的标准颇为严格,故接受贷款企业在国际商业中的地位亦大为提高,且受贷企业投资成功后,国际金融公司转让股权于其他外来投资者,可引导国外私人资金的流入。成功申请国际金融组织的贷款,可以成为国内房地产企业进入国际大舞台的通行证,为将来在国际金融市场融资打下良好的基础。通过该贷款还可采购高品质的器材与设备。

二、金融组织创新面临的主要挑战

从 20 世纪 60 年代开始,金融机构所处的经济环境发生了重大改变:通货膨胀率和利率迅速攀升,且越来越难以预测;计算机技术迅速发展改变了供给状况;金融业的规章制度也越来越严格,等等。面对这些变化,金融机构发现,许多传统业务方式已经不再具有盈利性,为了继续生存下去,必须进行创新。

(一)金融业竞争加剧对金融组织创新带来的挑战

日益激烈的金融业竞争是金融组织创新最重要的原因之一。竞争导致传统金融组织的优势下降。

第一,银行获取低成本资金的优势下降。金融创新大规模出现之前,银行要遵守存款利率上限的规定,导致银行资金成本非常之低。但随着脱媒的出现,人们将资金从银行低利率的支票存款和定期存款账户中提取出来,投资于收益率较高的资产,例如货币市场共同基金,从而增加了银行获取资金的成本。

第二,资金使用收入优势下降。信息技术的发展有利于企业直接向公众发行证券,使得许多银行的优质客户不再依赖银行满足短期信贷需求,而是利用商业票据市场寻求成本较低的资金来源。例如,财务公司的市场份额迅速增长,垃圾债券使劣质企业借款人对银行的依赖程度大大降低,资产证券化使部分储蓄和贷款协会等抵押贷款发放机构丧失部分贷款业务。

由此,银行业创新面临如下挑战:

第一,并购和银行破产等方式导致银行机构的数量减少。这种方式主要出现在 20 世纪 80 年代,且是一种相对比较消极的方式。

第二,尝试将贷款业务扩展到新的、风险更高的领域。但这样做的结果不但提高了风险承担水平,还可能造成银行业危机。

第三,开展盈利性更高的表外业务的需要,即银行开展非利息收入的表外业务,如委托贷款社会融资、信托贷款社会融资、未贴现银行承兑汇票社会融资等。实践表明,第三种方式在近期最为普遍。如 2015 年中信银行实现归母净利润411.58 亿元,同比增长 1.15%。其中,利息收入和非息收入分别同比增长10.23%和 35.78%,主要得益于银行卡手续费(+61%)、代理手续费(+107%)及理财服务手续费(+47%)等项目增长较快[①]。

(二) 融资需求变化对金融组织创新带来的挑战

20 世纪以来,银行业面临的利率风险日益加剧。

第一,利率波动性日益增强。20 世纪 50 年代,3 个月的国库券利率波动介于 1.0%~3.5%之间;70 年代,该类型利率波动范围扩大到 4.0%~11.5%;80年代,这一波动范围进一步扩大到 5%~15%。利率的大幅度波动引起了巨额的资本收益或损失。

第二,出现负利率。进入 21 世纪,人类历史上首次出现负利率,尽管波及面主要在欧洲范围内,但给欧洲银行乃至世界银行业均带来巨大的压力。2009 年7 月,瑞典央行将商业银行的超额存款准备金利率降到-0.25%;2014 年 6 月,欧洲央行宣布将商业银行在央行的存款利率下调至-0.1%,2014 年 9 月,又进一步将利率下调至-0.2%。有研究显示,截至 2015 年 12 月 14 日,5 年内到期的欧洲政府债券中,超过 50%利率为负值,世界范围内发达国家中 2 年期国债也有近半收益率为负值。

为了应对上述利率风险挑战,20 世纪末以来,银行业先后推出不同种类的能够降低利率风险的新金融工具。典型案例包括:①可变利率抵押贷款。1975年加利福尼亚州的储蓄和贷款协会率先发放可变利率抵押贷款,即贷款利率随着某种市场利率(通常是国库券利率)的变动而调整。利率上升时,可变利率抵押贷款使得贷款发放机构能够就现有抵押贷款获取更高的利率,从而保证银行一定的利润预期。此外,由于可变利率抵押贷款的利率通常要低于传统固定利

---

① 数据来源:Wind。

率抵押贷款的利率,因此受到许多家庭的欢迎。如今,可变利率抵押贷款已成为银行主要的贷款方式之一。②金融衍生工具。为了降低利率下降风险,银行与交易所合作推出了各种对冲利率风险的产品,如期货合约,卖方承诺在未来某一时间按照约定价格向买方提供某种标准化的商品,从而避免投资者因利率下降导致的风险。这类创新最早也出现在 1975 年的美国,之后,金融期货也得到全球金融机构和监管者的认可。

(三) 科技发展对金融组织创新带来的挑战

计算机和通信技术已被公认为推动金融机构创新的最重要的供给变化原因。一方面,它降低了金融交易的成本,提高了金融机构的利润;另一方面,它也使得投资者更容易获得信息,导致企业更容易从金融市场获得资金。正是在这种信息化过程中,银行时时面临金融组织创新带来的挑战。

第一,银行信用卡和借记卡。尽管早在第二次世界大战以前,信用卡就已经出现,但受计算机技术水平的限制,信用卡的运行成本很高,持卡客户仅仅针对有能力进行高档消费的个人和企业。20 世纪 60 年代末期开始,计算机技术的发展降低了提供信用卡服务的交易成本,为银行信用卡项目的盈利提供了更大可能。随着 Visa 卡和 Master Charge 卡项目的成功推出,持卡人更容易获取贷款,最终使信用卡成为银行比支票更为广泛使用的金融工具。随着信用卡的成功推出,银行又推出借记卡业务创新。借记卡在外表上通常与信用卡十分相似,可以以同样的方式进行消费,只是金额会立即从持卡人提供的银行账户中扣除。因交易成本较低,借记卡也得到广泛使用。

第二,电子银行业务。现代计算机技术的发展使得客户可以通过电子银行设施(而非人工服务)完成银行业务。一个重要形式是自动提款机。提款机的出现,不仅减少了银行加班工资的支出,而且因其 24 小时处于工作状态而极大便利了客户。目前,仅美国的 ATM 已经超过了 25 万台。

第三,家庭银行业务。利用电子银行设施,客户只需要电话机或个人电脑,就可以与银行的计算机相连,完成交易。家庭银行业务不仅给客户带来便利,也再次降低了银行成本。

第四,虚拟银行。随着个人电脑的普及,在家庭银行业务领域的基础上又出现了一种新的银行机构——虚拟银行。这种银行没有实际的营业场所,只存在于网络空间中,它利用互联网为客户提供一系列的银行服务,如吸收支票和储蓄存款、销售定期存单、发行银行卡、提供账单支付便利等。网络银行首创于 1995 年,隶属于加拿大皇家银行的美国亚特兰大分行,目前美国银行已成为美国最大的网络银行。

(四) 金融监管趋严对金融组织创新带来的挑战

银行业历来是受到严格监管的行业。20 世纪 60—80 年代,通货膨胀率和利率上升进一步加剧了政府部门对银行业的监管,例如法定准备金制度的严格执行。严格监管在一定程度上推动了银行创新。最为显著的例证就是货币市场共同基金和流动账户。

对于货币市场共同基金,如用 5 000 元购买了 5 000 份额的货币市场共同基金,则货币市场共同基金会将其投资于短期货币市场证券,并向购买者支付利息,而购买者可以就货币市场共同基金的份额签发最高金额为 5 000 元的支票。因货币市场共同基金在法律上不是存款,因此不必缴纳法定准备金,也不受利息支付的限制,从而受到消费者和银行的青睐。对于流动账户,这类创新主要针对企业。每个工作日结束时,企业支票账户余额中一定金额以上的部分都会被"清除"出该账户,并投资于隔夜证券,从而获得利息,而银行则因"清除出去"的资金不再属于支票存款,而无须缴纳法定准备金。需要指出的是,这类金融创新也是由于金融监管趋严倒逼而产生的。

第二节　国有金融机构创新的实现途径

目前,银行仍是我国金融业的主要组织部分。其中,银行资源又高度集中在国有银行。为了提高金融业服务实体经济的能力和水平,进一步优化我国国有金融机构的体制机制,国有金融机构改革和创新成为我国金融组织创新的重要组成部分。

一、当前国有金融机构的特点

银行业金融资源高度集中是我国金融机构结构的最大特点,也是我国国有金融机构创新和改革的重要内容。

（一）银行业是国有金融机构的绝对主体

从金融资产来看,银行业目前仍然是我国金融机构的绝对主体。如表7-1所示,截至2018年12月,我国国内金融资产结构分布中,银行业、股票、债券余额、保险业和流通中货币的占比分别是63.36%、10.27%、20.31%、4.33%和1.60%。可见,我国银行业金融资产仍然是绝对主体,与10年前相比,仅减少几个百分点。

表7-1　截至2018年12月我国金融资产分布情况

市场类型	金融资产(万亿元)	占比(%)
银行业	268.24	63.36
股票	43.5	10.27
债券余额	85.98	20.31
保险业	18.33	4.33
流通中货币	7.32	1.60
合计	423.37	100

资料来源:银行业和保险业金融资产数据来自中国银保监会网站,http://www.cbrc.gov.cn/chinese/home/docView/C990691733D644B39582DEFA3EF1EF69.html 和 http://bxjg.circ.gov.cn/web/site0/tab5179/info4132154.htm。股票、债券余额和流通中货币数据分别来自中国人民银行网站 http://www.pbc.gov.cn,《全国股票交易统计表》《国内各类债券统计表》《金融机构人民币信贷收支表(按部门分类)》。

从机构数量来看,银行业金融机构法人单位数量和网点分布也占比较多。如表7-2所示,截至2018年底,银行业法人单位数量为4 602家,证券类、基金类和保险类法人机构数量分别仅为131家、120家及194家。

表7-2　全国各类金融机构数量情况

年份	全国银行业法人单位数(家)	银行业网点数量(百个)	证券公司(家)	证券营业部(个)	基金管理公司(家)	期货公司(家)	期货营业部(个)	保险业法人机构数量(家)
2008	5 634		107	3 170	60	171		130
2009	3 857		106	3 956	60	167		139
2010	3 769		106	4 644	63	163		144
2011	3 800		109	5 008	69	163	1 186	152

（续表）

年份	全国银行业法人单位数（家）	银行业网点数量（百个）	证券公司（家）	证券营业部（个）	基金管理公司（家）	期货公司（家）	期货营业部（个）	保险业法人机构数量（家）
2012	3 747		114	5 261	77	161	1 330	164
2013	3 949	2 103	115	5 821	89	156	1 469	174
2014	4 090	2 171	121	6 969	95	152	1 547	180
2015	4 261	2 240	125	7 705	101	150	1 618	194
2016	4 398	2 280	129	9 061	109	149	1 603	
2017	4 534	2 287	131		113	149	1 673	
2018	4 602		131		120			

资料来源：中国金融年鉴、银保监会、证券业协会、期货业协会。

（二）银行业的金融资源高度集中

银行业金融机构的资源分布同样不均衡。如表 7-3 所示，截至 2019 年 3 月，商业银行在银行业金融机构中的资产占比高达 82.09%。其中，工商银行、建设银行、中国银行、农业银行、交通银行和邮政储蓄银行在内的 6 个大型商业银行的资产占比为 39.61%；中信银行、中国光大银行、华夏银行、广发银行、平安银行、招商银行、上海浦东发展银行等 12 家全国性股份制商业银行的资产占比为 17.6%。可见，我国银行业金融资源仍高度集中，且主要集中在大型商业银行。

表 7-3　截至 2019 年 3 月我国银行业金融机构资产情况

机构类型	绝对值（亿元）	占比（%）
银行业金融机构	2 687 586	100
商业银行	2 206 124	82.09
大型商业银行	1 064 584	39.61
股份制商业银行	472 635	17.6

注：大型商业银行包括中国工商银行、中国农业银行、中国银行、中国建设银行、交通银行（国有控股大型商业银行监管部监管对象）及邮政储蓄银行；股份制商业银行指中信银行、中国光大银行、华夏银行、广发银行、平安银行、招商银行、上海浦东发展银行等 12 家全国性股份制商业银行（股份制银行部监管对象）。

资料来源：中国银保监会网站，《银行业监管统计指标季度情况表》（2018 年）。

(三) 中外银行机构向上海集聚

随着中国金融体制改革和上海国际金融中心建设的推进,中外银行业金融机构逐步向上海集聚。上海银行类金融机构具有以下两个特点:

(1) 外资银行类金融机构集中。1991 年,美国花旗银行、英国渣打银行、汇丰银行、香港东亚银行等 8 家外资银行获准在上海设立分行。从此,上海再次开启了外资金融类机构集聚的态势。截至 2017 年底,共有来自 29 个国家和地区的银行在沪设立了机构,全球六大洲均有银行在上海设立营业性机构。包括世界著名的花旗银行、东亚银行、渣打银行等在内的 20 家境外银行在上海注册成立法人机构,上海外资银行法人机构在全国的占比超过一半,外资银行营业网点数量在全国的占比高达 20%左右。上海辖区内外资法人银行资产、贷款和存款规模分别占在华外资法人银行总量的 82.84%、83.84%和 84.24%,占在华外资银行总量的 68.79%、72.00%和 77.95%[①]。上海成为中国名副其实的外资金融机构集聚中心。

(2) 上海银行业金融组织也存在资源高度集中的现象。首先,大型商业银行机构集聚上海。1987 年,交通银行作为首家股份制商业银行在上海开业,弥补了上海没有大型商业银行总部的空白。中国人民银行上海分行网站数据显示,2017 年底,工商银行、建设银行、中国银行、农业银行、交通银行五大行在沪营业网点数量占上海银行类机构营业网点数量的 41.23%,资产总额占上海银行业资产总额的 34.24%。其次,国际金融机构集聚上海。2015 年 7 月,金砖国家新开发银行落户上海,同年 10 月,人民币跨境支付系统(CIPS)的运营机构——跨境银行间支付清算公司正式在上海运营,2017 年 1 月,全球中央对手方协会(CCP12)在上海开业,等等。

中外金融机构的集聚,显著活跃了上海的金融交易氛围,为上海建设国际金融中心创造了条件。但上海金融组织的结构特征显示,中国金融组织改革创新的重任,同样在上海存在;同时,上海金融组织改革创新是中国金融业改革的重要组成部分,因此,尽管金融市场建设是上海重要的特色和亮点,但在建设国际金融中心的过程中,金融组织建设仍可发挥桥头堡、试验田的作用。

---

① 上海证监会. 2017 年上海银行业创新报告[EB/OL]. [2018 - 08 - 07]. https://max. book118. com/html/2018/0715/8053114073001115. shtm.

二、国有金融机构创新的目标

对照金融服务实体经济的需求及国有金融机构的结构现状,金融组织结构创新和改革需实现以下目标。

(一) 提高金融资源配置效率

金融资源过度集中在国有商业银行,并且被主要配置给国有企业和其他大中型企业,已造成金融资源配置低效的不利后果。因此,国有金融机构改革创新的一个重要目标是提高金融资源配置效率。

一方面,这种资源配置方式使国有企业和其他大中型企业较容易获取足够资金,从而抑制它们对创新、人力资本等其他要素的投入,不仅造成资本的过度使用,而且也不利于企业提高效率,最终导致资本回报的低水平。另一方面,基于实体经济较低利润水平的现实,部分金融资源再次回流到虚拟经济,导致资源在金融市场"空转",不能真正发挥金融资源配置作用。例如,有资料显示,4 万亿元投资计划开始实施后的 2009 年上半年,有 20% 左右的信贷资金流入股市,30% 左右的资金流入票据市场①。事实上,金融资源的低效配置,不仅浪费了资源,而且由于市场价格扭曲阻碍了实体经济的发展。据中国人民银行系统 2014 年监测数据,鄂尔多斯民间借贷利率一般为月息 3%,最高可达 4%～5%;温州民间借贷综合年化利率为 24.4%。这种资源价格无疑成为实体经济发展的一大障碍。

(二) 提升金融机构服务水平

国有商业银行在资产总额和营业收入等指标上的绝对份额表明,国有控股金融机构事实上拥有金融市场的垄断地位。凭借垄断地位和较大的利差空间,国有控股金融机构能轻易获得巨额利润,如较大利息差。有资料显示,利率市场化背景下,假定净息差收窄 50 个基点,则商业银行资产减值损失占贷款比提高到 1%。2014 年,商业银行平均资本回报率从 17.6% 下降到 11.2%,减少约

---

① 唐真龙,魏加宁. 中国出现资产价格泡沫苗头[N]. 上海证券报,2009 - 06 - 29.

$1/3$①。

高额利润阻碍了银行业去开拓风险较大、成本较高的中小企业业务，更不会积极主动提升金融服务水平。多项研究显示，我国银行业竞争力欠佳。中国加入 WTO 后，银行业在战略管理、技术创新、市场营销、风险控制等方面的核心竞争力并没有得到相应提高。

（三）改善国有金融业国际竞争力

随着金融业开放和全球城市的发展，金融在当前国际竞争中充当着越来越重要的角色。《上海国际金融中心建设行动方案（2018—2020）》提出，"到 2020 年，上海基本确立以人民币产品为主导，具有较强金融资源配置能力和辐射能力的全球性金融市场地位"。因此，上海金融业的发展不仅要为实体经济提供更低成本的金融服务，而且要在全球范围内实现资源配置。具有较强的金融资源配置能力和辐射能力，必要的条件之一是中国金融业具有较强的国际竞争力。但对标全球国际金融中心指数排名，上海国际金融中心的世界排名尽管在不断提升，但仍无法与世界第二大经济体、全球配置金融资源的全球金融中心地位相匹配。2018 年 9 月公布的全球金融中心指数和 2017 新华国际金融中心发展指数排名显示，上海综合得分均排名世界第 5 位。但进一步分析其二级指标发现，金融发展核心竞争力相关的指标，如人力资源、服务能力等，得分均相对靠后。新华国际金融中心发展指数的 5 个二级指标，营商环境、成长发展、产业支撑、服务水平和国家环境，2017 年的指标得分中，服务水平和国家环境排名均为第 8，远低于成长发展第 1 和产业支撑第 4 的排名。又如 2018 年 9 月公布的全球金融中心指数显示，上海国际金融中心建设的声誉和人力资源指数得分排名分别为第 8 和第 7，低于基础设施第 5、金融业发展水平第 5 和营商环境第 6 的世界排名。

中国金融业的开放，特别是上海浦东开放开发和上海自贸试验区建设，一方面直接提升了上海国际金融中心的国际化和市场化水平，如外资金融机构在上海进一步集聚，自由贸易账户基础上的金融市场、金融机构和金融服务领域的改革创新；另一方面也给中资国有银行机构带来了较强的经营危机感，"鲶鱼效应"

---

① 麦肯锡.中国银行业趋势与七大转型策略[EB/OL].[2015 - 06 - 15].http://www.199it.com/archives/363487.html.

明显,有利于提升中资银行机构的经营管理水平以及在全球范围内的金融资源配置能力和服务中国乃至世界的能力,有利于加快培育中国金融业的国际竞争力。作为金融资源占绝对优势的银行业,尤其是国有中资银行金融机构更是责无旁贷、任重道远。因此,中国金融业创新改革的目标之一必然是提升中国金融业的国际竞争力。

三、国有金融机构创新的实施途径

(一)通过科技赋能完善国有金融机构体系建设

改革开放 40 多年,我国银行业组织创新改革经历了三次重要转折,第一次是 20 世纪 80 年代的中央银行体制改革;第二次是 90 年代的政策性金融业务与商业性金融业务分离改革;第三次是 21 世纪初开始的国有独资商业银行股份制改革。银行业第三次组织创新改革,尽管到 2009 年以农业银行成功改制告一段落,但国有银行业的经营管理水平仍有较大的发展空间。近年来,伴随第四次科技革命的浪潮,国有银行通过设立金融科技公司等举措积极加快国有金融机构体系创新。

"金融+科技"成为国有银行业战略发展重点之一。伴随第四次科技革命的发展,科技对金融的影响越来越大,表现之一是金融科技公司从组织架构、运营机制和人才战略等方面改变了传统国有商业银行的组织体系。2018 年 4 月,中国建设银行旗下从事金融科技行业的全资子公司——建信金融科技有限责任公司在上海开业。资料显示,建信金融科技定位是赋能传统金融的实践者、整合集团资源的链接者以及引领银行转型的推动者。该公司由建行体系内直属的 7 家开发中心和 1 家研发中心整体转制而来。作为首家国有大型商业银行成立的金融科技公司,建信金融科技有限责任公司是国内商业银行内部科研力量整体市场化运作的第一家公司,注册资本金为 16 亿元人民币,初期规模达 3 000 人。之前,中国工商银行、中国银行分别在北京、深圳成立科技有限公司(见表 7-4)。可见,这类企业的成立,不仅是金融科技力量的一次市场整合,还意味着传统金融商业模式乃至发展方式的变革,国有商业银行的组织架构、运营机制及人才战略将发生极大变化,一方面为实体经济提供更高效、高质的金融服务,另一方面也为银行的发展构筑新的动能。

表 7-4　我国大型金融科技公司现状

全资控股公司名称	公司名	注册地
中国建设银行	建信金融科技有限责任公司	上海
中国工商银行	中国工商银行工银科技有限公司	北京
	中国工商银行软件开发中心	珠海
	中国工商银行远程银行	石家庄、合肥、成都、广州
中国银行	中国银行科技有限公司	深圳

资料来源：根据公开资料整理。

（二）通过整顿影子银行完善商业银行资产结构

2011 年，金融稳定理事会（Financial Stability Board，FSB）的一份研究报告把"影子银行"定义为，银行监管体系之外，可能引发系统性风险和监管套利等问题的信用中介体系[①]。中国人民银行调查统计司对中国影子银行体系的定义为，包括商业银行表外理财、证券公司集合理财、基金公司专户理财、证券投资基金、产业投资基金、创业投资基金、私募股权基金、小额贷款公司、票据公司、具有储值和预付机制的第三方支付公司、有组织的民间借贷等融资性机构[②]。可见，影子银行游离于传统的银行监管体系之外。中国影子银行最主要的由来是商业银行的表外理财。2012 年起，我国商业银行表外业务野蛮生长。2010—2016年，复合年增长率达 40%～50%。2019 年 2 月末，银行表外业务余额约为 40 万亿元，占社会融资规模存量的比例约为 20%（中国人民银行网站数据估计）。这其中，大型商业银行的业务规模占有相当大的比重。针对此状况，金融监管部门运用金融科技对影子银行加大监管力度，使影子银行的规模尽管仍然很大，但其野蛮增长势头已被遏制。2019 年 1—2 月，三项表外融资合计减少 217 亿元，与2018 年第 4 季度月均减少 2 092 亿元相比，表外融资情况明显好转。其中委托贷款仅减少 1 208 亿元，与 2018 年第 4 季度月均减少 1 490 亿元相比，降幅明显收窄；信托贷款、未贴现银行承兑汇票均由减转增，前两个月分别增加 308 亿元、

[①] 金融稳定理事会研究：《影子银行：概述》（Shadow Banking：Scoping the Issues），2011 年 4 月，https://www.fsb.org/2011/04/shadow-banking-scoping-the-issues/。

[②] 中国人民银行调查统计司与成都分行调查统计处联合课题组. 影子银行体系的内涵及外延[J]. 金融发展评论，2012(8)：61—76.

683 亿元。银行金融机构已按资管新规重新调整组织体系和业务方向。为此，国有金融机构体系也相应地进行调整和创新。

（三）通过设立股权管理机构强化国有重点金融企业的治理

面对银行业金融资源高度集中的现状，我国金融组织创新的一个重要表现，同时也体现中国特色的组织创新是设立国有重点金融企业股权管理机构——中央汇金投资有限责任公司（简称中央汇金公司）和中国投资有限责任公司（简称中投公司）。

2003 年 12 月，中央汇金公司在北京成立。按照公司章程，中央汇金公司根据国务院授权，对国有重点金融企业进行股权投资，以出资额为限代表国家依法行使出资人权利和履行出资人义务，实现国有金融资产保值增值。公司不开展其他任何商业性经营活动，不干预其控股的国有重点金融企业的日常经营活动。2007 年 9 月，中投公司在北京成立，旨在实现国家外汇资金多元化投资，在可接受的风险范围内实现股东权益最大化。财政部发行特别国债，从中国人民银行购买中央汇金公司的全部股权，中央汇金公司成为中投公司一部分。目前，中投公司下设 3 个子公司：中投国际有限责任公司、中投海外直接投资有限责任公司和中央汇金投资有限责任公司。中投国际和中投海外开展的境外业务与中央汇金开展的境内业务实行严格的"防火墙"措施。

中央汇金公司董事会、监事会成员由国务院任命，对国务院负责。截至 2015 年 6 月 30 日，中央汇金公司控股参股机构包括国家开发银行股份有限公司、中国工商银行股份有限公司、中国农业银行股份有限公司等多家国有重点金融企业，参股比例为 14.54％～100％不等，具体如表 7-5 所示。

表 7-5　中央汇金公司持股情况

机构名称	主营业务	股本/注册资本（亿股）	中央汇金公司持股情况	
			持股数/出资额（亿股）	持股/出资比例（％）
国家开发银行股份有限公司	银行业务	3 067.11	1 460.92	47.61
中国工商银行股份有限公司	银行业务	3 564.06	1 237.18	34.71
中国农业银行股份有限公司	银行业务	3 247.94	1 300.05	40.03

（续表）

机构名称	主营业务	股本/注册资本(亿股)	中央汇金公司持股情况	
			持股数/出资额(亿股)	持股/出资比例(%)
中国银行股份有限公司	银行业务	2941.88	1884.62	64.02
中国建设银行股份有限公司	银行业务	2500.11	1427.86	57.11
中国光大集团股份公司	银行业务	600.00	334.03	55.67
中国光大银行股份有限公司	银行业务	466.79	102.51	21.96
中国出口信用保险公司	保险业务	271.61 亿元	200 亿元	73.63
中国再保险(集团)股份有限公司	保险业务	364.08	309.33	84.91
新华人寿保险股份有限公司	保险业务	31.2	9.78	31.34
中国建银投资有限责任公司	投资业务	206.92 亿元	206.92 亿元	100

资料来源：中央汇金有限责任公司网站。

（四）通过调整激励机制深化政策性金融机构改革

第二次世界大战以后,在加速本国经济发展的计划中,政策性金融机构、开发性金融机构受到重视,并呈现蓬勃发展的趋势。1997 年亚洲金融危机以后,开发性金融机构的作用在世界范围内再度显现。如 1998 年日本开发银行用于恢复经济的贷款占其当年贷款额的 42%;1999 年俄罗斯开始组建开发性金融机构;马来西亚发展银行重点加大对基础设施的投入,等等。中国近年来也高度重视政策性金融机构对经济转型发展的作用,突出的表现是国家开发银行进一步定位为开发性金融机构。

1994 年,国家开发银行在北京成立,定位为政策性金融机构。2015 年 4 月,为了适应市场化、国际化新形势,国务院将国家开发银行进一步定位为开发性金融机构。国务院明确要求国家开发银行通过深化改革,合理界定业务范围,不断完善组织架构和治理结构,将国家开发银行建设成为资本充足、治理规范、内控严密、运营安全、服务优质、资产优良的开发性金融机构;充分利用服务国家战略、依托信用支持、市场运作、保本微利的优势,进一步完善开发性金融运作模式,积极发挥在稳增长、调结构等方面的重要作用,加大对重点领域和薄弱环节的支持力度。

国家开发银行从政策性金融机构进一步定位为开发性金融机构,意味着国家开发银行完全可以市场化运作支持国家战略,可以介入周期更长、风险更高的开发性项目,这不仅是我国"一带一路"倡议的需要,也缘于国开行近年来在这方面积累的丰富经验。国开行金融资产和贷款余额目前仅次于中国农业银行,分别占比 7.26% 和 11.51%,均位列全国第 5 位。基于开发性银行的明确定位,在未来的运作模式中,国开行可以更好地发挥市场和政府"两只手"的作用,提高金融资源配置效率和金融服务业水平。

我国政策性金融机构体系是在计划经济体制时期的特殊背景下成立的,目的是作为专业银行的一种补充,当时的政策性金融机构没有自己的管理和运行体制,其相关的体制大多数是直接搬套中国传统银行的管理和运行体制,因此在管理方面非常落后。而且,我国政策性金融机构设立初期的定位并不准确,对于它在财政和金融中应该发挥的作用也没有相关说明。因此,其在资金补充渠道方面有着很大的限制,并不具有政策性银行资本金,这就直接导致了政策性金融机构的资金比较匮乏。加之其在运营过程中没有专门的管理机构,也没有相关的评价机制,这就导致了政策性金融机构在运营过程中出现了"设租寻租"的现象,而且这种现象发生的概率非常大。

对于政策性金融机构的改革也势在必行。应进一步完善和优化政策性金融机构的组织框架,对其运行管理机制进行改革。对于信贷类的政策性资金,要加强对贷款对象的审核力度,对于项目的发展前景要进行有效的分析与审核,对于贷款的风险进行良好并且合理的评估,然后进行贷款的发放。政策性金融机构在运营中要提高企业的风险意识,构建合理的风险控制体系,保证政策性金融机构在运行中的风险最小。但这些措施的有效实行必须配合有效的激励机制,通过调整激励机制深化政策性金融机构改革,落实政策性金融机构从业人员的责任心,加强专业化人才的培养,建立完善的考核体系,使政策性金融机构内部处于一种良好的竞争状态,提高政策性金融机构的工作效率,才能真正有效发挥政策性金融机构对中国经济发展的引导作用。

第三节　我国中小金融机构的创新之路

伴随中国经济转型发展和改革的深入,中小金融机构也逐步发展起来,并成为金融组织创新不可缺少的一部分。

一、我国中小金融机构的发展历程与所处地位

(一) 中小金融机构的历史沿革

目前,中小金融机构的内涵并没有统一的界定。最常见的观点有两种:第一种,服务对象是中小企业的金融机构,如中小企业银行;第二种,本身规模相对较小的金融机构。在我国,中小金融机构也没有正式界定。通常是指局限于某一特定地区的城乡中小金融机构,主要包括股份制银行、城市商业银行、农村商业银行和农村合作银行等银行类金融机构和财务公司、信托投资公司、金融租赁公司、消费金融公司、典当行等非银行类金融机构,其中,银行类金融机构是主体。

中国中小金融机构是随着市场经济发展而发展起来的,最早出现是在 20 世纪 80 年代中期到 1993 年之间。1998 年,中国人民银行发出加强中小企业信贷服务的通知,2005 年国务院出台《国务院关于鼓励支持和引导个体私营等非公有制经济发展的若干意见》(简称《意见》),中小金融机构初步快速发展。《意见》明确,"允许非公有资本进入金融服务业。允许非公有资本进入区域性股份制银行和合作性金融机构。符合条件的非公有制企业可以发起设立金融中介服务机构。允许符合条件的非公有制企业参与银行、证券、保险等金融机构的改组改制"。2010 年以来,我国连续多年出台支持和鼓励民营银行发展的政策(见表 7-6)。尤其是 2013 年,国务院、中共中央相关文件均明确要鼓励实施民营银行试点。如 2013 年《中共中央关于全面深化改革若干重大问题的决定》明确:扩大金融业对内对外开放,在加强监管前提下,允许具备条件的民间资本依法发起设立中小型银行等金融机构。从此,中小金融机构在中国实现快速发展,人民银行、银监会等相关部门也于 2014 年初启动民营银行试点。2015 年 5 月,

前海微众银行等第一批 5 家试点民营银行全部按时营业。2016 年,重庆富民银行、四川新网银行等 12 家民营银行获批筹建。

表 7-6　近年来出台的支持民营金融机构发展的相关政策

时间	发布机构	文件名称	重要内容
2010 年 5 月	国务院	《国务院关于鼓励和引导民间投资健康发展的若干意见》	鼓励民间资本进入基础产业和基础设施、市政公用事业和政策性住房建设、社会事业、金融服务、商贸流通、国防科技工业六大领域
2012 年 5 月	银监会	《中国银监会关于鼓励和引导民间资本进入银行业的实施意见》	明确民营企业可通过发起设立、认购新股、受让股权、并购重组等方式投资银行业金融机构
2013 年 7 月	国务院	《国务院办公厅关于金融支持经济结构调整和转型升级的指导意见》	提出要"尝试由民间资本发起设立自担风险的民营银行"
2013 年 9 月	国务院	《国务院办公厅关于金融支持小微企业发展的实施意见》	提出要"推动由民间资本发起设立自担风险的民营银行"
2013 年 11 月	中共中央	《中共中央关于全面深化改革若干重大问题的决定》	扩大金融业对内对外开放,在加强监管前提下,允许具备条件的民间资本依法发起设立中小型银行等金融机构
2014 年 3 月	银监会	自担风险民营银行首批试点名单	共设立 5 家民营银行,由参与设计试点方案的阿里巴巴、万向、腾讯等民营资本参与试点工作。 试点遵循共同发起人原则,每家试点银行不少于 2 个发起人
2015 年 6 月	银监会	《关于促进民营银行发展的指导意见》	指出民营银行发展要"由民间资本自愿申请,监管部门依法审核,民营银行合规经营,经营失败平稳退出",明确民营银行由试点经营转为常态化设立。 细化民营银行准入条件、筹建和开业程序
2016 年 12 月	银监会	《关于民营银行监管的指导意见》	明确服务实体经济,有别于传统银行差异化发展、特色经营的发展定位;明确属地监管责任,加强监管联动,对关联交易管理、股权管理、股东监管等重点领域提出监管要求

资料来源:根据公开资料整理。

(二) 中小金融机构在我国金融体系中的地位

中小金融机构作为金融系统的一个重要组成部分,以地区性中小银行为主。中小金融机构的特点有:经营机制较为灵活,服务对象通常为中小企业,资产规模相对较小,形式多样,等等。

作为服务和促进中小企业发展的重要举措,我国中小金融机构在 2005 年、2010 年得到快速发展,成为我国经济发展、银行业改革发展的一个重要载体。如表 7-7 所示,截至 2019 年 3 月,城市商业银行和农村金融机构的资产占比分别达 13.1% 和 13.4%。

表 7-7　中小金融机构资产占比现状(截至 2019 年 3 月)

类　别	总资产(亿元)	在全国金融机构总资产中的占比(%)
城市商业银行	352 269	13.1
农村金融机构	361 137	13.4

资料来源:中国银保监会网站,《银行业监管统计指标月底情况表(2019 年)》。

与大银行相比,中小金融机构受资本金、地域、服务群体和分支网点等因素的限制,规模相对较小,但它对我国经济转型发展有着重要的作用。

(1) 缓解中小企业融资难、融资贵。中小企业是一国经济发展和社会发展的重要力量,更为重要的是,创造了大量的就业机会,是保持一国经济平稳较快发展的重要基础,是关系民生和社会稳定的重大战略任务。但纵观古今中外,中小企业均无法依靠市场力量通过大型金融机构满足完全的融资需求。融资难、融资贵也一直困扰我国中小企业的发展。为此,国务院先后在 2005 年和 2009 年出台"非公经济 36 条"和"国 29 条",多方面促进中小企业发展,其中发展中小金融机构成为重要举措。

(2) 一定程度上满足地方政府和农户的资金需求。受中国经济社会发展水平限制,地方市政建设、基础设施建设通常需要地方政府投入大量的资金,最为典型的融资途径即是地方融资平台。由于中小金融机构和地方融资平台都与当地政府密切相关,因此,中小金融机构成为地方融资平台的重要资金来源,为地方市政和基础设施建设发挥了较大作用。另外,由于农村金融一直是我国金融体系的短板,中小金融机构在发展过程中,也以服务农民、农业、农村为己任,并充当了重要的资金提供者。如 2014 年,中国银监会会同多个总部出台并印发《农村中小金融机构行政许可事项实施办法》《关于鼓励和引导民间资本参与农村信用社产权改革工作的通知》等规范性文件,积极鼓励、支持民间资本参与、组建农村中小金融机构,服务"三农"。截至 2014 年底,民间资本在农村中小金融机构股权中占 88%[①]。

(3) 促进金融生态重构与发展。国有控股商业银行的垄断在一定程度上抑制了中小金融机构的发展,反过来,中小金融机构的发展也成为打破国有控股商业银行的重要力量。长期以来,在银行业存在利率管制和 2 个百分点利差补贴的背景下,国有商业银行因集中大量金融资源,可以获得与信贷规模成正比的利差补贴,而且其垄断地位使其更容易参与低风险(而不是高收益)客户竞争,促使银行信贷持续向国有大企业和地方政府背景项目倾斜。中小金融机构的发展可以倒逼、推动国有控股商业银行实现改革。最为典型的例子是互联网金融的发展,不仅促进了国有控股银行提高存款竞争力,而且也推动了国有控股银行开展网上金融业务、提供网上金融服务。因此,中小金融机构发展有利于金融生态体系的重构与完善。

二、我国中小金融机构的发展特点

(一) 民营银行步入常态化发展阶段

2014 年 3 月,中国银监会正式启动民营银行试点工作。截至 2015 年 5 月,第一批试点的 5 家民营银行——深圳前海微众银行、上海华瑞银行、温州民商银行、天津金城银行、浙江网商银行全部获批开业。2015 年底,5 家民营银行的总资产突破 500 亿元。对于银行业来说,民营银行的加入,不仅加剧了中国银行业的竞争,而且提升了整个行业的活力和创新力。2015 年 6 月,国务院转发银监会《关于促进民营银行发展的指导意见》,标志着中国民营银行已步入常态化发展阶段。根据指导意见,即日起,设立民营银行筹建申请的受理权和民营银行开业审批权下放到各省市自治区银监局,批筹时限由原来的 6 个月缩至 4 个月。这意味着民营银行受理全面"开闸",为更多民间资本进入银行业提供了常态化

---

① 中国银行业监督管理委员会 2014 年年报(第二部分:银行业改革发展).[EB/OL].[2015 - 05 - 15]. http://www. cbirc. gov. cn/cn/view/pages/index/index. html.

的制度保障,进一步丰富和巩固银行业金融机构体系。截至 2018 年底,全国共有 17 家民营银行。

以上海华瑞银行为例,该银行是目前唯一一家注册地在上海的民营银行,于 2015 年 5 月正式开业。自成立以来,不论是资产总额还是存贷款余额都保持着高速的增长。2017 年资产总额为 391.41 亿元,较 2015 年增加近一倍;存款余额为 253.05 亿元,贷款余额为 180.75 万元,分别同比增加 87.45%、48.67%。可见,金融市场、跨国金融机构、大型商业银行占优的国际金融中心,仍为民营中小金融机构的存在和发展提供了机遇和可能。如何充分发挥中小金融机构在国际金融中心建设中的拾遗补阙作用,将是崛起的国际金融中心建设的一大特色和优势。

(二) 农村新型金融机构发展较快

随着"三农"和农村金融受到越来越多的重视,农村新型金融机构的发展和管理也被提上议事日程。2003 年,吉林省四平市出现中国第一家资金互助社:以社员为本,管理监督费用较少,信息费用微不足道。此后,为支持农业和农村金融健康发展,政府相继出台多项政策鼓励农村新型金融机构发展。如 2006 年,《农民专业合作社法》出台;2006 年底,银监会发布《关于调整放宽农村地区银行业金融机构准入政策　更好地支持社会主义新农村建设的意见》,鼓励村镇银行、贷款公司、农村资金互助社三类新型金融机构发展;2009 年银监会和农业部发文"鼓励有条件的农民专业合作社开展信用合作";《中共中央关于制定国民经济和社会发展第十三个五年计划的建议》明确,依托合作经济组织,引导合作性金融健康发展,形成广覆盖、可持续、补充性组织体系。对银行业而言,新型农村金融机构的发展,在一定程度上缓解了农村金融空洞化的趋势,增强了农村金融建设的竞争力,提升了金融服务实体经济的能力,也取得了农村大量储户的信赖与支持。截至 2013 年末,全国共组建村镇银行 1 071 家,小额贷款公司 7 839 家,资金互助社 49 家。

不可否认,虽然我国的新型农村金融机构一直保持着良好的发展势头,但也存在一些不容忽视的问题。一是三大类新型农村金融机构发展不平衡,形成了村镇银行"一家独大"的局面。与资金互助社相比,村镇银行数量较多;与贷款公司相比,村镇银行不仅有较为完备的法人治理机制,而且有更全面的金融业务,如吸收存款、发放贷款、资金结算和理财等。而贷款银行只能发放贷款,导致其资金来源的匮乏。二是资金规模与传统金融机构相比处于劣势。以村镇银行为例,尽管村镇银行在新型农村金融机构中来源较广,但由于储蓄业务主要面向居民和中小企业,其经营环境中很难有大型企业,存款数量的增加只能依靠用户量的扩大。但基于村镇银行经营规模和品牌效应等原因,传统金融机构对农村储户的吸引力更大,加重了新型农村金融机构的经营劣势。三是经营能力存在不足。新型农村金融机构在经营模式上一部分照搬了大型银行的经营方法,出现了成本高、效率低的现象,经营模式需要创新改进。

(三) 互联网金融异军突起

中国的互联网金融可谓是发展迅速。由盈灿咨询与清华大学中国金融研究中心、网贷之家联合发布的《2014 年中国网贷行业年报》显示,2014 年网贷行业成交量以月均 10.99％的速度增加,全年累计成交量高达 2 528 亿元,是 2013 年的 2.39 倍。2014 年网贷行业投资人数与借款人数分别达 116 万人和 63 万人,较 2013 年分别增加 364％和 320％。越来越多的人参与到网贷行业中,投资人和借款人数量快速增加。互联网金融主要模式包括较常见的 P2P、众筹、金融网销、互联网银行等。其中,众筹、P2P 和金融网销目前正处于快速成长期,互联网银行和供应链金融等模式还处于不断摸索阶段。

互联网金融的异军突起,给传统金融业带来竞争和压力的同时,也推动了中国金融组织结构的变化,尤其是非银行金融机构数量的增加。如蚂蚁金服、陆金所等新金融机构成为中国金融机构的重要组成部分。这些互联网金融机构不仅改善了中国金融组织结构,还成为金融开放的排头兵、中国金融机构参与国际金融合作的重要组成部分。如蚂蚁金服在泰国、新加坡等国通过与当地科技、金融企业合作,显著推进了当地网上支付业务的发展,成为当地金融科技发展的重要合作伙伴。

不可否认,中国的互联网金融发展也不是一帆风顺。经过 2013 年、2014 年的快速发展,2016 年全国两会提出"规范发展互联网金融",中国互联网金融进入规范发展阶段。2016 年 3 月,中国互联网金融协会在上海成立。作为央行下属的一级协会,中国互联网金融协会有别于 2013 年成立的民间社会团体——中国互联网金融行业协会,它是由国家相关部委直接领导,经由民政部注册的国家级协会,而中国互联网金融行业协会则是全国金融机构、互联网机构以及从事互联网金融行业的企业、实体企业、社会团体和个人自愿组成的全国性、综合性、非营利性的民间社会团体。中国互联网金融协会的成立,一方面标志着我国对互联网金融的发展将加以规范,另一方面也显示互联网金融成为我国金融体系不可或缺的一部分。

互联网金融在中国的快速发展,一方面源于大数据、云计算、区块链、人工智能等技术的快速发展,另一方面也与中国政府的鼓励和支持密不可分。但市场必然是配置资源的决定力量,如何进一步厘清政府和市场在互联网金融中的地位和作用,将是互联网金融健康有序发展的重要保障和改革方向。与此同时,互联网金融的风险及防范也引起业内外人士越来越多的重视,如何在实现科技赋能的同时保证金融安全,也是考验中国互联网金融发展的重要一环。但不管怎样,互联网金融的普惠性正发挥着越来越大的作用,这是不容置疑的。

(四) 外资金融机构发展迅速

上海外资类金融机构的种类和数量持续稳定上升。截至 2018 年底,39 家国际知名资管机构在陆家嘴设立了 50 家独资资产管理公司。全球资管规模排名前 10 的资管机构中,贝莱德、领航、富达、摩根等 8 家已设立资管类 WFOE。这些外资资管机构已积极开展或计划开展相关业务。外资资产管理机构的到来,将带来成熟的资产管理模式、投资理念、投资策略和合规风控做法,不断推动本土同行在竞争中学习发展。

与此同时,上海外资银行机构数量和资产总额继续保持稳定增长。2017年,上海外资银行营业网点为 213 家,比 2010 年增加了约 20 家;资产总额为1.56 万亿元,是 2010 年的 1.8 倍,占到全上海银行业总资产规模的 10.62%。但必须承认的是,上海外资银行营业网点和资产总额上升速度远不及中资银行,甚至不及外资银行在中国其他城市的扩张速度。2017 年,上海外资银行总资产占上海银行业总资产的比例为 10.6%,上海外资银行营业网点数量占全国外资银行营业网点总数的比例为 21.03%,分别比 2010 年下降了 2.06% 和 32.30%(见表 7-8)。

表7-8　上海外资银行发展情况

年份 （截至年末）	上海外资银行			上海外资银行资产总额 占上海银行类金融机构 资产总额比例（%）	上海外资银行营业网点 数占全国外资银行营业 网点总数的比例（%）
	法人机构 （家）	营业网点 （家）	资产总额 （亿元）		
2010	19	192	8 657.3	12.66	53.33
2011	20	201	10 020	11.7	51.94
2012	22	200	10 860	12.0	48.54
2013	22	215	11 897	12.2	22.70
2014	22	219	13 215	11.7	21.90
2015	22	212	12 653	9.5	20.31
2016	20	213	13 824	9.6	20.66
2017	20	213	15 626	10.6	21.03

资料来源：中国人民银行上海分行网站和中国银保监会历年年报。

　　上海外资金融机构数量和资产总额在全国的占比尽管远高于全国平均水平，但占比下降表明较多外资银行最初进入中国时将上海选作"登陆地"，并在此展开业务，而随着近些年外资银行的不断发展以及对上海以外地区业务的积极拓展，非沪营业网点数量随之增加。可见，上海国际金融中心建设过程中，增强金融市场能级的同时，也需做强做大外资金融机构。

三、我国中小金融机构的创新途径

　　中小金融机构是我国金融体系中不可或缺的一部分，主要服务于中小微企业，对于地方和区域经济有着重大影响。面对金融行业日趋激烈的竞争，中小金融机构需结合业务特色、服务特征和组织管理进行创新，激发自身活力，探索一条有别于国有金融机构的差异化发展道路。

（一）中小金融机构的业务创新途径

　　相对于国有金融机构，中小金融机构在传统的抵押贷款业务上并无优势。在国家支持实体中小企业发展的背景下，中小金融机构应当解放思想，突破现有融资模式，融入新的融资手段，增加融资渠道。中小金融机构可根据中小企业自身特点，尝试利用国外先进的动产融资、典当融资、天使投资和供应链融资模式来缓解中小企业融资难的问题,实现业务创新。

实践中,融资难问题一直是制约中小企业发展的瓶颈,即使是拥有自主知识产权的创新型中小企业,也会因资金短缺而无法迅速将科技成果转化为产品,造成企业难以快速成长发展,而用知识产权进行质押贷款则可以为这类企业提供一条融资新通道。中小金融机构要解决科技型中小企业的融资问题,有形资产担保对企业是一大难题,转化担保方式就是一剂良方。中小金融机构可专门组织相关领域的专家对知识产权贷款进行研究,并在律师事务所及评估机构的帮助下,对已经获得的知识产权、专利权进行评估,设计出一套完整贷款的业务流程,解决资质优秀、信誉良好的科技型中小企业质押贷款中最基本的评估难和转让难的问题。中小金融机构在探索阶段可以缩小范围,比如仅对专利权进行尝试,随着贷款流程的逐步完善再扩大至其他知识产权。但中小金融机构,如中小型银行,需要制定相关规章,仅限于借款人将资金用于企业的生产经营过程,解决因资金紧张造成的困难,禁止借款人将资金用于投资领域或者违法经营等,否则,可取消其贷款资质。中小金融机构通过推行中小企业知识产权质押贷款业务,可以有效解决拥有自主知识产权的科技型中小企业的资金短缺问题,减少发展中遇到的资金瓶颈的影响,有利于推动知识产权的市场转化速度,有利于提升中小企业的核心竞争力。目前许多新创办的科技型中小企业,无形资产比较大,拥有专利权、著作权可以作为抵押物,中小金融机构可以通过业务创新,满足该类科技型中小企业的融资需求。

(二) 中小金融机构的服务创新途径

随着我国金融业的逐渐放开,金融业务的竞争越来越激烈,中小金融机构必须在经营服务过程中与众多客户保持良好的关系才能提高竞争力。培育和维护忠诚的客户群体,是中小金融机构成功应对竞争的关键所在。如果中小金融机构将中小企业定位为目标客户,扩大对中小企业的信贷投放,并充分利用这些宝贵的客户资源延伸金融服务,将有利于自身在金融衍生产品上的拓展,其前景十分广阔。所以通过金融服务创新,培育忠实的客户群体,对中小金融机构的存活和发展极为重要。

以中小型银行为例,目前中小型银行对中小企业的贷款手续较为复杂。虽然现代商业银行服务理念已有较大转变,但标准化的流程和多级审批模式影响了对中小企业的及时贷款。从申请到调查,再做方案,然后审查、审批,到最后放贷,环节相当多;特别是遭遇央行宏观调控,如调整存款准备金等收紧银根的政策变化时,银行放款时间少则一两个星期,多则几个月,使得中小企业及时融资的希望更为渺茫。中小型银行应当思考,如何在控制风险的前提下,简化贷款手续,提高服务质量。

目前市场上已有此类业务创新的案例,如除了利用传统央行的征信系统查验征信外,部分中小型银行接入了我国目前唯一取得个人征信牌照的"百行征信"的数据,进一步完善对借款人信贷信息的查证核实,填补了之前央行征信系统网贷信息的缺失。

另外,互联网金融企业一般也是中小型金融机构,诸如蚂蚁金服、京东及美团等企业,也在充分利用自身集团内打造的生态圈数据,颠覆传统的贷款审批流程,利用业务或物流等数据对自身平台上的商户进行风险审慎和贷款审批,一般可在客户提出信贷需求后1～3天实现放款,最快2个小时以内。这对传统的金融贷款模式不能不说是颠覆式冲击,也倒逼其他中小金融机构加快金融服务创新。

(三) 中小金融机构的管理创新途径

国有金融机构在中国市场经济中占主导地位是由中国特色社会主义市场体制所决定的。中小金融机构想在这样的市场中立足、发展并保持长期的盈利,需要进行管理创新,发挥自身灵活的优势,形成特色竞争力。

对于中小型银行,一种可行的方案是适时转变总行对分支行的管控模式,建立"总行—分行"或者"中心分行—支行"的管控模式,由总行或者中心分行统一管理经营分支行,总行或中心分行除了正常经营各类业务之外,还具有管辖下级经营分支行的功能,而经营分支行则单纯经营各类银行业务,特别是在管辖行专攻大型国企、财政、机关团体等批发业务的情况下,经营支行则重点营销小微企业等零售业务。

进行此类机构管理创新时,需厘清总行、中心分行和经营分支行的职能边界:总行负责全行的战略规划、产品研发、业务协调、财务优化、风险控制、人力资源管理和IT系统建设,对分支机构履行政策支持、制度保障、业务管理、权限界定、检查与督导、人员培训与教育等职责;中心分行则在总行授权及政策范围内依法经营,对辖内经营支行进行管理,同时在授权范围内自主审批与经营,根据各业务条线实行授权控制,负责对辖内系统和设备的维护,对区域或地方业务进行全面检查与督导,按总行计划对人员进行重点教育与培训;经营支行的主要职能便是营销、服务及授权范围内的管理。在此种管控模式下,建议总行在风险可控的前提下给予中心分行一定的权限,提升中心分行自身经营及对经营支行的业务审批效率,同时在人员、费用分配上进行相应调整,促进中心分行的自主经营和自主管理。

以总部位于上海的恒生银行(中国)有限公司为例,恒生银行是外资法人银行中规模较小的一家,除上海总部外,在全国重点城市设有 14 家分行和 30 多家的下属支行。恒生银行总部集中负责信贷审批、个贷和公司贷款的审核、放款和贷后管理等职责,总行集中提供法律咨询、合规管理、内审、IT 建设、产品研发和人力资源管理等功能。恒生银行在中国由总部和部分重点管理型省分行进行全局管理,前线的分行和支行工作重点即为营销和服务客户,极大地节约了一线网点的成本费用和人力资源,让一线网点轻装上阵,全力开拓业务,总行和重点省分行提供全局性的营运支持和后勤服务。

第八章

资本市场创新

　　资本市场是资金融通的场所,与货币市场相比,其主要涉及股票、债券等中长期金融活动,也是现代金融市场体系的重要组成部分。与发达国家相比,我国资本市场起步晚但发展快。随着 1990 年 12 月和 1991 年 7 月沪、深证券交易所相继挂牌营业,股票集中交易市场正式宣布成立,中国现代意义的资本市场由此起步。在 30 年的时间内,我国资本市场由初创设立,到多层次资本市场体系初步建立,再到崛起为全球交易规模领先的股票与债券市场、产品与功能持续完善的金融衍生品市场,以及体系不断丰富的市场体系,其发展速度堪称世界金融史上的奇迹。在中央和地方政府的监管与引领之下,我国资本市场创新活跃,有力地推动了市场繁荣发展。

第一节　金融中心发展的重点平台

　　上海作为我国最为重要的金融中心之一,其最为突出的特点与优势在于体系完善的金融市场,这不仅吸引了众多国内外金融机构纷至沓来,也通过市场交易的繁荣激发了创新行为。得益于国际金融中心建设,目前上海已经形成包括股票、债券、货币、商品期货、金融期货等在内的全国性金融市场体系。根据国家发展改革委公布的《"十二五"时期上海国际金融中心建设规划》,到 2015 年底上海金融市场交易额的发展目标是 1000 万亿元,同时主要金融市场规模保持或进入世界同类市场前列。然而,由于资本市场交易活跃等因素,2015 年上海金融市场交易额达 1 463 万亿元,是 2010 年的 3.5 倍,也大幅度超出"十二五"规划目标。到了"十三五"时期,随着债券、保险、票据等金融要素市场与基础设施平台的进一步集聚,我国资本市场体系加速完善、功能也显著提升。2018 年,上海金融市场交易总额达到 1 645.78 万亿元,比上年增长 15.2%。在 2018 年 GFCI 全球金融中心指数排名中,上海位列第 5,仅次于纽约、伦敦、香港、新加坡,这在很大程度上得益于体系完善、联动发展的金融市场,其中包括股票、债券、基金、金融期货等在内的重点资本市场发挥了重要作用。

一、多元化的资本市场平台为金融中心形成坚实支撑

上海目前初步构建了多层次、多种类的资本市场体系,成为我国资本市场体系中最为完整、市场规模最大、融资创新最为活跃的地区之一。近年来,上海资本市场进一步借助自贸试验区改革开放与创新发展的契机,加快实施"引进来""走出去"双向并举的策略,使得金融开放水平不断提升。在此过程中,各类资本市场平台相互衔接、竞争发展,共同构成了上海金融中心建设的重要支撑。结合中国人民银行有关统计,全社会融资的统计口径中,信贷、债券、股票三大类融资方式占据绝对优势,而这三大类融资方式中,除了信贷业务是全国性广泛分布之外,债券、股票融资绝大多数集中在中央债券登记结算公司、上海证券交易所、银行间市场清算所股份有限公司(即通常所称"上海清算所")等交易前台、金融基础设施,因此上海也成为我国资本市场的中心地带。

从表 8-1 可以看出,在上海资本市场支持下,我国社会融资结构不断优化,如债券融资(企业债券、地方政府债券等)、股票融资(非金融企业境内 IPO 与上市公司再融资)等方面均保持一定速度的增长。

表 8-1　当前我国社会融资规模及结构情况

项　目	2018 年底		2019 年 6 月末	
	存量(万亿元)	增速(%)	存量(万亿元)	增速(%)
社会融资规模存量	200.75	9.8	213.26	10.9
其中:人民币贷款	134.69	13.2	144.71	13.2%
外币贷款(折合人民币)	2.21	−10.7	2.21	−12.4
委托贷款	12.36	−11.5	11.89	−9.9

（续表）

项　目	2018 年底		2019 年 6 月末	
	存量(万亿元)	增速(%)	存量(万亿元)	增速(%)
信托贷款	7.85	−8	7.88	−4.9
未贴现银行承兑汇票	3.81	−14.3	3.77	−9.6
企业债券	20.13	9.2	21.28	11.2
地方政府专项债券	7.27	32.6	8.45	44.7
非金融企业境内股票	7.01	5.4	7.13	3.3

资料来源：根据中国人民银行网站公开数据整理。

从上海金融市场体系来看，目前已形成"国家级金融要素市场＋国家级后台基础设施＋地方性资本交易平台"的格局，结合资本市场的各主要平台情况来看，其特点、功能大体可归纳如表 8-2 所示。

表 8-2　上海资本市场的主要交易场所

市场名称	功能特点	交易品种	交易机制	市场规模
中国外汇中心暨全国银行间同业拆借中心	包括外汇、货币市场，同时也发展银行间债券市场。主要职能是为银行间货币市场、债券市场、外汇市场等市场的现货及衍生产品提供发行、交易、信息、交易后处理和监管服务	汇率、利率、固定收益、衍生品等	交易方式：报价驱动模式。债券市场的交易平台是全国银行间拆借中心本币交易系统。托管结算机构包括中央国债登记结算有限责任公司、上海清算所。交易活跃度：机构投资者占绝大多数，交易活跃度较高	2018 年市场累计成交 1 262.8 万亿元，同比增长 26.6%
上海证券交易所	上市公司可通过发行股票、可转换公司债券及其衍生品种进行融资。融资方式：①向不特定对象公开发行；②向特定对象非公开发行。融资对象：社会公众，无投资者门槛	股票、债券、基金、权证等	交易方式：竞价交易、做市商转让、协议转让。交易活跃度：无投资者门槛，采取连续竞价交易，因此交易活跃度较高，流通性较好，但价格波动大	2018 年各类品种总成交规模达 2 642 084.46 亿元(其中股票403 184.38 亿元；基金 71 651.49 亿元；债券2 167 248.59 亿元)

（续表）

市场名称	功能特点	交易品种	交易机制	市场规模
区域性股权交易场所：上海股权交易中心	融资方式：定向发行，科技创新板、E板、N板、Q板等有相应资质要求。 投资者：按照适当性管理办法，允许各类持牌金融机构，及依法设立且净资产大于人民币50万元的法人或者其他组织，以及最近一个月内持有金融资产价值不低于人民币50万元，且具有2年以上金融产品投资经历或者2年以上金融行业及相关工作经历的自然人进行投资。 审查方式：上海股交中心审查、上海市地方金融监督管理局备案	非上市的中小企业非公开发行、股票登记托管、股票转让等	交易方式：协议转让。 交易活跃度：投资者范围较小，且转让方式单一、不连续，交易活跃度及流通性最低。 仅能通过协议转让方式交易，且参与者范围小，股票价格可能与公司价值偏离较大，因此价值发现功能相对弱	

资料来源：根据各交易市场公布的数据、资料整理而成。

二、资本市场的重要平台：上海证券交易所运营情况分析

证券交易所是各类证券集中交易的场所，从国际情况来看，许多交易所都建立了多层次、多板块，甚至衍生化的证券市场体系。如在美国处于龙头地位的纽约证券交易所，在应对其他交易所市场竞争方面，在保持传统蓝筹股市场优势的基础上，通过收购兼并方式增设市场板块，不断拓展股票市场深度。2006年，纽交所收购上市的群岛交易所（Archipelago Holdings），正式进入电子交易领域，与NASDAQ展开激烈竞争；2008年，纽约证券交易所以价值2.6亿美元的本交易所普通股票收购美国证券交易所；由此，在主板市场外，纽约证券交易所增加了NYSE Arca和NYSE MKT两个子市场，扩大了对上市企业服务类型的覆盖范围[1]。

在改革开放的大潮中，我国资本市场从无到有，快速成长。上海证券交易所

---

① 刘纪鹏. 对纽交所与NASDAQ有效竞争的思考[N]. 上海证券报，2014 - 04 - 09.

成立于 1990 年 11 月 26 日,同年 12 月 19 日开业。根据我国"分业监管"的框架设计,上交所归属中国证监会垂直管理,并按照"法制、监管、自律、规范"的 8 字方针,致力于营造透明、开放、安全、高效的市场环境。经过 30 多年的不断探索,交易所形成了 6 个方面的主要职能:提供证券交易的场所和设施;制定证券交易所的业务规则;接受上市申请,安排证券上市;组织、监督证券交易;对会员、上市公司进行监管;管理和公布市场信息。从市场形态来看,上交所已发展成为拥有股票、债券、基金、衍生品四大类证券交易品种、市场结构较为完整的证券交易所,其中股票市场居于核心地位。

从发展的历程来看,上交所从开业初期的"老八股"起步,30 多年来,交易品种、市场规模均持续扩大,并取得了举世瞩目的成就。上交所在发展中借鉴海外证券交易所的发展战略,积极拓展多元化市场板块共同发展。明确提出了新常态下的四大发展战略:蓝筹股市场战略、债券市场战略、衍生品战略和国际化战略,这些新战略不仅强化了金融服务实体经济的导向,而且体现了资本市场的创新发展,在有关领域将形成上交所未来重要的增量业务。在 2018 年世界交易所联合会排名中,上交所股票市场总市值排名第 4、IPO 融资额排名第 5(见图 8-1)。

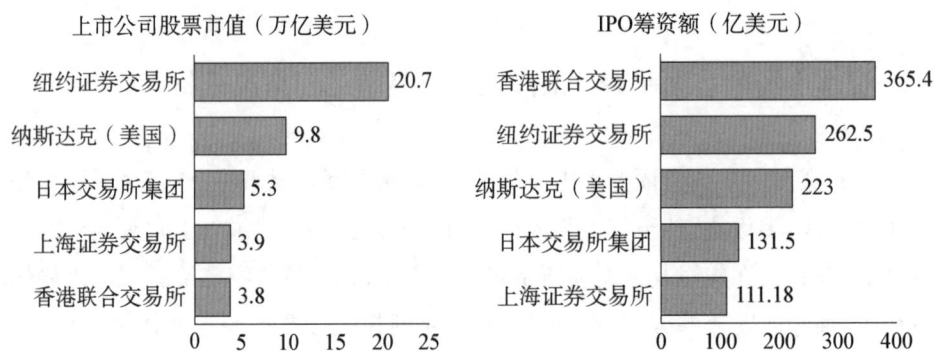

上市公司股票市值(万亿美元)

纽约证券交易所	20.7
纳斯达克(美国)	9.8
日本交易所集团	5.3
上海证券交易所	3.9
香港联合交易所	3.8

IPO筹资额(亿美元)

香港联合交易所	365.4
纽约证券交易所	262.5
纳斯达克(美国)	223
日本交易所集团	131.5
上海证券交易所	111.18

图 8-1 全球主要交易所排名(2018 年)

资料来源:上海证券交易所.2018 年社会责任报告[EB/OL].[2020-10-15].
http://www.sse.com.cn/aboutus/socialresponsibility/.

上交所的发展历程,恰恰是中国经济体制改革加速推进、经济金融开放全面展开的过程,上交所一方面深入学习借鉴西方发达国家股票市场发展的自然规律,另一方面也按照中央要求,结合中国"新兴+转轨"的国情、银行间接融资长期处于垄断地位的特点,通过"摸着石头过河",探索出具有中国特色的股票市场发展道路。主要体现出以下几方面特点。

（一）市场规模总体保持增长趋势

1991—2018 年,上交所上市公司数量、上市证券数、集资额(包括首次发行股票、再筹资等方式)、总市值、全年成交金额等一系列重要指标总体呈现持续、较快的增长态势。其中,总市值、全年成交金额等指标受股市周期性波动的影响,出现过阶段性规模下降,如 1995 年、2001 年、2002 年、2005 年、2008 年、2012年、2016 年等年份的全年成交金额均较大幅度出现同比下降的情况,这些都是股票市场发展中的正常情况,关键是如何避免市场的大起大落及其对市场功能发挥、广大投资者利益带来负面影响。根据上交所网站发布的数据,市场概况如表 8-3 和表 8-4 所示。

表 8-3　上海证券交易所(股票市场)主要指标历史变动情况

年份	全年成交金额 (亿元)	上市公司数 (家)	市价总值 (亿元)	流通市值 (亿元)
1991	46.08	8	—	—
1992	323.85	29	—	—
1993	2 509.71	106	—	—
1994	5 735.52	171	—	—
1995	3 102.36	188	—	—
1996	9 114.82	293	—	—
1997	13 763.52	383	—	—
1998	12 386.11	438	—	—
1999	16 965.79	484	14 580.47	4 249.69
2000	31 373.86	572	26 930.86	8 481.33
2001	22 709.38	646	27 590.56	8 382.11
2002	16 959.09	715	25 363.72	7 467.3
2003	20 824.14	780	29 804.92	8 201.14
2004	26 470.6	837	26 014.34	7 350.88
2005	19 240.21	834	23 096.13	6 754.61
2006	57 816.6	842	71 612.38	16 428.33

（续表）

年份	全年成交金额 （亿元）	上市公司数 （家）	市价总值 （亿元）	流通市值 （亿元）
2007	305 434.3	860	269 838.87	64 532.17
2008	180 430	864	97 251.91	32 305.91
2009	346 511.9	870	184 655.23	114 805
2010	304 312	894	179 007.24	142 337.44
2011	237 560.5	931	148 376.22	122 851.36
2012	164 545	954	158 698.44	134 294.45
2013	230 266	953	151 165.27	136 526.38
2014	377 162.1	995	243 974.02	220 495.87
2015	1 330 992.1	1 081	295 194.2	254 127.84
2016	501 700.42	1 182	284 607.63	240 006.24
2017	511 242.79	1 396	331 325	281 366
2018	403 184.38	1 450	269 515.01	232 698.75

资料来源：上海证券交易所网站。

表 8-4　上海证券交易所股票市场发展概况（2019 年底）

指　标	数　据
上市公司（家）	1 572
上市股票（只）	1 615
总市值（万亿元）	35.55
总流通市值（万亿元）	30.13

资料来源：上海证券交易所网站。

（二）市场创新日趋活跃

自创立以来，上交所始终走在我国资本市场创新的前线，特别是一系列重大的制度、机制、产品创新对推动我国金融改革开放与上海金融中心建设都产生了重要影响，其间体现了邓小平同志提出的"摸着石头过河"与"渐进式改革"的思想。具体可以分为 4 个阶段。

第一阶段，早期的探索发展阶段。早在 1992 年，认股权证上市、国债期货交易、清算系统运行等就成为重要的金融创新;同年5月21日,全面放开股价,实行了自由竞价交易。1994年,上交所成为日本"指定外国有价证券市场"并提升了国际影响力。1996年7月,正式实时发布"上证30指数"并加强了信息披露。1997年8月,国务院决定将上交所划归中国证监会直接管理从而进一步理顺监管体制。1998年7月,颁布《上海证券交易所可转换公司债券上市交易规则》并推动可转换债券产品及交易的发展。

第二阶段,法制化、国际化探索阶段。1999年,我国《证券法》正式实施,使得证券市场法制建设大踏步推进,同年7月、8月分别放宽市场准入,允许三类企业进入二级市场,允许证券公司、基金管理公司获准进入银行间同业市场。2000年4月,中国证监会颁布《网上证券委托暂行管理办法》,推动了网上证券业务的迅猛发展,同年11月公布《开放式基金试点办法》。2001年8月,中国首只开放式基金华安创新获准成立,12月中外合作基金管理公司进入实质性的启动阶段。2002年6月,中国证监会颁布《外资参股证券公司设立规则》和《外资参股基金管理公司设立规则》,迈出了我国资本市场对外开放的重要一步;7月上交所正式推出上证180指数,取代原来的上证30指数;12月QFII制度正式实施,这表明我国证券市场对合格的境外投资者已开启大门。2003年,《中华人民共和国证券投资基金法》获得通过,伞型基金开始登陆中国基金市场,首家中外合资证券公司华欧国际证券有限责任公司正式成立,全国社会保障基金正式进入证券市场运作,上海证券交易所大宗交易系统启用,中国证监会发布《证券发行上市保荐制度暂行办法》,上证国债指数正式发布并填补证券市场债券指数的空白。2004年,证券发行上市保荐制度正式实施,证券公司集合受托理财业务正式启航,国内首只ETF上证50ETF成功设立,3家证券公司首批获准发债,国内首只可转债基金兴业可转债混合型基金获准发行,《国务院关于推进资本市场改革开放和稳定发展的若干意见》正式颁布(即"国九条",上海市配合出台大力发展资本市场的七大举措,以顺利实施上海国际金融中心建设的国家战略)。

2005年股权分置改革正式启动,《商业银行设立基金管理公司试点管理办法》颁布实施,《国际开发机构人民币债券发行管理暂行办法》允许符合条件的国际开发机构在国内发行人民币债券,信贷资产证券化试点工作正式启动。2006年,推出新上证综合指数,《上市公司股权激励管理办法(试行)》《上海证券交易所上市公司内部控制指引》《上市公司证券发行管理办法》《上市公司收购管理办法》《融资融券交易试点实施细则》等一批重要文件相继颁布实施。2007年推出特别交易板块（S板）并设置5%涨跌幅限制，《上市公司信息披露管理办法》《上海证券交易所债券交易实施细则（修订稿）》《上海证券交易所证券投资基金上市规则（修订稿）》《上海证券交易所复核制度暂行规定》等公布施行，上证指数日常操作正式移交中证指数公司，新老国债质押式回购成功并转运行。

2008年，投资者教育部成立以加强投资者教育和保护工作，IPO网下发行电子化平台正式上线，发布实施《上市公司解除限售存量股份转让指导意见》《上海证券交易所会员客户证券交易行为管理实施细则》《上海证券交易所证券异常交易实时监控指引》《上市公司重大资产重组申报工作指引》《上海证券交易所大宗交易系统专场业务办理指南（试行）》等一批政策，正式发布上证180公司治理指数、3个上证180主题投资指数（上证180基建指数、上证180资源指数和上证180交通运输指数），推出可分离债参与新质押式回购交易业务。

2009年，上证行业指数和上证180风格指数系列、上证中央企业50指数、上证超级大盘指数，以及上证小盘指数、上证中盘指数、上证中小盘指数、上证全指、上证社会责任指数、上证民营企业50指数等正式发布，中国证监会发布施行《首次公开发行股票并在创业板上市管理暂行办法》，国务院发布《国务院关于推进上海加快发展现代服务业和先进制造业 建设国际金融中心和国际航运中心的意见》，国资委出台《关于规范上市公司国有股东行为的若干意见》等文件，开展买断式股票回购业务试点工作。2010年，中证"两岸三地500指数"发布，证监会发布《关于开展证券公司融资融券业务试点工作的指导意见》并明确申请首批试点的证券公司条件，融资融券试点工作启动，完成首个上市公司分立上市试点工作，证监会发布《证券公司参与股指期货交易指引》和《证券投资基金从事股指期货交易指引》，以券商、基金为代表的机构投资者将可正式开户参与股指期货交易，《关于上市商业银行在证券交易所参与债券交易试点有关问题的通知》发布实施（商业银行在时隔13年之后将重返交易所），推出上交所上市公司信息服务平台，发布上证380指数推动沪市多层次蓝筹股市场指数体系的形成。

第三阶段，"十二五"期间的创新发展阶段。2011年，证监会发布《合格境外机构投资者参与股指期货交易指引（征求意见稿）》，上交所首只证券公司债完成首批6年期30亿元额度定向发行；《国务院批转发展改革委关于2011年深化经济体制改革重点工作意见的通知》提出推进场外交易市场建设、研究建立国际板市场、进一步完善多层次资本市场体系；证监会发布《关于修改上市公司重大资产重组与配套融资相关规定的决定》，首次明确了借壳上市的标准，约定购回式证券交易业务试点正式启动,融资融券标的证券范围扩大至 180 只股票和 4 只 ETF,第一只跨市场交易所交易基金(ETF)上市交易并纳入融资融券标的证券范围;《上海证券交易所中小企业私募债券业务试点办法》《上海证券交易所中小企业私募债券业务指引(试行)》《关于完善上海证券交易所上市公司退市制度的方案》《上海证券交易所转融通证券出借交易实施办法(试行)》等发布实施,中小企业私募债券首单成功发行,首只跨境 ETF——易方达恒生中国企业 ETF 成功上市。2012 年,《上海证券交易所中小企业私募债券业务试点办法》《上海证券交易所中小企业私募债券业务指引(试行)》《关于完善上海证券交易所上市公司退市制度的方案》《风险警示板股票交易暂行办法》《退市公司股份转让系统股份转让暂行办法》《上海证券交易所转融通证券出借交易实施办法(试行)》等一系列相关制度发布与实施,首单中小企业私募债券顺利发行,第一只跨市场交易所交易基金(ETF)上市交易并纳入融资融券标的证券范围。2013 年,《上海证券交易所风险警示板股票交易暂行办法》《上海证券交易所上市公司现金分红指引》《上海证券交易所投资者适当性管理暂行办法》等发布施行,上海上证金融服务有限公司正式运营,在香港设立办事处事宜获香港证监会批准,转融券试点、股票质押式回购交易等业务正式启动,首只国债预发行交易成功试点,首批政策性金融债券成功试点发行。2014 年,《国务院关于进一步促进资本市场健康发展的若干意见》(新国九条)出台,《上海证券交易所优先股业务试点管理办法》《关于上市公司筹划非公开发行股份停复牌及相关事项的通知》《上海证券交易所股票期权试点交易规则(征求意见稿)》等发布,转融券试点平稳启动;《上海证券交易所沪港通试点办法》发布并于 11 月正式启动"沪港通"机制,国内首单公开发行的可交换公司债券挂牌上市交易。2015 年,完成国际金融资产交易平台运营机构组建方案设计并启动报批及公司设立流程,发布《上海证券交易所债券质押式协议回购交易暂行办法》及相关指引并正式推出债券质押式协议回购,发布《上海证券交易所程序化交易管理实施细则(征求意见稿)》,与中国金融期货交易所及德意志交易所集团宣布将在德国法兰克福成立合资的中欧国际交易所,首单小公募公司债券成功上市,推出"上证 50"ETF 期权。

第四阶段,"十三五"期间的功能提升阶段。"十三五"期间是股票市场及上海证券交易所发展的重要阶段,股票市场经历了 2015 年年中的大起大落,这在一定程度上推动了市场机制、投资者理念走向成熟。根据 2015 年社会资金通过提高杠杆率加速入市助推市场过热的情况,上交所、深交所、中金所曾于年底发布通知,推出熔断机制,然而无法遏制市场短期暴跌趋势,三家交易所旋即发布通知,自 2016 年 1 月 8 日起暂停实施指数熔断机制。由此,仅推行数日的指数熔断机制被终止;3 月,上交所发布关于终止 * ST 博元上市的公告,* ST 博元成为我国证券市场首家因涉及重大信息披露违法情形被终止上市的公司;5 月,上交所发布《上市公司筹划重大事项停复牌业务指引》,规范上市公司筹划重大资产重组、非公开发行等重大事项期间股票及其衍生品种的停复牌行为;8 月,根据证监会与香港证券及期货事务监察委员会联合发布的公告,沪港股票市场交易互联互通机制取消了总额度限制,进一步为资金跨境开展股票投资提供了便利;11 月,上交所和中证指数有限公司正式发布上证 50ETF 波动率指数,进一步丰富了股票市场指数产品种类。2017 年 6 月,中国 A 股正式加入 MSCI 明晟指数,并于次年 6 月正式被纳入 MSCI 新兴市场指数和全球基准指数,这成为我国股票市场开放的重要里程碑事件。2018 年 6 月,上交所发布试点创新企业股票或存托凭证上市交易相关配套业务规则(上证发〔2018〕38－45 号),此次创新试点的境外已上市红筹企业境内发行上市,旨在提高资本市场包容性,更好支持创新驱动发展战略,同时也通过强化信息披露和风险揭示、约束股东减持行为等,保护投资者合法权益;9 月,全球著名指数公司富时罗素宣布将 A 股纳入其全球股票指数体系,分类为次级新兴市场,并于 2019 年 6 月开始生效,这意味着 A 股国际化再下一城;11 月,上交所发布《上海证券交易所上市公司重大违法强制退市实施办法》(上证发〔2018〕98 号),从而在制度层面明确了退市机制,为规范上市公司行为、加强投资者保护提供了保障。2019 年 7 月 22 日,酝酿多年的科创板正式开板,首批 25 家公司挂牌上市交易,这标志着设立科创板并试点注册制这一重大改革举措正式落地。

(三) 债券市场蓬勃发展

债券市场作为金融要素市场的有机组成部分,在我国金融体系中发挥着无可取代的重要作用。从体量来看,根据央行统计数据,2018 年底我国债券市场托管余额为 86.4 万亿元(含同业存单),约是同期股票市值的 1.98 倍,并首次超越日本成为全球第二大债券市场。从融资功能看,截至 2018 年末,我国社会融资规模存量约为 200.8 万亿元,其中直接融资约占 18%,而债券融资占直接融资的比例约为 80%。

从结构看,我国债券市场分为银行间债券市场与交易所债券市场两个组成部分,其中前者还涵盖了银行柜台市场板块。根据中国人民银行网站数据,2018年,我国债券市场共发行各类债券 43.6 万亿元(含同业存单),较上年增长6.8%。其中,银行间债券市场发行债券 37.8 万亿元,占比 86.7%。

从债券市场的发展情况看,我国债券市场发展起步于 1981 年我国恢复国债发行。国债柜台转让试点后,部分金融机构试水实物券代保管业务,成为债券托管业务的雏形。但因缺乏集中统一的债券托管结算体系、交易不规范、风险控制机制尚未建立,国债从发行到兑付各环节均存在严重风险隐患,债券市场先后遭遇国债期货风波和国债回购事件,造成了严重的金融风险。在中国人民银行和财政部共同推动下,1996 年末中央国债登记结算有限责任公司(简称中央结算公司/中债登)在中国证券交易系统有限公司(简称中国结算/中证登)基础上正式改组设立,建立了债券市场中央托管结算机构;次年,我国组建了银行间同业拆借中心,并构建起银行间债券市场。该市场属于大宗交易市场(批发市场),参与者包括逾 2 万家的各类机构投资者,实行双边谈判成交,主要实行“实时、全额、逐笔”的结算方式。交易所债券市场则由各类社会投资者(含个人投资者)参与,属于集中撮合交易的零售市场,典型的结算方式是净额结算。经过 20 余年的发展,该市场成为我国债券市场的主体部分。除了债券发行占比超过 86% 以外(历年发行规模详见图 8－2),银行间债券市场的债券存量也成功我国债券市场存量的主体部分,截至 2018 年 12 月末,债券市场托管余额中银行间债券市场托管余额为 75.7 万亿元,占比 87.6%。

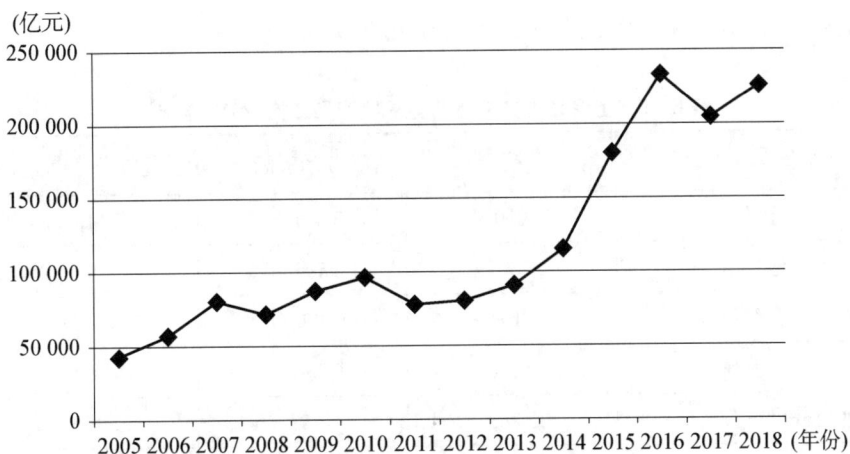

图 8－2　2005—2018 年债券市场发行量趋势图

资料来源:中国债券信息网。

与银行间市场相比,交易所债券市场早期实行二级托管模式,沪深证券交易所各自所属的证券登记结算公司是一级托管机构,其结算参与人(主要是证券公司)是二级托管机构。2001年,两家证券交易所将各自的登记托管公司合并为中国证券登记结算有限公司(简称中证登),专门服务于交易所市场。因证券公司挪用客户债券资产、违规进行国债回购等风险事件频发,2004年后中证登对交易所债券市场实行一级托管模式。2009年,在人民银行的推动下,银行间市场成立了上海清算所,负责创新金融产品和金融衍生产品的登记托管和清算业务,并沿用了一级托管模式。由此形成了中债登、中证登、上清所三家一级托管机构分工合作的债券市场托管体系。

从具体业务来看,中证登负责交易所市场,成为为境内证券交易所提供证券托管、结算服务的唯一后台系统。在银行间债券市场,中债登和银行间市场清算所股份有限公司,负责在银行间债券市场发行和流通的国债、政策性金融债、一般金融债、次级债、地方政府债、企业债、中期票据、短期融资券、超短期融资券、资产支持证券等债种的登记与托管。不同机构间较为明确的机构分工格局已初步形成,这在一定程度上满足了不同层次投资者的差异化需求。

从债券市场板块情况看,近年来上交所立足股票市场融资和金融基础设施建设等综合优势,积极拓展交易所债券市场,并通过积极推行股债分离实现债券市场的专业化发展。根据上交所的统计,截至2015年12月底,上交所市场债券挂牌数量达4413只,较2014年底增加1813只,增幅达到69.7%;同期债券托管量达3.43万亿元,较2014年底增加1.14万亿元,增幅为50.0%。表8-5列示了截至2018年末上海证券交易所债券板块产品结构。

表8-5　上海证券交易所债券板块产品结构(2018年末)

债券现货	托管只数	托管市值(亿元)	托管面值(亿元)
国债	200	5 474.59	5 445.52
地方债	2 877	3 596.85	3 599.32
金融债	19	739.17	727.20
企业债	2 108	6 850.34	6 789.63
非公开发行公司债券	2 283	25 355.45	25 434.54
可交换债	65	1 338.91	1 342.88

债券现货	托管只数	托管市值（亿元）	托管面值（亿元）
公开发行公司债券	2 158	30 723.71	30 978.15
可转换公司债	50	1 156.47	1 110.74
资产支持证券	2 329	8 408.82	8 412.51
合计	12 089	83 644.31	83 840.49

资料来源：上海证券交易所。

第二节 资本市场功能

资本市场的建设与发展，归根结底是要为实体经济的发展提供金融服务，因此其核心功能在于服务实体经济，但由于资本市场的种类、层次、品种繁多，服务实体经济的方式方法、产品类别、运行机制存在很大差异，因此，资本市场的功能也表现出多样性。

一、国内外理论界关于金融市场功能的分析

近几十年来，在传统货币金融学获得巨大发展的同时，国内外学者对金融市场功能相关问题展开了新的探索。从现有文献来看，系统论述金融功能的应是Bodie & Merton(1993)和Merton & Bodie(1995)。博迪和莫顿(2000)将金融的核心功能归纳为6类：①便利资源在不同时空和不同主体之间的转移；②提供清算和结算支付的途径以完成交易；③为储备资源和在不同的企业中分割所有权提供有关机制；④提供管理风险的方法；⑤提供价格信息，帮助协调不同经济部门的决策；⑥解决信息不对称带来的激励问题。林毅夫(2003)提出，金融功能主要体现在三个方面，一是资金动员；二是资金配置；三是分散风险；白钦先和谭庆华(2006)将金融功能划分为基础功能、核心功能、扩展功能、衍生功能等，并得出金融功能扩展和提升的演进过程就是金融发展这一结论。这些金融功能观的提出都是基于金融市场而阐发的，因此可以在一定程度上理解为金融市场的功能。

在整个现代市场经济体系中,金融市场是最核心的组成部分之一,是贯穿、联系其他市场的纽带或其他市场的功能延伸。综合国内外理论研究的观点,金融市场的功能主要表现在如下几个方面:①有效动员和筹集资金,为社会化大生产特别是大规模定制提供金融支持;②合理配置和引导资金,促进资本集聚并向高效益领域配置;③灵活调度和转化资金,满足实体经济领域多元化资金需求;④分散风险与对冲不确定性,降低投融资机构的交易成本;⑤实施宏观调控与政府管制,增强政府财政货币政策的灵活性、操作性;⑥金融开放与国际合作,加强部门之间、地区之间和国家之间的经济往来。

二、上海资本市场的功能创新

(一) 资本市场功能在改革开放后发生了质的飞越

上海资本市场建设长期处于我国各省市前沿阵地,功能探索也自改革开放前较为单一的以基础功能与核心功能为主的结构逐渐向改革开放后的多元化、系统化、国际化的状态转变。在此过程中,既发生了金融体制由社会主义计划经济体制向社会主义市场经济体制转型的过程,也发生了资本市场由单一结构向多样化结构(包括市场机构的种类、参与资本市场的金融机构的产权性质)的转变,而资本市场规模也在改革开放后呈现出快速扩大的态势。改革开放前后上海资本市场的功能可概括如表 8-6 所示。

表 8-6 上海资本市场功能演化的四个层次对比特征

基础功能	改革开放前	支付与清算功能、服务功能(不强)、中介功能
	改革开放后	支付与清算功能、服务功能、中介功能
核心功能	改革开放前	资源集聚与配置功能(计划手段)
	改革开放后	资源集聚与配置功能(市场手段为主)
扩展功能	改革开放前	信用创造(软弱)、风险管理与规避(较弱)
	改革开放后	信用创造、风险管理与规避
衍生功能	改革开放前	资金监督(较弱)
	改革开放后	信息服务、衍生品投资功能、资金监督与激励、金融中心功能

资料来源:付辰,闫彦明.上海金融功能的演化:路径、特点和方向[J].上海经济研究,2011(5):117-125.

概括起来,上海资本市场功能的变化大体可以归纳为如下几个方面:一是市场功能不断深化,资本市场对实体经济的服务功能不断增强;二是资本市场功能结构更加细化,从早期的债券市场、股票市场逐渐发展到目前的市场板块不断细化、交易品种丰富多样,这使得传统的以基本功能与核心功能为主、功能较为单一的状态,已经逐渐向各层次功能共同发展、结构较为完善的状态转化;三是金融中心功能不断强化,伴随着资本市场的开放与外资金融机构的进入,上海金融业对周边乃至全国的金融腹地的辐射能级不断提高,金融国际化程度也在此过程中得以提高;四是资本市场功能更为合理化,上海资本市场发展从强烈的计划经济特色及市场功能缺位、财政功能越位等状态逐渐向规范化、合理化的状态转变。

(二) 资本市场功能拓展的案例分析

上海多层次资本市场在体系构建的过程中,伴随着市场功能的多元化拓展,特别是随着中国(上海)自由贸易试验区正式挂牌以来,激发了市场的开放、创新发展,以及市场功能的快速拓展。以下结合"沪港通"交易机制,对市场功能进行剖析。

1. "沪港通"交易机制的推出助推跨境投融资功能的提升

"沪港通"是指,上海证券交易所和香港联合交易所允许两地投资者通过当地证券公司(或经纪商)买卖规定范围内的对方交易所上市的股票,是沪港股票市场交易互联互通机制。在既有的金融监管框架下,由于我国实行较为严格的资本项目管制,内地股票市场一直以来未普遍向境外开放,仅允许外资通过合格的境外投资者(主要包括 QFII、RQFII 等)在额度范围内投资内地资本市场。"沪港通"的开通意味着资本市场对外开放进入了一个新的时期。因此,各界普遍对"沪港通"给予了较高的预期。

2014 年 11 月 17 日,"沪港通"正式开通。推出之初,根据"沪港通"制度安排,分为"港股通""沪股通"两个部分,都实行了额度限制,总额度为 5500 亿元人民币。其中"港股通"总额度为 2 500 亿元,每日额度为 105 亿元;"沪股通"总额度为 3 000 亿元,每日额度为 130 亿元。由于我国长期实现严格的资本项目管制,因此跨境投融资功能受到很大的约束,市场功能发挥的范围也主要限于国内。而"沪港通"的推出,则形成了类似"防火墙上面开了个闸门"的效果,即境内外资金可以通过"沪港通"在管制和监控的前提下,投资境内外股票市场。

"沪港通"的功能性主要体现在如下几个方面:

(1)"沪港通"交易机制为我国深化金融改革开放提供了良好的条件。创新是国际金融中心建设的生命力所在,而资本市场的创新更是金融中心建设的重中之重。在2014年度上海金融创新成果奖中,"沪港通"项目独享特等奖,获得了业界专家的一致认可。"沪港通"制度对我国深化金融市场改革开放,推动多层次资本市场体系建设具有非常重要的先导意义。从交易机制来看,"沪港通"双向交易都采用人民币作为结算货币,这对沪、港两地金融中心建设都有积极意义。一方面,有助于吸引大量境外人民币回流,推动内地资本市场繁荣发展,强化上海作为人民币价格形成中心、资产定价中心和支付清算中心的功能;另一方面,也有助于进一步强化香港作为境外人民币集聚并回流内地的枢纽功能,巩固香港人民币离岸金融中心的地位。这两方面结合起来,将对推动人民币资本项目可兑换产生重要支撑。

(2)深入开展自贸试验区金融开放创新,大力促进自贸试验区开放创新试点与上海国际金融中心的联动发展。《进一步推进中国(上海)自由贸易试验区金融开放创新试点　加快上海国际金融中心建设方案》是新时期党中央、国务院对上海加快金融开放创新、全面建设国际金融中心提出的战略要求和具体措施,其中多项条款均涉及金融市场开放问题。其中第五部分提出,推进面向国际的金融市场平台建设,拓宽境外投资者参与境内金融市场的渠道,提升金融市场配置境外资源的功能。第三十条也明确提出,支持上海证券交易所在总结"沪港通"经验的基础上,适应境内外投资者需求,完善交易规则和交易机制。同时,方案也明确提出,要大力促进自贸试验区开放创新试点与上海国际金融中心的联动,探索新途径、积累新经验,及时总结评估、适时复制推广。这些将是下一步上海深入推进金融市场开放创新,通过沪港合作进一步完善"沪港通"交易机制的行动纲领和重要依据。

(3)认真总结"沪港通"的运行经验,更好地为全国深化金融改革和扩大金融开放服务。2015年,李克强总理在有关会议上明确指出,"要将上海国际金融中心与自贸试验区金融改革试点相结合;要坚持金融改革的方向和决心始终不变;自贸试验区金融改革要把握节奏、分步实施""'沪港通'设计了阀门,较好地控制了规模和风险。要在总结'沪港通'经验基础上完善金融资产交易规则和机制"①。从"沪港通"多年来的运行情况看,随着内地与香港市场双向开放水平的提升,两地市

① 李克强主持召开国务院常务会议.[EB/OL].[2018-02-12].http://www.xinhuanet.com//politics/2015-10/21/c_1116897903.htm.

场联动性有所增强,投资者群体进一步融合。根据上海证券交易所的统计,2018年11月17日"沪港通"开通4年,其间"沪港通"制度在平稳运行的基础上,不断优化完善,累计成交金额已达10.31万亿元人民币。其中,"沪股通"累计共930个交易日,交易金额达6.05万亿元人民币,日均交易金额65.05亿元人民币;"港股通"累计共912个交易日,交易金额达4.27万亿元人民币,日均交易金额46.82亿元人民币。其平稳运行对助力A股顺利纳入MSCI指数、维护市场稳定起到了积极作用,也为探索中国内地资本市场与其他境外资本市场的互联互通提供了有益的经验和借鉴,如有助于"沪伦通"及未来的"沪台通""沪新通"等新交易机制的推出,为其他国家级金融市场发展提供了有益借鉴,从而促进全国深化金融改革和扩大金融开放服务。

2. 绿色债券助力环保产业发展与城市环境优化

绿色债券是近两年新兴的资本市场交易品种,最早的绿色债券是2007年欧洲投资银行发行的气候投资意识债券,其后的十余年中绿色债券由社会各界逐渐认知到当前的飞速发展,体现了人们对环境保护的高度重视。

(1) 理论探讨。2014年发布的《绿色债券原则》是国际上多家银行达成的自愿行为守则框架,对绿色债券认定、信息披露、管理和报告流程给予了界定。根据国际通行定义,绿色债券是为环境保护、可持续发展、气候减缓和适应项目而开展融资的债券,是近年来国际社会为应对气候环境变化开发的一种新型金融工具,具有清洁、绿色、期限长、成本低等显著特点。各国理论界、金融界学者专家围绕绿色债券业务开展了一些探索性研究。林龙跃、崔雪莱和黄佳妮(2014)、曹明弟(2015)、陈雯瑾和王虎云(2015)等探讨了绿色债券的设计原则、市场趋势及业务模式等,秦绪红(2015)对欧美发达国家推进绿色债券发展的主要做法进行了对比分析,并提出中国的启示。从这些研究成果看,主要集中在对各国国内绿色债券产品的发行与市场研究方面,对跨境发行相关产品的研究还缺乏系统性,但随着全球环境治理合作的深入推进,从国际比较、市场标准、合作开发等视角对绿色债券业务的相关研究也逐渐增多。如杨娉和马骏(2017)的研究指出,金融市场参与主体和种类繁多的非政府组织是推动英国绿色金融发展的主要力量,这是我国可以借鉴之处。杨少芬、赵晓斐等(2019)对比研究了国内外绿色金融统计制度,从绿色信贷、绿色债券、绿色基金、绿色股票和绿色保险5个维度提出构建我国绿色金融统计制度的观点。王树强和庞晶(2019)对比分析了中外绿色金融体系、市场监管机制等方面的差异,提出强化市场引导、改进融资项目遴选模式等建议。

（2）市场特性与功能。绿色债券是债券市场的一个新品种，具有清洁、绿色、期限长、专业性强、融资周期短、信用等级高、违约风险低等特点，其根本功能在于服务于环境保护、降低环保治理的成本。2007年欧洲投资银行发行气候投资意识债券，随后世界银行也发行了绿色债券，并将这一金融工具作为一种融资手段来减缓气候变化。自此之后，大多数绿色债券都是由 AAA 级的多边组织发行的。在全球加强气候与环境治理的背景下，绿色债券作为最前沿的金融创新产品，得到了各国的高度认可。其内在机理主要在于，以较低的融资成本为绿色信贷和投资提供资金来源，并减少期限错配的风险，进而为环境治理提供更为廉价、高效的金融支持。相比较银行贷款而言，绿色债券在支持一些中长期的绿色项目方面具有天然优势。

从国内绿色债券市场的规模来看，随着绿色发展理念广泛推行，使得相关产品与业务多年来始终保持快速发展，目前已位列全球第 2（见图 8-3）。根据中国债券信息网的统计，2018 年符合国际定义的中国绿色债券占全球发行量的18%，与上年的 1 578 亿元人民币相比，激增了 33%[①]。

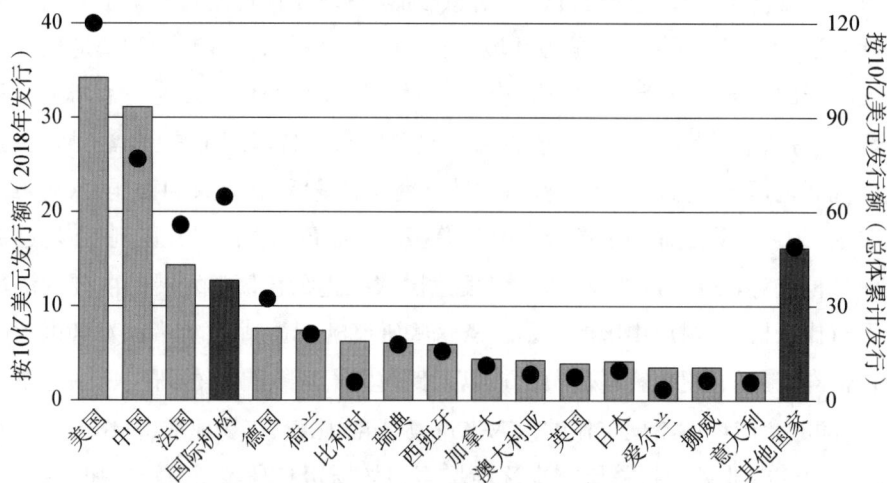

图 8-3　2018 年全球主要绿色债券市场规模

注：左轴：2018 年发行，柱状图；右轴：总体累计发行，点状图。

资料来源：气候债券倡议组织，中央国债登记结算有限责任公司. 中国绿色债券市场 2018［EB/OL］.［2019－03－18］. http://www. 360doc. com/content/19/0318/13/39103730_822422606. shtml.

---

① 气候债券倡议组织，中央国债登记结算有限责任公司. 中国绿色债券市场 2018［EB/OL］.［2019－03－18］. http://www. 360doc. com/content/19/0318/13/39103730_822422606. shtml.

从具体产品类型看,绿色债券主要包括零息债券、常规抵押债券和与碳排放价格等相关指数关联债券三类。零息债券期限通常较长,为 10 年左右,并且到期前不支付利息,但需要政府做担保。常规抵押债券适合符合减排技术的新能源公司(如太阳能公司),通过出售生产出来的新能源,获得较为稳定的现金流,通常应达到 AAA 评级。与碳排放价格等相关指数关联债券是将碳减排目标、新能源发电的上网价格、国内化石燃料价格或者碳交易市场的价格与债券利率的设定相联系。一种类型是当政府没有达到减排目标或者减排带来的碳交易价格没有达到政府承诺的价格时,政府应当支付更多利息。另一种类型是将债券利率分为固定利率和浮动利率两个部分,浮动利率取决于贷款公司从碳交易市场获得的收益。进一步从发行场所看,2018 年,我国近 3/4 的绿色债券在中国银行间债券市场上发行;而一些上市企业和非上市企业所发行的绿色债券,以及绿色 ABS 多在上海证券交易所和深圳证券交易所市场发行。值得关注的是,随着债券市场的开放,一些离岸绿色债券产品不断出现。如 2018 年就有 14 家发行人通过离岸绿色债券筹集了总计 95 亿美元的资金,包括工商银行伦敦分行发行的 15.8 亿美元的认证气候债券,其所筹集的款项将被用于为中国不同省份和巴基斯坦的多个陆上风电和太阳能发电场、苏格兰的风电场项目融资。

由于绿色债券的发展与金融市场具有极强的联动性,因此上海在绿色债券领域也具有较强的领先地位。继中国人民银行发布《关于绿色金融债券的公告及支持目录》(2015 年第 39 号)、国家发展改革委发布《关于绿色债券发行指引的通知》(发改办财金〔2015〕3504 号)等重要文件之后,上海证券交易所于 2016 年初发布《关于开展绿色公司债券的通知》(上证发〔2016〕13 号),为绿色债券提供"绿色通道"等更多政策支持,并适时发布绿色债券指数,建立绿色债券板块,积极引导债券市场支持绿色产业。2018 年 8 月,针对绿色债券及相关产品的资金投向等问题,上海证券交易所发布公告对其平台上列出的绿色债券和绿色 ABS 的监管要求作出解释:允许发行人在绿色产业领域营业收入占比超过 50% 的前提条件下,可不对应具体绿色项目发行绿色公司债券。但这一规定要求至少 70% 的绿色债券募集资金用于绿色行业,这将进一步促进相关债券产品投向绿色发展领域。在金融机构层面,2016 年 1 月 20 日,浦发银行发布公告,获得人民银行批文,发行不超过 500 亿元人民币的绿色债券,首期发行 200 亿元,3 年期,利率为 2.95%。根据浦发银行有关信息,该轮绿色债券募集资金专项用于支持绿色产业发展,储备绿色产业项目 49 个,涵盖节能、清洁能源、污染防治、生态保护和适应气候变化、资源节约与循环利用等领域,符合人民银行等部门确定的绿色债券支持项目目录等要求。为了推动绿色债券业务的规范发展,浦发银行还积极探索体制机制的创新。如总行成立了行内绿色债券发行工作小组,全流程一体化,帮助企业实现融资成本最优惠;又如建立总分支行联动机制,协助企业实现债权杠杆融资;再如依托碳金融指数,创新国内首只碳债券——中广核风电附加碳收益中期票据。这些举措的目的都是围绕中央提出的"绿色发展"理念而进行的业务探索,其结果是激发了资本市场与信贷市场的联动发展,推动资本市场功能的创新。在市场定价方面,为了提升"上海价格"的国际影响力,2018年9月,中央结算公司所属中债金融估值中心有限公司与卢森堡证券交易所(简称卢交所)就中债绿色系列债券指数在卢交所首次发布举行签约仪式。此次在卢交所发布的3只绿色债券指数包括"中债—中国绿色债券指数""中债—中国绿色债券精选指数"和"中债—中国气候相关债券指数"。其中前两个指数由中央结算公司与中节能咨询公司合作编制,为国内首批绿债指数;后一个指数由该公司与国际气候债券倡议组织、中节能咨询公司合作编制,并于2017年3月荣获国际气候债券倡议组织颁发的全球首只非贴标绿债指数证书。此举是上海绿色金融发展历程中的标志性事件,将对提升中国绿色债券的国际影响力产生积极作用。

第三节　资本市场结构创新

从国际资本市场的发展经验看,市场结构大体呈现从单一层次向多层次演化、从"大一统"市场向细分化市场板块发展的趋势,如纽约证券交易所、美国全国证券交易商协会自动报价表(即纳斯达克)构成了类似主板、科技创新板的差异化市场结构。21世纪以来美国资本市场结构进一步创新发展,如2006年2月,纳斯达克宣布将股票市场分为3个层次:纳斯达克全球精选市场、纳斯达克全球市场(即原来的纳斯达克全国市场)、纳斯达克资本市场(即原来的纳斯达克小型股市场),通过优化市场结构,吸引不同层次的企业上市。

上海依托银行间同业拆借中心、上海证券交易所、区域性股权交易市场等平台,近年来也在积极推动资本市场结构创新。通过既有市场结构优化、新市场平台持续集聚,上海资本市场不断发展壮大。根据上海市金融工作局的统计,2018年上海金融市场直接融资额达 9.6 万亿元,全国直接融资总额中的 85% 来自上海金融市场,从而对全国实体经济发展形成了重要的推动力。

一、政策支持

为贯彻落实国务院发布的《关于进一步促进资本市场健康发展的若干意见》(即"新国九条"),2014 年 9 月,上海市发布实施了《关于本市进一步促进资本市场健康发展的实施意见》(沪府发〔2014〕56 号),明确提出,"要充分发挥和强化上海证券交易所在股票市场中的重要作用。支持上海证券交易所壮大主板市场,做大、做强、做活蓝筹股市场,增加市场内部层次""充分发挥银行间债券市场、交易所债券市场的作用。支持银行间债券市场和交易所债券市场协同发展,推进市场间的交叉挂牌及自主转托管机制,促进债券跨市场流转"。2015 年 10 月 30 日,中国人民银行会同商务部、银监会、证监会、保监会、国家外汇管理局和上海市人民政府,联合印发《进一步推进中国(上海)自由贸易试验区金融开放创新试点 加快上海国际金融中心建设方案》,其被称为"新阶段深化上海自贸试验区和上海国际金融中心建设的纲领性文件",强调通过改革开放推动资本市场结构创新:支持上海证券交易所在自贸试验区设立国际金融资产交易平台,有序引入境外长期资金逐步参与境内股票、债券、基金等市场,探索引入境外机构投资者参与境内新股发行询价配售,等等。

二、实践创新

近些年,上海初步形成了涵盖股票、债券、股权投资等在内的多层次资本市场体系,特别是股票、债券市场的规模在全球跻身前列,并在功能与业务创新方面保持很强的活力。

(一)股票市场:科创板与注册制

长期以来,我国股票市场推行的是发行审核制,由证券业监管部门及发审委对企业首次发行股票或再融资行为进行严格审核,虽然通过层层审核从而在一定程度上保障上市公司质量,但同时也存在发审效率较低、寻租行为难以规避、财务数据造假等弊端。从发达国家的情况看,注册制推行已久,如美国沿用了大半个世纪的"1933年证券法",将证券首次公开发行注册制作为重要制度,核心在于严格的信息披露制度,负责实质性审核的主体不仅是政府监管机构,交易所、会所、律所、券商等也都承担了部分实质审核的任务[1],目的是为了增强市场透明度、规范信息披露行为、保护投资者权益。

我国探索注册制并非一朝一夕,在2015年政府工作报告中就已经提出"加强多层次资本市场体系建设,实施股票发行注册制改革"的改革目标,然而目标提出到最终落地还是经历了曲折的探索过程。直到2018年11月,首届中国国际进口博览会在上海开幕,国家主席习近平出席开幕式并发表主旨演讲,提到将在上海证券交易所设立科创板并试点注册制,支持上海国际金融中心和科技创新中心建设,不断完善资本市场基础制度。这也成为注册制推出的标志性节点。随后,经过近9个月的系统筹备,这一重大改革任务在上海证券交易所顺利落地实施。2019年7月22日,科创板首批25家公司在上海证券交易所挂牌上市交易,标志着设立科创板并试点注册制这一重大改革任务正式落地。科创板的推出,不仅意味着资本市场将迎来一个全新的版块,更是标志着我国资本市场制度、法律体系建设步入了一个新的阶段。根据上海证券交易所发布的信息,与传统的主板交易机制不同,科创板引入了一系列创新交易机制安排(见表8-7)。

表8-7 科创板交易机制主要创新点

涉及机制	创新要点	延伸分析
放开/放宽涨跌幅限制	科创板股票上市前5日不设涨跌幅限制,之后每日涨跌幅由主板的10%放宽至20%	主要目的是为了让市场充分博弈,尽快形成均衡价格,提高定价效率。同时需高度关注:在新股上市初期,股票日内波动可能会较主板显著加大,因此具有较高风险性
引入价格申报范围限制	在连续竞价阶段,限价申报的买入申报价格不得高于买入基准价格的102%;卖出申报价格不得低于卖出基准价格的98%	因价格变动较快以及行情延迟等原因,部分投资者填报的订单价格可能会因超出上述价格申报范围而出现废单。若投资者希望尽快成交,可考虑使用本方最优或者对手方最优市价订单

---

[1] 根据规定,上海证券交易所设立独立的审核部门,负责审核发行人公开发行并上市申请;设立科技创新咨询委员会,负责为科创板建设和发行上市审核提供专业咨询和政策建议;设立科创板股票上市委员会,负责对审核部门出具的审核报告和发行人的申请文件提出审议意见。

（续表）

涉及机制	创新要点	延伸分析
优化盘中临时停牌机制	结合科创板企业特点,对临时停牌机制进行了优化:一是放宽临时停牌的触发阈值,从10%和20%分别提高至30%和60%,以避免上市首日频繁触发停牌;二是将两次停牌的持续时间均缩短至10分钟	在盘中临时停牌期间,投资者可以继续申报或撤单,但是不会实时揭示行情。停牌结束后,交易所会对现有订单集中撮合
市价订单设置了保护限价	投资者下市价订单时必须同步输入保护限价,否则该笔订单无效	对市价订单设置限价保护主要出于以下两点考虑:一是在市场流动性差的情况下,可以防范因市价订单带来的价格大幅波动,也为投资者控制下单成本提供了保护工具;二是有助于券商在无价格涨跌幅限制的情形下,对市价订单作资金前端控制
盘后固定价格交易	新增两类市价订单类型	优化了融券机制,提高了最小报单数量

资料来源:根据上交所公开信息整理。

科创板、注册制的推出,其创新点不仅在于 IPO 审核、信息披露与交易机制等方面,同时科创板的上市条件也更具包容性、涵盖范围更广。目前,A 股上市以持续盈利为必要条件,以市盈率为核心指标,从而将亏损企业排除在外,对资本市场功能带来较大局限性。参考发达市场的经验,科创板打破了"唯市盈率论"理念[①],设立了 5 套上市条件,考虑市值因素并进行多维度审视,有助于适应不同发展模式、不同发展阶段的科创企业,更好发挥资本市场服务实体经济作用。根据《上海证券交易所科创板股票上市规则》,相关标准可概括如表 8 - 8所示。

表 8 - 8 科创板上市标准和条件

预计市值不低于10亿元人民币	最近两年净利润均为正且累计净利润不低于 5 000 万元人民币,或最近一年净利润为正且营业收入不低于 1 亿元人民币
预计市值不低于15亿元人民币	最近一年营业收入不低于 2 亿元人民币,且最近三年研发投入合计占最近三年营业收入的比例不低于 15%

[①] 例如,根据上交所 2019 年 7 月 25 日的统计数据,科创板 25 家企业的平均市盈率为 82.65,体现出市场对高成长性风险溢价的认可。

（续表）

预计市值不低于 20亿元人民币	最近一年营业收入不低于3亿元人民币,且最近3年经营活动产生的现金流量净额累计不低于1亿元人民币
预计市值不低于 30亿元人民币	最近一年营业收入不低于3亿元人民币
预计市值不低于 40亿元人民币	主要业务或产品需经国家有关部门批准,市场空间大,目前已取得阶段性成果,并获得知名投资机构一定金额的投资。 医药行业企业需取得至少一项一类新药二期临床试验批件,其他符合科创板定位的企业需具备明显的技术优势并满足相应条件

注:发行人申请在科创板上市,市值及财务指标应当至少符合上述标准中的一项。
资料来源:根据上交所公开信息整理。

(二)债券市场：全球第二大市场的创新实践

在西方发达国家,债券市场是直接融资为服务途径的资本市场体系中极为重要的组成部分,体现了参与者广泛、市场效率较高等特点,并形成了"债券大于股票"的市场格局。如美国债券市场2012年存量达到38.14万亿美元,约相当于美国股票市值的1.2倍,占其GDP的比重为243.20%[①]。与发达经济体不同,在21世纪以前,我国的资本市场结构长期呈现出"重股票、轻债券"的特点,主要与债券市场发育不充分、市场结构分割、债券产品创新不够活跃等有关系,但近年来随着债券市场政策环境不断优化,市场活力不断被激发出来,原有格局得到了根本性改观。例如,从市场存量规模来看,我国债券市场的主体是银行间债券市场,自1997年正式组建以来,一方面市场规模呈现出稳步上升的趋势,这可以从中央结算公司历年债券托管量增长情况清晰反映出来。截至2018年末,托管于中央结算公司的债券存量规模达到57.62万亿元(见图8-4),20余年来"一路上行"。其托管券种涵盖了我国近100%的国债、地方债、政策性银行债等高信用等级利率债,也包括企业债、商业银行债、二级资本工具、政府支持机构债券、中期票据、资产支持证券等信用类债券。从交易情况看,2018年,中央结算公司完成债券结算666.0万亿元,同比增长17.1%;券款兑付(DVP)资金结算达到1241.2万亿元(见图8-5),同比增长20.5%,这也反映出我国债券市场交易持续活跃。

---

① 荣艺华,朱永行. 美国债券市场发展的阶段性特征及主要作用[J]. 债券,2015(3).

(万亿元)

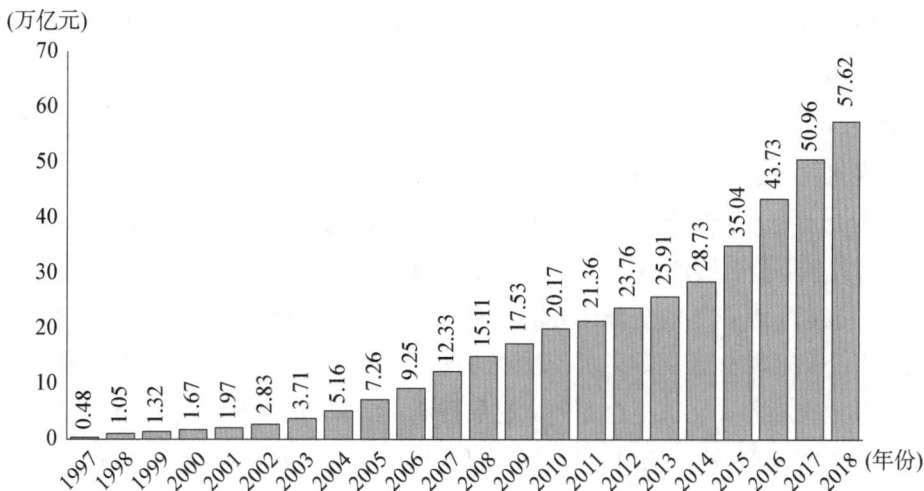

图 8-4　历年债券托管量(中央结算公司部分)

资料来源：中国债券信息网，https://www.chinabond.com.cn/。

(万亿元)

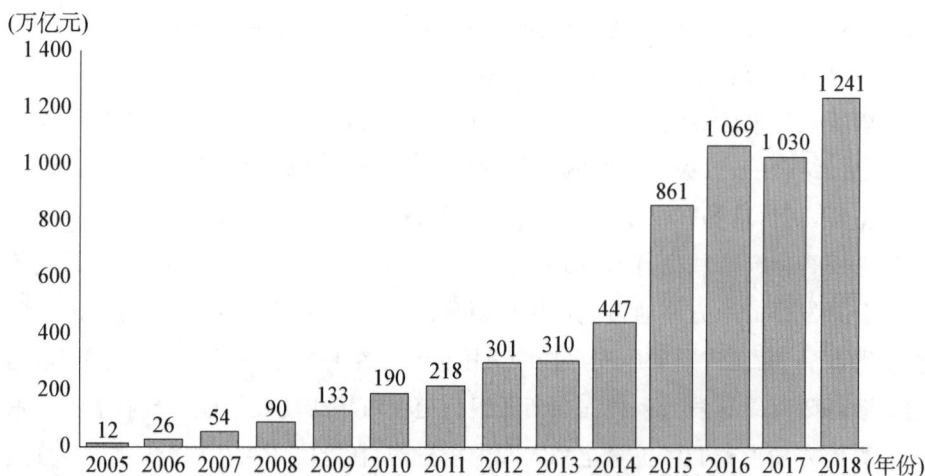

图 8-5　债券市场 DVP 资金结算量(中央结算公司部分)

资料来源：中国债券信息网，https://www.chinabond.com.cn/。

　　另一方面市场分层不断拓展，除了仅机构投资者参与的批发市场，还发展了面向广大个人投资者的商业银行柜台市场，可以看作是银行间债券市场向零售领域的延伸。由此形成立体化、多层次的债券市场，促进直接融资比重的提升。2016 年 2 月，中国人民银行发布《全国银行间债券市场柜台业务管理办法》，对柜台债券业务作出全面、详细的界定。根据该办法，全国银行间债券市场柜台业务(简称柜台业务)是指金融机构通过其营业网点、电子渠道等方式为投资者开立债券账户、分销债券、开展债券交易提供服务,并相应办理债券托管与结算、质押登记、代理本息兑付、提供查询等。从柜台业务投资者来看,既包括符合规定的金融机构、投资公司及其他投资管理机构,也包括净资产不低于人民币1000万元的企业与符合规定的个人投资者,其中个人投资者门槛为:年收入不低于50万元,名下金融资产不少于300万元,具有两年以上证券投资经验的个人投资者可投资柜台业务的全部债券品种和交易品种。从柜台业务交易方式看,柜台业务交易品种包括现券买卖、质押式回购、买断式回购以及经中国人民银行认可的其他交易方式。从柜台业务交易品种看,当时的债券品种包括经发行人认可的已发行国债、地方政府债券、国家开发银行债券、政策性银行债券和发行对象包括柜台业务投资者的新发行债券。这些产品按照大类大体可归纳为储蓄国债和柜台流通式债券两类业务,根据中央结算公司的统计,2018年我国柜台流通式债券共发行债券1361亿元,同比增长216%;记账式国债发行量54亿元,同比呈现激增态势。从交易规模看,2018年柜台流通式债券交易量达到1320亿元,同比增长约440%,可以看出目前处于交投活跃的状况。

随着近年来债券的持续发展,地方债从存量规模看已快速崛起为第一大债券产品。结合一、二级市场发展情况,在人民银行与财政部门牵头下,经过深入调研论证,柜台市场迎来新的交易品种。2019年2月,财政部发布《关于开展通过商业银行柜台市场发行地方政府债券工作的通知》(财库〔2019〕11号),明确提出公开发行的地方债通过商业银行柜台市场发行的相关要求。3月22日,宁波市财政局、浙江省财政厅先后在中央国债登记结算有限责任公司上海总部,通过财政部政府债券发行系统面向商业银行柜台市场成功发行地方政府债券。这标志着地方债投资群体扩容至个人和中小机构,在落实中央积极财政政策、推进地方债投资者主体多元化方面具有重要意义。

(三) 区域性股权市场:探索建立服务科创企业的科技创新板

上海股权托管交易中心(简称上股交)是经国务院同意,由上海市人民政府批准设立,遵循中国证监会对中国多层次资本市场体系建设的统一要求而设立的区域性股权交易场所,并具有场外交易市场特征。经过多年经营,上股交形成了"一市三板"的分层格局,分为Q板、E板、科技创新板(N板),目前总挂牌家数达到9670家,在服务实体经济发展方面发挥了积极作用(见图8-6)。

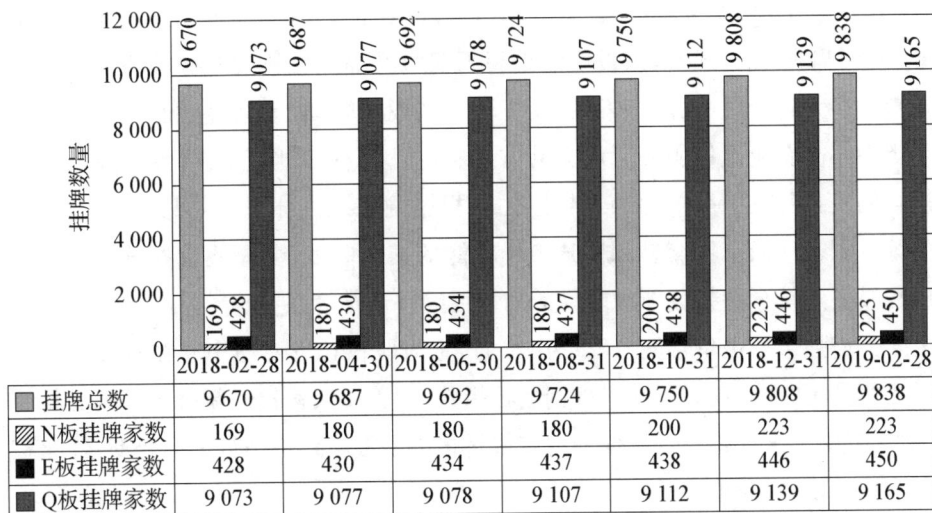

	2018-02-28	2018-04-30	2018-06-30	2018-08-31	2018-10-31	2018-12-31	2019-02-28
■ 挂牌总数	9 670	9 687	9 692	9 724	9 750	9 808	9 838
▨ N板挂牌家数	169	180	180	180	200	223	223
■ E板挂牌家数	428	430	434	437	438	446	450
■ Q板挂牌家数	9 073	9 077	9 078	9 107	9 112	9 139	9 165

图 8 - 6　上海股权托管交易中心"一市三板"运营情况

资料来源：上海股权托管交易中心. 上海股交中心（双月刊）［EB/OL］.［2019 - 03 - 01］. https://www.china-see. com/countStudy. do? articleType＝centerBook.

　　2015 年 12 月 28 日,作为区域性股权交易市场的上海股权托管交易中心科技创新板正式开盘。根据上海市政府发布的信息,科技创新板建设既是上海国际金融中心建设的重要内容,也是金融支持科技创新中心建设的重要举措,将致力于为科技型、创新型中小微实体企业提供融资、交易、重组并购等综合金融服务。在科技创新板开板仪式上,首批共有 27 家企业成功挂牌,这些企业均具有明确的科创导向：有 21 家是科技型企业,6 家是创新型企业。企业的区域分布也具有突出特点：张江"一区 22 园"内企业有 20 家,其中 10 家位于张江核心园;行业上分布于互联网、生物医药、再生资源、3D 打印等 13 个新兴行业。首批挂牌企业的业绩也是小微企业中的佼佼者：27 家企业的平均股本为 1 944 万元,2014 年平均营业收入为 2 272 万元,平均净利润达 123 万元,各项指标状况良好。

　　从市场导向上看,科技创新板是为贯彻落实国家创新驱动发展战略,推进上海建设具有全球影响力的科技创新中心,有效缓解科创型中小微企业融资难问题,所进行的资本市场重要创新。从市场的细分定位看,该板块是服务于科技型、创新型中小微企业的专业化市场板块,并致力于为上交所、全国股转系统（新三板）等相关多层次资本市场孵化培育企业资源。从服务对象看,科技创新板重点面向尚未进入成熟期但具有较好的成长潜力,运作较为规范,具有较为显著

"四新经济(新技术、新业态、新模式、新产业)"特征的科创类中小微企业提供服务。从金融服务方式看,该板块注重利用互联网等金融科技服务手段为挂牌企业提供多元化金融服务,探索以"投贷联动""投保联动"等新金融服务方式为科创类中小微企业提供服务。从交易方式看,挂牌企业采取非公开发行股份方式进行融资,股份交易采取协议转让方式,根据国家统一部署,不断探索完善做市商等有利于活跃市场交易和提升市场功能的交易制度,上海股权托管交易中心还积极搭建符合科技创新板交易活动特征的登记结算系统。

为增强市场定价功能,2017年12月,上海股权托管交易中心在科技创新板开盘两周年之际,正式发布科技创新板指数,用于反映科技创新板每日的交易情况,这有助于市场参与者更便利地掌握科技创新板股票价格行情的变动,优化资金配置策略,增强市场透明度。

综合来看,我国资本市场经过30余年的发展,已经形成了体系完备、规模领先、层次形态多样、功能逐渐增强的发展格局,其中债券、股票等市场规模均已跻身全球市场前列。各市场平台与金融基础设施在发展中,注重制度不断完善,服务及产品的持续创新,在支持国民经济发展中的作用日渐提升。而上海作为全国金融要素市场集聚程度最高的地区之一,也在自身发展壮大中,不断强化其辐射带动功能,对全国现代资本市场体系建设发挥了重要的先导作用。

第九章

金融国际化创新

在现代金融体系中,大量的金融活动是跨越本土市场的空间范围而开展的,由此推动了金融国际化创新与发展,其中涉及货币国际化、金融市场交易国际化与金融资源的跨境流动等诸多领域。在金融科技的推动下,近些年来金融国际化创新更趋活跃,如比特币及相关经济金融交易甚至突破了传统金融监管的边界,由此带来新的挑战。因此,金融国际化创新一方面源于本土金融实践,另一方面又因为其更具灵活性而对国际国内金融监管带来冲击,推动着全球金融体系的变革。由于独特的区位优势与金融产业基础,上海金融中心建设长期以来始终处于我国的前沿阵地,2013 年 9 月中国(上海)自由贸易试验区的正式挂牌运营,随后推出的"沪港通""沪伦通""上海金""原油期货"与债券市场"全球通"①等一系列重要创新,则为上海迈向国际金融中心提供了持续的动能。以上海相对完善的金融市场体系及上海自贸试验区等为市场和空间载体,上海金融国际化创新呈现加速态势。

---

① 中国人民银行公告〔2016〕第 3 号是我国银行间债券市场全面对外开放的里程碑文件,也标志着我国债券市场步入"全球通"的新阶段。该文件明确规定:"商业银行、保险公司、证券公司、基金管理公司及其他资产管理机构等依法在境外注册成立的金融机构,以及上述金融机构依法合规面向客户发行的投资产品,以及养老基金、慈善基金、捐赠基金等中国人民银行认可的其他中长期机构投资者,在银行间债券市场开展债券现券等经中国人民银行许可的交易。"

第一节　上海国际金融中心的功能定位
——人民币产品市场发展

党的十八大以来，一系列中央文件对我国金融业开放作出全面部署。党的十八届三中全会发布的《中共中央关于全面深化改革若干重大问题的决定》明确提出，全面深化改革，要加快完善现代市场体系，扩大金融业对内对外开放。《中共中央关于制定国民经济和社会发展第十三个五年规划的建议》进一步对扩大金融业对内对外开放提出全面要求，有序实现人民币资本项目可兑换，推动人民币加入特别提款权，成为可兑换、可自由使用货币；有序实现资本项目可兑换，进一步推动人民币国际化，2020年末人民币跨境收支占我国本外币全部跨境收支比例超过三分之一。党的十九大报告提出"推动形成全面开放新格局"的新战略要求。中国人民银行等八部委于2019年1月联合印发的《上海国际金融中心建设行动计划（2018—2020年）》提出了"五个坚持"的指导思想，首先就是"坚持以人民币产品市场建设为重点"；在建设目标方面，细化为建设人民币跨境投融资服务中心，全球人民币资产定价、支付清算中心等，这些方面都紧密依托于各类型的金融要素市场。在新一轮的金融业开放进程中，人民币国际化与上海国际金融中心建设将深度融合，并助推上海成为全球最大的在岸人民币产品市场。

一、上海是全球最大的人民币在岸金融中心

我国金融国际化发展，归根结底依赖于金融市场的国际化发展，上海近些年来在中央的战略部署下持续加大开放力度，取得了举世瞩目的成就。根据全球影响力最大的英国智库Z/Yen集团的评价，上海营商环境、人力资本、基础设施、声誉条件优异，得到了国际同业的高度赞誉和认可。

上海通过大力引进各类外资金融机构，使得陆家嘴、外滩等金融集聚区成为我国金融业对外开放的亮丽"名片"，国际知名度日渐提升。从吸引外资机构情况看，上海已成为外资金融机构在华主要集聚地。截至2018年底，在沪各类外资金融机构总数达502家，占上海金融机构总数的比例超过30%。总部在沪的外资法人银行占境内总数达半数以上，近半数合资基金管理公司、外资保险公司

落户上海。这些外资金融机构的落地,不仅带来了资金、人才,也带来了新的理念、制度与信息,对激发在岸金融市场活力产生了积极作用。

经过多年的持续建设,上海已经集聚了股票、债券、货币、外汇、期货、黄金、票据、保险、信托等各类全国性金融要素市场,功能齐备的多层次金融市场体系已初步形成。2017 年 12 月,中央国债登记结算有限责任公司上海总部落户浦东;2018 年 5 月,人民币跨境支付系统(CIPS)二期全面投产,这些标志着上海金融基础设施体系不断完善,逐步形成了包括交易、清算、结算、支付等在内的完整金融生态链,人民币在岸市场架构日趋完备。

根据上海市地方金融监督管理局有关分析,目前上海金融要素市场(含前台交易场所与后台金融基础设施)数量已达 13 家,形成了"7+5+1"的市场架构(见图 9-1)。"7"即国家级金融要素市场,包括中国外汇交易中心暨全国银行间同业拆借中心、上海证券交易所、上海期货交易所、中国金融期货交易所、上海黄金交易所、上海票据交易所、上海保险交易所;"5"即体现交易后台特点的各类金融基础设施,包括中央国债登记结算公司(上海总部)、中国证券登记结算上海分公司、上海清算所、跨境银行间支付清算(上海)公司、中国信托登记有限责任公司;"1"即上海市地方管辖的区域股权交易平台——上海股权托管交易中心。

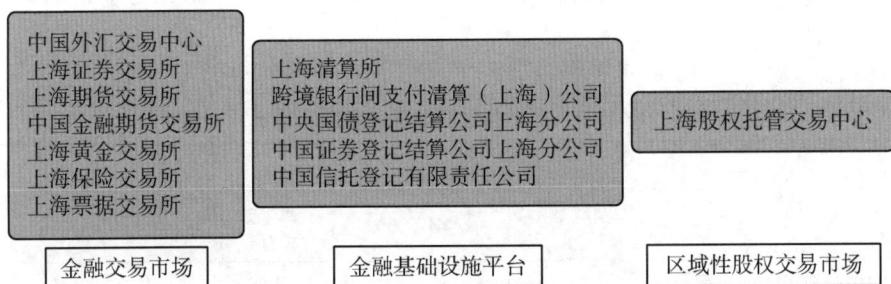

中国外汇交易中心
上海证券交易所
上海期货交易所
中国金融期货交易所
上海黄金交易所
上海保险交易所
上海票据交易所

上海清算所
跨境银行间支付清算（上海）公司
中央国债登记结算公司上海分公司
中国证券登记结算公司上海分公司
中国信托登记有限责任公司

上海股权托管交易中心

金融交易市场　　　　　金融基础设施平台　　　　区域性股权交易市场

图 9-1　"7+5+1"人民币在岸金融市场体系

伴随上海国际金融中心建设历程,上海金融要素市场大体实现了三个"转变":一是从无到有、从小到大的转变;二是市场功能从单一到多元的转变;三是市场资源配置从面向国内到国际化的转变。国际化主要是指证券"沪港通""沪伦通"、债市"全球通""债券通"、黄金国际板与以人民币计价"上海金"业务、国际能源交易中心与以人民币计价的原油期货等重要市场创新举措的启动,为各类境外机构和投资者参与上海金融市场开辟了多种渠道。因此同时,体系齐全、种类丰富的现代化金融要素市场与基础设施的高度集聚,推动我国债券、股票等构成的资本市场在全球名列前茅。根据上海市地方金融监督管理局对于 2018 年上海金融市场的有关统计,上海金融市场成交总额达 1645.8 万亿元,是 10 年前的近 10 倍,同比增长 15.2%;直接融资额达 9.6 万亿元,是 10 年前的 4 倍,同比增长 25.8%,占全国直接融资总额的 85% 以上。股票、债券、期货、黄金等金融市场国际排名显著提升,多个品种交易量位居全球前列。其中,债券市场规模于 2018 年底首次超越日本位列全球第二;上海证券市场股票筹资总额位居全球第二,股票市值位居全球第四;上海期货交易所螺纹钢、铜、天然橡胶等多个品种交易量位居全球第一。

在国家战略支持、金融市场集聚、外资扎堆落户等多重因素交互作用下,上海逐渐加强了在岸金融市场与离岸金融市场的联动发展。特别是自 2009 年我国启动了跨境贸易人民币结算试点之后,人民币国际化进程显著提速,人民币国际地位有所上升。中国(上海)自由贸易试验区自 2013 年 9 月挂牌以来,在上海自贸区先行先试的 30 多项金融制度已复制推广至全国或其他自贸试验区,其作为全国改革开放排头兵的作用得到了体现。进一步看,在上述各因素的共同支持下,上海已经成为全球最大的人民币在岸金融中心,后文将深入阐述各金融要素市场近年来开展的重要创新举措。表 9-1 大体反映了 5 个交易平台的交易量变动情况。

表 9-1 上海各金融要素市场交易情况

交易所	2017 年		2018 年	
	成交金额(万亿元)	占比(%)	成交金额(万亿元)	占比(%)
中国外汇交易中心	953.7	70.7	1261.8	78.5
上海证券交易所	51.1	3.8	40.3	2.5
中国金融期货交易所	306.3	22.7	264.2	16.4
上海期货交易所	17.9	1.3	18.8	1.2
上海黄金交易所	19.52	1.4	21.32	1.3
合计	1348.52	100	1606.42	100

注:① 根据上海各金融要素市场官网公布的信息整理而成,未经官方核准。② 中国外汇交易中心数据为本币市场、外汇市场两个部分的合计数;上海证券交易所数据为股票、债券、基金三个部分的合计数;中国金融期货交易所数据为股指市场和国债市场两个部分的合计数;上海期货交易所数据为双边统计,其中 2018 年包括衍生品产品铜期权的交易数据。

　　近年来,各交易场所的国际排名得到了总体提升,特别是在交易量、市场存量、投资者数量等指标方面,在全球居领先地位。但正如《上海国际金融中心建设行动计划(2018—2020 年)》所指出的,对标全球,上海国际金融中心建设还面临诸多挑战,存在一些短板,主要是:大而不强,市场功能齐全、交易量大,但产品不够丰富,并在整体上缺乏全球性的市场定价权和话语权;对外开放和国际化程度需进一步提高,作为全球投资、融资中心的作用发挥不够,国际影响力不足;吸引金融人才集聚的金融发展软环境需进一步优化等。因此,在做大做强金融市场"硬件"的同时,深入探索对标海外规则、加强制度建设、提升市场功能、扩大国际影响等"软件"方面,是当前金融市场国际化发展的重要任务。

二、上海金融市场的人民币定价功能有所提升

　　近年来,上海国际金融中心建设取得了重要进展,按照官方的表述,目前已基本确立了以金融市场体系为核心的国内金融中心地位,初步形成了全球性人民币产品创新、交易、定价和清算中心。尤其在人民币定价功能方面,上海金融市场多年来的创新发展产生了显著成效,推动了人民币债券、股票等重要市场行情纳入全球主要指数系列。

(一) 人民币纳入 SDR 货币篮子,采用中国国债收益率作为价格基准

　　国际货币基金组织(IMF)是第二次世界大战以后在全球金融领域发挥极其重要的协调、管理作用的国际金融组织,其于 1969 年所创立的特别提款权(special drawing rights,SDR)是各国兑换"可自由使用"货币的权利,作为一种补充性储备资产,与黄金、外汇等其他储备资产共同构成国际储备。这也意味着,国际货币基金组织的各成员国能以人民币借入贷款或偿还贷款。

　　2016 年 9 月 30 日,IMF 宣布纳入人民币的特别提款权新货币篮子于 10 月1 日正式生效,其在声明中提出,这反映了人民币在国际货币体系中不断上升的地位。次年,在 10 月 1 日生效的最新特别提款权储备货币篮子中,包括人民币、美元、欧元、英镑和日元等货币。在货币篮子中,人民币的加权比例为 11% 左右,仅低于美元和欧元。能够纳入 SDR 货币篮子,是各国货币金融和经济实力的综合体现。

　　值得关注的是,IMF 将人民币纳入 SDR 的过程中,对采用何种利率作为价

格基准进行了反复比选。这要综合考虑价格的客观性、准确性、及时性及期限因素等,并在 Shibor 等货币市场代表性价格与国债收益率等债券市场代表性价格之间进行考量,最终选定由中央国债登记结算有限责任公司编制发布的 3 个月期限国债收益率作为入篮价格,这也在很大程度上参考了国际惯例。

(二) A 股纳入 MSCI 新兴市场指数

2017 年 6 月,明晟公司(Morgan Stanley Capital International,MSCI)宣布将中国 A 股正式加入其新兴市场指数以及全球指数,随后进入了为期近 1 年的准备期。2018 年 5 月 31 日收盘后,A 股正式加入 MSCI 新兴市场指数。这是自 2013 年 6 月 MSCI 启动 A 股纳入 MSCI 新兴市场指数全球征询后的首次正式纳入。

表 9 - 2 A 股纳入 MSCI 新兴市场指数的过程

时间	进程
2013 年	首次入选 MSCI"潜在升级市场观察的名单"
2014 年 6 月	MSCI 决定暂不纳入 A 股
2015 年 6 月	暂不纳入,提出三方面问题:①关于 QFII/RQFII 额度分配;②存在资本市场流动限制;③投资收益所有权问题
2016 年 6 月	暂不纳入,提出三个问题:①QFII 资本赎回限制;②新停牌政策能否有效执行? ③金融产品预先审批制问题
2017 年 6 月	A 股正式纳入 MSCI 指数

资料来源:根据公开资料整理。

A 股上市公司纳入 MSCI 新兴市场指数标的能吸引外资流入,带动相关公司市值规模提升。以 2018 年 6 月 1 日至 8 月 31 日的 A 股加入 MSCI 第一阶段计,标的池资金流入额(含中资)约 1 万亿元,同期标的市值增加超过 2.5 万亿元,市值规模增长接近 10%。未来随着被动投资主导的全球资金流入,A 股MSCI 相关标的股市值有望进一步提升。

(三) A 股纳入富时罗素的全球股票指数体系

2018 年 9 月 27 日,全球著名指数公司富时罗素(FTSE Russell)组织的"2018 年中国 A 股评估结果新闻发布会暨研讨会"在上海证券交易所交易大厅举行。会上，富时罗素公司宣布，将 A 股纳入其全球股票指数体系，分类为次级新兴市场，2019 年 6 月开始生效。富时罗素是继 MSCI 之后，第二家将中国 A 股纳入其指数体系的全球主要股票指数公司。

(四) 中国债券纳入彭博巴克莱债券指数

人民币债券市场开放程度不断提升，吸引了海外指数机构与投资者的广泛关注。2017 年 3 月 1 日，全球知名公司彭博（Bloomberg）正式推出两项包含中国债券的全新固定收益指数，拉开了中国债市指数国际化的序幕。2017 年 7 月，中国债券纳入花旗世界国债指数。

在市场开放政策和指数因素的综合作用下，境外投资者投资人民币债券出现了持续、快速的增长。截至 2018 年末，境外机构共持有人民币债券 1.73 万亿元，年度增速达 51%。从持有存量的结构来看，国债占 63%，政策性金融债占 21%，同业存单占 11%，国债占比相较 2017 年末提升了 10 个百分点。

随着境外投资者持债规模的持续扩大，人民币债券的国际关注度进一步提高。根据彭博公司的计划，从 2019 年 4 月起，人民币计价的中国国债和政策性金融债被正式纳入彭博巴克莱全球综合指数（BBGA）。在纳入策略上，该指数将按照逐月增加 5% 比例的做法，在 20 个月内分步完成，最终实现将人民币债券全部纳入该指数。在境外投资者投资过程中，最具吸引力的是中国债券市场收益率高于欧美日等发达经济体，如 2019 年 6 月，人民币 10 年期国债收益率保持在 3.1% 上下，超过美国同类产品 100BP 以上；而德国、日本等则长期维持在负利率水平，投资人民币债券将有望带来超额收益。

在彭博公司推出人民币债券指数后，摩根大通、富时罗素等也在加大对人民币债券的关注度。如摩根大通公司在 2016 年曾发布信息："追踪全球新兴市场多元化债券指数的（管理资产）估计在 1800 亿美元，我们估计人民币政府债券的总规模接近 1.5 万亿美元，其中约有 4 300 亿美元可以纳入指数。"[1] 另外，我国重要金融基础设施中央结算公司旗下的中债金融指数有限公司于 2018 年 10 月，与英国著名指数公司 IHS MARKIT（在纳斯达克上市）联合编制发布了中国债券指数"中债 iBoxx 指数"，这也是首批国际机构设立的在岸中国债券指数。

---

[1] 摩根大通. 最高达 4 300 亿美元的人民币债券或加入新兴市场指数[EB/OL]. [2016 - 02 - 26]http://forex. cnfol. com/jigouhuiping/20160226/22315492. shtml.

可以预见,纳入国际主流指数后,我国证券市场将迎来更多主动和被动配置,并将进一步提高我国金融市场的开放程度和人民币国际化的程度。

三、上海国际金融中心环境生态持续优化

一是在金融法治环境方面,上海率先设立金融法院。金融审判庭、金融检察处(科)、金融仲裁院、金融消费权益保护局、金融纠纷调解中心等陆续成立。颁布实施《上海市推进国际金融中心建设条例》,并进一步推进条例的修订完善。

二是在信用体系建设方面,出台全国首部地方综合性信用条例,人民银行征信中心已建成全国集中统一的金融信用信息数据库,上海市公共信用信息服务平台开通运行。金融专业服务机构体系不断健全,陆家嘴金融城、沿黄浦江金融集聚带建设成效明显。

三是在金融治理方面,上海不断优化金融业空间布局,加强业界共治取得良好效果。目前,上海各金融集聚区规划建设成效明显,陆家嘴金融城、外滩金融集聚带等金融集聚区承载服务能力不断提升,陆家嘴金融城在全国率先实施"业界共治+法定机构"公共治理架构,成立陆家嘴金融城发展局,形成了政府与市场、市区联动治理的体系。

四是在人才高地建设方面,近年来上海通过主动实施各项金融服务措施,积极吸引金融人才集聚上海,在沪金融从业人员超过37万。设立并连续评选金融创新奖,在全国率先建立金融业联合会,成功举办十届陆家嘴论坛,国际影响力不断提升。这些不同领域的探索汇集起来,就是金融国际化总体发展环境的持续优化,这些也是境外金融机构在投资、设立分支机构的过程中所高度重视的因素。

第二节　人民币国际化的关键作用

全球货币体系的演化及各国货币国际化使用的程度,从本质上来说是各国经济与金融国际化的产物,反映了世界经济金融发展成就与格局。在国际金融危机的背景下,国际货币体系受到了深刻影响,国际上以多元化货币来计价和结

算的需求日趋强烈。2009 年 7 月 1 日,中国人民银行联合各有关部委签署的《跨境贸易人民币结算试点管理办法》公布实施,正式开启人民币国际化进程;2010 年 6 月,试点地区扩大至 20 个省区市,境外结算地扩至所有国家和地区;2011 年 8 月,跨境贸易人民币结算境内地域范围扩大至全国。在一系列人民币国际化举措的推动下,近几年人民币的跨境结算量、离岸人民币的存量等都得到了迅猛的增长,人民币甚至成为周边区域及其他部分区域的"硬通货"。2015 年 11 月 30 日,国际货币基金组织宣布批准人民币纳入 SDR 货币篮子,并选用 3 个月期限的国债收益率作为价格基准,人民币成为继美元、欧元、英镑和日元之后纳入 SDR 货币篮子的第五种货币,这极大地提升了人民币的国际地位。人民币国际化的加速推进,对上海国际金融中心建设将发挥极为重要的推动作用。

一、人民币国际化是上海迈向国际金融中心的关键条件

中央多年来将上海加快建成国际金融中心作为国家层面的重要战略,2009 年 4 月,《国务院关于推进上海加快发展现代服务业和先进制造业　建设国际金融中心和国际航运中心的意见》(国发〔2009〕19 号文)明确提出"到 2020 年,上海要基本建成与我国经济实力以及人民币国际地位相适应的国际金融中心"。

2012 年,国家发展改革委印发的《"十二五"时期上海国际金融中心建设规划》则提出了阶段性建设目标:要力争到 2015 年基本确立上海的全球性人民币产品创新、交易、定价和清算中心地位。根据上海市政府有关研究结论,2015 年的阶段性目标已经基本达成,下一步的关键将聚焦在"基本建成国际金融中心"上面。为此,上海按照中央的战略要求,进行了全方位布局。2016 年 2 月 1 日发布的《上海市国民经济和社会发展第十三个五年规划纲要》中对于上海国际金融中心建设提出了详细的规划目标与要求。其中将人民币国际化作为战略重点:在发展基础方面,提出"金融开放取得实质性进展,人民币跨境支付系统上线运行,沪港通、跨境 ETF 启动实施,上海金融市场非金融企业直接融资占全国社会融资规模的比重达到 18% 左右"。在加快人民币产品市场建设方面,要以打造全球人民币基准价格形成中心、资产定价中心和支付清算中心为目标,提升人民币产品的市场规模和影响力。基本建成功能完备、实时高效、风险可控的全球人民币跨境支付清算体系。扩大跨境人民币融资渠道和规模,拓宽境外人民币投资回流渠道,促进人民币资金跨境双向流动。探索开展人民币衍生品业务

和大宗商品服务创新。

2019年1月,经国务院同意,中国人民银行会同国家发展改革委、科技部、工业和信息化部、财政部、银保监会、证监会、外汇管理局联合印发《上海国际金融中心建设行动计划(2018—2020年)》,进一步明确,"到2020年,上海基本确立以人民币产品为主导、具有较强金融资源配置能力和辐射能力的全球性金融市场地位,基本形成公平法治、创新高效、透明开放的金融服务体系,基本建成与我国经济实力以及人民币国际地位相适应的国际金融中心,迈入全球金融中心前列"。该行动计划进一步强调,要坚持"以人民币产品市场建设为重点""坚持以自贸试验区金融开放创新为突破口""坚持以市场化、国际化、法治化、信息化为方向",并"基本形成交易、定价和信息功能齐备的多层次金融市场体系。提升人民币产品市场规模和影响力",这些原则和目标是在延续"十二五"规划思路的基础上,结合上海金融业发展实际情况进行的提升与细化。如在金融中心的子目标方面,首次提出"六个中心"的思路,即建设全球资产管理中心,建设跨境投融资服务中心,建设金融科技中心,建设国际保险中心,建设全球人民币资产定价、支付清算中心,建设金融风险管理与压力测试中心,其焦点都在于依托发达的人民币金融市场,推动金融中心功能的总体提升。

要达成上述发展目标与要求,除了稳步推进金融业开放创新,关键的路径是人民币国际化,这包括金融市场开放、跨境投融资业务创新、更多跨境金融交易采用人民币计价以提升上海国际金融中心的国际影响力与话语权、国际货币金融政策体系的协调,等等。人民币国际化将在未来很长一段时期中贯穿上海国际金融中心建设的进程,且将渗透到金融发展的方方面面。对此,不少学者结合国际国内宏观形势进行了探讨,如余永定(2009)提出,中国作为第二大经济体、第一大贸易国和外汇储备国,人民币理应取得与中国经济、政治实力相当的地位。王晓芳和于江波(2014)提出实现丝绸之路经济带货币流通应是人民币国际化的周边化战略的第一步,针对沿线国家贸易结构特征,应以能源贸易结算计价为突破口实现丝绸之路经济带沿线国家的货币金融合作。张小峰(2014,2013)论述了如何通过加强中非金融合作,加快推进人民币在非洲的国际化进程。彭红枫和刘志杰(2016)提出,"一带一路"建设将助推人民币成为结算货币、投资货币和储备货币,将为国内经济和金融改革提供新动力。吴晓求认为,中国要构建一个现代化金融体系,核心是建设新的国际金融中心和实现人民币国际化。中国金融的开放和国际化对法治、社会治理、信用体系和透明度等方面都提出了严峻挑战,需要我们在这些方面进行全面系统改革[1]。郑杨(2019)提出,货币国际化与国际金融中心的演进存在较强的同步关系。国际金融中心可为货币国际化提供必不可少的市场平台,而货币国际化则是国际金融中心建设的重要货币条件。从学术界的研究情况看,近年来人民币国际化、金融中心建设一直是理论和实证研究的热点,其中不少文献将两者的关系进行统筹分析,也反映出金融中心建设与人民币国际化之间存在内在联系及相辅相成的发展关系。

二、资本项目可兑换是上海迈向国际金融中心的必要条件

人民币国际化与资本项目可兑换可以视为硬币的两面,对上海国际金融中心建设而言是必须突破的核心环节。1996年,中国实现了人民币在经常项目的完全可兑换。其后,我国仍实行较为严格的资本项目管制,但随着中国实体经济的不断发展,以及人民币国际化使用频率不断提高,客观上对资本项目开放提出了新的要求。在此背景下,我国逐步开启了资本项目开放之门,如在"十二五"规划中明确提出,要逐步实现人民币资本项目的基本可兑换。2012年2月,中国人民银行调查统计司课题组在研究报告《我国加快资本账户开放的条件基本成熟》中明确提出了"当前我国正处于资本账户开放战略机遇期"的观点,这成为我国加速推进资本项目开放的重要信号。中国人民银行进一步在《2017年人民币国际化报告》中明确,将"继续按照'服务实体,循序渐进,统筹兼顾,风险可控'的原则,有序推进人民币资本项目可兑换,提升跨境投资和交易的便利化,促进资源在全球有效配置"。上海作为金融市场高度集聚的地区,同时也是资本项目可兑换的前沿阵地,国际金融中心建设的若干重大突破在很大程度上离不开资本项目开放与创新的新探索。

(一) 资本项目开放具有层次性

"资本项目"亦称"资本和金融账户",是国际收支平衡表中的一大类重要项目,主要记录一国在国际经济交易中发生的资本跨境流动状况。长期以来,我国实行较为严格的资本项目管制,这在全球经济体中可为独树一帜,而在国际金融

---

[1] 金辉. 构建现代金融体系两大核心:建设国际金融中心和人民币国际化[N]. 经济参考报,2018-07-25.

危机期间这种谨慎的管制却发挥了重要的"防波堤"作用。但从长期趋势看,推动资本项目开放、放松乃至取消资本项目下的各子项目交易的管制仍是大势所趋。

从资本项目的内在结构来看,资本项目可以划分为不同的类别。例如,国际货币基金组织发布的《2011年汇兑安排与汇兑限制年报》从资本账户管制的角度将资本项目划分为资本和货币市场工具交易、衍生品及其他工具交易、信贷工具交易、直接投资、直接投资清盘、房地产交易和个人资本交易七大类别的管制。

从资本项目开放的程度看,则可以大体分为三个不同层次:一是放松或取消跨境资本交易的管制,资本能够便利地进行跨境流动;二是保持与资本交易相关的外汇自由兑换管制;三是对外开放本国金融市场。在实践中,不同层次的资本项目开放往往是紧密联系在一起的。

真正意义上的人民币国际化,需要具备国际经济交易的结算货币、外汇市场上的交易货币、各国外汇储备的主要货币等多项主要货币功能。跨境贸易人民币结算仅仅可以视为这个进程的开端,要真正实现国际化,人民币还需要具备多元的国际货币功能。要达到这一目标,客观上对稳步推进人民币资本项目下的可自由兑换,并最终成为完全可兑换货币提出了新的要求。

从实践层面看,早在1996年,中国就已经实施了经常项目下自由可兑换,经常项目的转移与支付不被限制。但是,资本项目开放的进程则远远晚于经常项目。根据张彦(2015)的分析,按照国际货币基金组织的分类框架,目前我国不可兑换项目有4项,占比10%,主要是非居民参与国内货币市场、基金信托市场以及买卖衍生工具。部分可兑换项目有22项,占比55%,主要集中在债券市场交易、股票市场交易、房地产交易和个人资本交易四大类。基本可兑换项目有14项,主要集中在信贷工具交易、直接投资、直接投资清盘等方面。根据国际货币基金组织发布的《2017年汇兑安排与汇兑限制年报》,中国在资本项目开放中的七大类11大项仍存在一定的特殊实践(见表9-3)。

表9-3 中国资本项目开放情况

序号	类别	项目	国际货币基金组织
1	资本和货币市场工具	资本市场证券	存在特殊实践
2		资本市场工具	存在特殊实践
3		集体投资类证券	存在特殊实践

（续表）

序号	类别	项目	国际货币基金组织
4	衍生工具和其他工具	衍生工具和其他工具	存在特殊实践
5	信贷业务	商业信贷	存在特殊实践
6		金融信贷	存在特殊实践
7		担保、保险和备用信用支持	存在特殊实践
8	直接投资	直接投资	存在特殊实践
9	直接投资清盘	直接投资清盘	存在特殊实践
10	不动产交易	不动产交易	存在特殊实践
11	个人资本交易	个人资本交易	存在特殊实践

资料来源：国际货币基金组织《2017年汇兑安排与汇兑限制年报》。

即便国际货币基金组织的观点具有一定代表性，但如前所述，我国近几年在资本项目可兑换方面仍在积极推进、措施不断。参考中国人民银行发布的《人民币国际化报告 2017》，目前人民币在七大类共 40 项资本项目中属于完全不可兑换的主要是非居民境内发行股票、货币市场工具和衍生产品业务这三个项目，已实现可兑换、基本可兑换、部分可兑换的项目共计 37 项，占全部交易项目的92.5%[①]。综合来看，我国在资本项目可兑换方面总体上采取了渐进式、有节奏、有控制的策略，这在较为复杂的全球经济金融环境下也是明智的选择，如在2008 年全球金融危机中就取得了显著效果。可以预见的是，随着我国金融市场国际化程度的不断提升，以及我国对跨境金融风险防控能力的不断提高，合理有序的资本项目开放将是可以预期的。

从我国金融业开放与上海建设国际金融中心的趋势来看，不断推进资本项目可兑换将是未来几年要重点突破的领域。但需要清醒地认识到，资本项目自由兑换是一个渐进的过程，如何结合国内金融市场体系建设及交易品种创新，在条件成熟时，逐步放开部分可兑换、不可兑换的子项目，这需要结合金融改革、金融发展、国际形势等进行系统、全面考虑。一般而言，实现资本项目可兑换需要满足四方面条件，即宏观经济稳定、金融监管完善、外汇储备较充足、金融机构稳

---

① 中国人民银行. 2017 年人民币国际化报告[EB/OL]. [2017 - 10 - 23]. https：//www. askci. com/news/ chanye/20171023/090437110191. shtml.

健。近年来,人民币跨境贸易结算、国际货币互换、人民币双向资金池等新业务领域的推出,极大地促进了人民币国际化进程,这一方面推动了人民币成为全球第四大支付货币、成为国际货币基金组织的 SDR 货币篮子,另一方面为资本项目可兑换提供了前所未有的便利条件。我国需要深入借鉴欧美国家的经验,及日本 20 世纪 80 年代金融国际化的教训,大体遵循"先长期后短期""先风险小后风险大""先机构后个人"等思路,有序推进资本项目下各子项目的可兑换,逐步向完全可兑换的中长期目标迈进。

(二) 资本项目可兑换为金融中心建设带来新的活力

制度变革激发金融创新,由于我国历来实行严格的资本项目管制,因此金融创新更多地体现为"境内创新"特征,在跨境资本流动、跨境金融业务等领域仍处于渐进突破的过程中。

中国人民银行发布的《人民币国际化报告 2018》提出,近年来我国陆续通过沪港通、深港通、合格境外机构投资者(QFII)、人民币合格境外机构投资者(RQFII)、合格境内机构投资者(QDII)、人民币合格境内机构投资者(RQDII)等一系列措施,实现境内外金融市场互联互通,为资本项目可兑换打下了坚实的基础。中国人民银行将完善相关制度规则、基础设施安排及配套设施,有序推进资本项目可兑换,推动形成中国金融市场全面开放新格局。

结合上海国际金融中心建设情况看,随着资本项目可兑换进程持续推进,境外直接投资规模持续增长,针对境内外机构投资者跨境投资行为而推出 QFII、QDII、RQFII、QDLP、RQDLP 等一系列创新举措,债券、股票、外汇、货币、黄金、衍生品等多领域金融要素市场开放渠道与规模持续扩大,这些都为境内外金融市场互联互通、上海金融创新发展带来了新的发展契机。特别是众多境外投资者进入中国市场,有助于优化投资者结构并改善市场流动性,有助于推动国内金融市场规则与国际惯例更好接轨。归纳起来,从金融活动或资金跨境流动的方向看,主要体现为三个方面(本节侧重机理层面的分析,相关案例主要在下节"金融市场开放的探索"中详细展开),具体如表 9-4 所示。

表 9 - 4 上海国际金融中心建设中有关资本项目可兑换的探索与创新

开放方向	特点	相 关 探 索
双向流动	侧重于"通道式"、制度化的可兑换措施	借助人民币区域化和国际化的重大机遇,使在岸金融市场与离岸市场双向互联互通。如与香港人民币离岸市场相互呼应,重点推进人民币回流境内机制的建立与完善,而这需要更为健全的资本市场为载体,在此方面"沪港通""沪伦通"交易机制的推出发挥着积极的探索作用。同时,在监管层面也逐步放松管制,如持续完善并发挥人民币跨境贸易资金池机制的作用
"引进来"	在资本项目下,吸引QFII、RQFII、QDLP、RQDLP 等合格境外机构投资者及更多的境外资金、金融机构向上海集聚,方式涉及直接投资、购买证券、股权投资,等等	探索在资本项目下以稳健安全为前提逐步开放股票市场、债券市场等金融领域对外资的开放等。如在债券市场,近年来在针对"三类机构"开放的基础上推出了"全球通""债券通"等,广义上也包括吸引境外机构在上海等地发行"熊猫债";在股票市场方面,深圳前海、天津滨海等地已经有先发优势,上海也迫切需要抓住自贸试验区建设 3 周年的战略机遇,力争在资本项目开放创新方面先行先试
"走出去"	在资金流向方面既有流出也有流入	主要包括中资企业或金融机构境外投资、境外发行证券或上市,以及建立国际金融市场平台吸引红筹股回归、吸引境外企业来上海借助资本市场融资等。积极探索诸如银行跨境贷款,在香港、新加坡、伦敦等地发行人民币债券(点心债、中资美元债等),探索上海在开展境外直投业务方面的功能创新。不断扩大 QFII、RQFII 等合格境外机构投资者参与资本市场的标的范围、投资规模,探索境内自然人在 QDII2 框架下直接开展资本项下跨境投资

注:①根据央行《2018 年人民币国际化报告》的统计,截至 2017 年末,全国共设立跨境双向人民币资金池 1112 个。从资金池跨境收支情况看,资金池累计流入 6 511.7 亿元,累计流出 6 257.3 亿元,累计净流入 254.4 亿元。②银行间债券市场是开放较早的金融市场板块,原来所指的"三类机构"包括境外央行、人民币清算行、人民币业务参加银行等。随着人民银行 2016 年 3 号公告的发布,银行间债券市场境外投资者主要涉及外国央行、国际金融组织、主权财富基金三类机构。③为便利境内机构跨境融资,央行逐步放松相关管制。2016 年 4 月,人民银行发布《关于在全国范围内实施全口径跨境融资宏观审慎管理的通知》(银发〔2016〕132 号),在上海、广东、天津、福建 4 个自贸区企业和全国 27 家银行业机构跨境融资宏观审慎管理试点基础上,进一步将全口径跨境融资宏观审慎管理推广到全国,明确 2016 年 5 月 3 日后,全国范围内的企业和金融机构即可在与其净资产或资本挂钩的跨境融资上限内自主从境外融入本外币资金,人民银行、外汇管理局对企业和金融机构不实行外债事前审批,企业改为事前签约备案,金融机构改为事后备案,提高企业和金融机构从境外融资的自主权和便利性。2017 年 1 月,人民银行发布《关于全口径跨境融资宏观审慎管理有关事宜的通知》(银发〔2017〕9 号),调整跨境融资风险加权余额的豁免项及相关系数,便利境内机构充分利用境外低成本资金,降低实体经济融资成本。

现阶段,考虑到中美贸易争端、资本外流、汇率波动等重要因素的影响,我国对资本外流,即"走出去"方向的一些业务仍保持较为谨慎的态度。相应的,对吸引境外资金入境投资等行为始终是鼓励和支持的,这可以从非居民持有境内人民币金融资产的情况可见一斑。从表 9 - 5 可以看出,2016—2017 年两年间,非居民持有境内人民币金融资产主要涉及股票、债券、贷款、存款等大类,其中从持有规模看,债券快速成为持有资产规模最大的种类,这与全球投资者侧重配置债券资产的习惯相一致——据不完全统计,全球投资者超过80%的资产配置于固定收益产品。

表9-5 非居民持有境内人民币金融资产情况

项目	2016年12月	2017年3月	2017年6月	2017年9月	2017年12月
股票	6 491.9	7 768.2	8 680.4	10 210.3	11 746.7
债券	8 526.2	8 301.6	8 921.0	11 041.9	11 988.3
贷款	6 164.4	6 995.5	8 176.6	7 806.9	7 390.0
存款	9 154.7	9 242.5	11 809.7	11 338.4	11 734.7
合计	30 337.2	32 307.8	37 587.7	40 397.5	42 859.7

资料来源:根据中国人民银行网站公开资料整理。

另外,值得关注的是,近两年随着境内资本市场融资制度不断完善,特别是对于一些"三去一降一补"行业的企业融资及地方融资平台企业融资行为监管趋严,使得境外发债成为中资企业较为青睐的新的融资方式,其融资产品通常被称为"中资美元债"。虽然相关文件并未对其作出明确规定,但参考《国家发展改革委关于推进企业发行外债备案登记制管理改革的通知》(发改外资〔2015〕2044号,简称"2044号文")中关于外债的定义,可以将中资美元债大体界定为:中资企业(包括境内企业或其控制的境外企业及分支机构)在离岸债券市场发行的、向境外举借的、以美元/外币计价并按规定还本付息的债券。在国内政策和境内外融资等因素的交互作用下,近年来中资美元债成为较为"火爆"的融资方式,具体如图9-2所示。而最新数据表明,2019年上半年依然延续了增长的态势。从融资结构看,2018年,发行规模位于前三的行业分别是房地产行业、银行和金融服务业。当然,在相关业务快速发展的同时,主管部门也时刻关注风险防范,如国家发展改革委、财政部于2018年5月联合印发《关于完善市场约束机制严格防范外债风险和地方债务风险的通知》(发改外资〔2018〕706号),从防范外债风险的角度(尤其针对城投企业的地方债务风险)提出了更细化的要求,如规定"严禁企业以各种名义要求或接受地方政府及其所属部门为其市场化融资行为提供担保或承担偿债责任""不得披露所在地区财政收支、政府债务数据等可能存在政府信用支持的信息"等。未来,如果相关服务的部分环节放在自贸试验区来完成,则可进一步推动资本项目可兑换与国际金融中心建设的紧密结合。

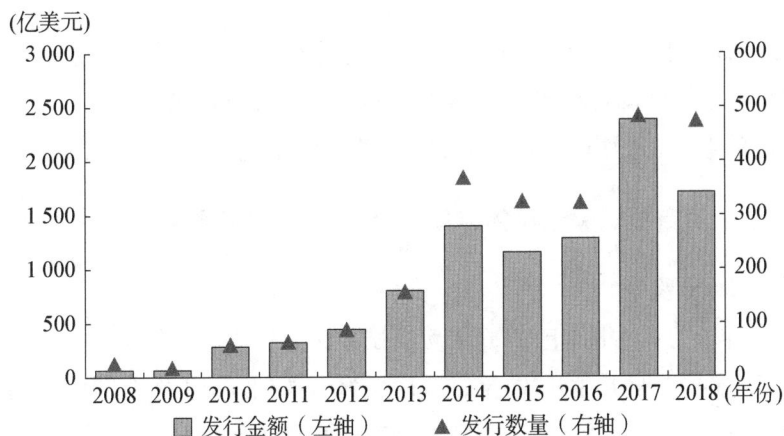

图 9 - 2　中资美元债发行规模与债券发行数量

资料来源:罗婷,黄伟平. 信用:中资美元债知多少——中资美元债专题系列[EB/OL]. [2019 - 01 - 15]. https://www.sohu.com/a/286751700_313170.

第三节　金融市场开放的探索

上海国际金融中心建设,与人民币国际化、资本项目可兑换的进程紧密相关、相辅相成。范一飞(2015)认为,国际经验表明,一国货币国际化进程中,通常伴随着新的国际金融中心的崛起。在中国崛起的战略背景下,2013 年建立中国(上海)自由贸易试验区,2015 年建立天津、广东、福建等第二批自贸试验区是党中央、国务院在新形势下推进改革开放的重大举措,至今已形成"1+7+7+1"的自贸试验区"雁阵格局"。郑杨(2018)指出,中国(上海)自由贸易试验区充分发挥先行先试的优势,成立 5 年来共发布 9 批 110 个金融创新案例,贸易账户功能不断拓展。金鹏辉(2019)提出,在上海自贸试验区增设新片区的新起点上,应以资金自由流动为重点推动关键领域金融改革,取得金融改革新突破。自贸试验区在金融开放创新方面的探索,对我国深度参与全球金融体系变革、推动我国金融改革开放、加强金融服务实体经济的功能等都具有极为重要的战略意义。上海作为我国金融改革开放的前沿阵地,近年来也在金融市场开放创新方面全面加以推进。

一、金融开放创新的纲领性文件

自 2013 年上海自贸试验区挂牌后,实现自贸试验区金融改革创新与上海国际金融中心建设联动,充分利用好自贸试验区金融创新政策,不断提升上海国际金融中心的功能,成为上海国际金融中心建设的新特征。

(一) 上海自贸试验区总体方案与"金融 51 条"的要点

1. "总体方案"

2013 年 9 月,《中国(上海)自由贸易试验区总体方案》(简称《总体方案》)对外公布,要求扩大服务业开放,推进金融领域开放创新,建设具有国际水准的投资贸易便利、监管高效便捷、法制环境规范的自由贸易试验区,使之成为推进改革和提高开放型经济水平的"试验田",形成可复制、可推广的经验,发挥示范带动、服务全国的积极作用,促进各地区共同发展。该《总体方案》对于货币金融改革进行了着重阐述。从在人民币国际化及资本项目开放的角度,涉及的相关条文如表 9-6 所示。

表 9-6 《总体方案》涉及资本项目开放及人民币国际化的相关条文

序号及条目		相 关 内 容
二、主要任务和措施		
(三) 推进贸易发展方式转变	5. 推动贸易转型升级	深化国际贸易结算中心试点,拓展专用账户的服务贸易跨境收付和融资功能
(四) 深化金融领域的开放创新	7. 加快金融制度创新	在风险可控前提下,可在试验区内对人民币资本项目可兑换、金融市场利率市场化、人民币跨境使用等方面创造条件进行先行先试。 在试验区内实现金融机构资产方价格实行市场化定价。 探索面向国际的外汇管理改革试点,建立与自由贸易试验区相适应的外汇管理体制,全面实现贸易投资便利化。 鼓励企业充分利用境内外两种资源、两个市场,实现跨境融资自由化。 深化外债管理方式改革,促进跨境融资便利化。 深化跨国公司总部外汇资金集中运营管理试点,促进跨国公司设立区域性或全球性资金管理中心。 建立试验区金融改革创新与上海国际金融中心建设的联动机制

（续表）

序号及条目		相 关 内 容
	8. 增强金融服务功能	推动金融服务业对符合条件的民营资本和外资金融机构全面开放，支持在试验区内设立外资银行和中外合资银行。 允许金融市场在试验区内建立面向国际的交易平台。逐步允许境外企业参与商品期货交易。 鼓励金融市场产品创新。支持股权托管交易机构在试验区内建立综合金融服务平台。 支持开展人民币跨境再保险业务，培育发展再保险市场
附件：中国（上海）自由贸易试验区服务业扩大开放措施		
一、金融服务领域	1. 银行服务（国民经济行业分类：J 金融业——6620 货币银行服务）	开放措施： (1) 允许符合条件的外资金融机构设立外资银行，符合条件的民营资本与外资金融机构共同设立中外合资银行。在条件具备时，适时在试验区内试点设立有限牌照银行。 (2) 在完善相关管理办法，加强有效监管的前提下，允许试验区内符合条件的中资银行开办离岸业务
	3. 融资租赁（国民经济行业分类：J 金融业——6631 金融租赁服务）	开放措施： (1) 融资租赁公司在试验区内设立的单机、单船子公司不设最低注册资本限制。 (2) 允许融资租赁公司兼营与主营业务有关的商业保理业务

资料来源：根据《中国（上海）自由贸易试验区总体方案》内容整理而成。

根据政策规划，在自贸区内，人民币国际化、资本项目开放等都将在未来数年内开展深入、具体的探索，从而在金融国际化方面迈出重要的一步。客观上看，《总体方案》中涉及的资本项目开放、民营金融、利率市场化等相关问题基本上都是金融改革的"深水区"，也是复杂的系统工程，而通过自贸区的形式从"点"上加以突破是一种战略层面的智慧。如果这个尝试能够取得成功，才能从点到面、实现全面开放。

2. "一行、三会、外管局"配套政策

《总体方案》发布后，"一行三会"、外管局也纷纷跟进，出台了相应的配套政策，对上海自贸区建设和金融改革给予政策支持（见表 9-7）。

表9-7 "一行三会"、外管局对上海自贸区的相关配套政策

出台(信息发布)部门及概况	政 策 要 点
央行:中国(上海)自由贸易试验区情况说明会上,央行上海总部官员的讲话	央行虽然并未就自贸区《总体方案》中有关金融开放创新领域宣布相关细则,但央行上海总部官员提出:监管核心就是要防止短期资金、短期资本的大进大出,维护宏观金融稳定。央行、外管局将在4个方面推进自贸区金融改革试点: (1) 在自贸试验区内创造条件扩大人民币跨境使用。 (2) 在自贸试验区先行先试金融市场利率市场化。在自贸试验区内实现金融市场利率市场化,符合现行利率管理政策和继续推进利率市场化改革的要求。自贸试验区利率市场化将在宏观审慎金融管理框架内,根据服务区内实体经济发展需要、金融市场主体培育目标,以及市场环境建设情况,稳步推进。 (3) 在自贸试验区内先行先试人民币资本项目可兑换。 (4) 建立与自贸试验区相适应的外汇管理体制
银监会:《关于中国(上海)自由贸易试验区银行业监管有关问题的通知》。主要涉及8条政策,其中机构准入方面4条、业务准入方面2条、监管体系方面2条	机构准入方面,主要是支持中资银行入区发展;支持区内设立非银行金融公司;支持外资银行入区经营;支持民间资本进入区内银行业。 业务准入方面,鼓励开展跨境投融资服务,以及允许符合条件的中资银行在区内开展离岸银行业务。 监管方面,简化准入方式和完善监管服务体系。在完善监管服务体系方面,银监会将支持探索建立符合区内银行业实际的相对独立的银行业监管体制,贴近市场提供监管服务,有效防控风险。建立健全区内银行业特色监测报表体系,探索完善符合区内银行业风险特征的监控指标。 在操作措施方面,自贸区金融改革首先应该满足银监会现有所有审慎风险监管要求。在此基础之上,对监管制度进行创新,前瞻性地建立一些与银行业和实体经济相适应的相对独立的银行业监管架构。建立与自贸试验区内银行业金融活动相适应的特色监测报表体系
证监会:《证监会发布资本市场支持自贸区政策措施》。将深化资本市场改革,扩大对外开放,从5个方面加大对自贸区建设的金融支持力度	(1) 拟同意上海期货交易所在自贸区内筹建上海国际能源交易中心股份有限公司,具体承担推进国际原油期货平台筹建工作。依托这一平台,全面引入境外投资者参与境内期货交易。以此为契机,扩大中国期货市场对外开放程度。 (2) 支持自贸区内符合一定条件的单位和个人按照规定双向投资于境内外证券期货市场。区内金融机构和企业可按照规定进入上海地区的证券和期货交易所进行投资和交易;在区内就业并符合条件的境外个人可按规定在区内证券期货经营机构开立非居民个人境内投资专户,开展境内证券期货投资;允许符合条件的区内金融机构和企业按照规定开展境外证券期货投资;在区内就业并符合条件的个人可按规定开展境外证券期货投资。

（续表）

出台（信息发布） 部门及概况	政　策　要　点
	（3）区内企业的境外母公司可按规定在境内市场发行人民币债券。根据市场需要，探索在区内开展国际金融资产交易等。 （4）支持证券期货经营机构在区内注册成立专业子公司。目前，海通期货、宏源期货、广发期货、申万期货和华安基金等机构正在设立或准备设立风险管理子公司和资产管理子公司。 （5）证监会支持区内证券期货经营机构开展面向境内客户的大宗商品和金融衍生品的柜台交易
保监会：发布公告提出，为充分发挥保险功能作用，支持中国（上海）自由贸易试验区建设，中国保监会对上海保监局提出的有关事项作出批复，主要内容包括 8 个方面	（1）支持在自贸区内试点设立外资专业健康保险机构。 （2）支持保险公司在自贸区内设立分支机构，开展人民币跨境再保险业务，支持上海研究探索巨灾保险机制。 （3）支持自贸区保险机构开展境外投资试点，积极研究在自贸区试点扩大保险机构境外投资范围和比例。 （4）支持国际著名的专业性保险中介机构等服务机构以及从事再保险业务的社会组织和个人在自贸区依法开展相关业务，为保险业发展提供专业技术配套服务。 （5）支持上海开展航运保险，培育航运保险营运机构和航运保险经纪人队伍，发展上海航运保险协会。 （6）支持保险公司创新保险产品，不断拓展责任保险服务领域。 （7）支持上海完善保险市场体系，推动航运保险定价中心、再保险中心和保险资金运用中心等功能型保险机构建设。 （8）支持建立自贸区金融改革创新与上海国际金融中心建设的联动机制，不断强化和拓展保监会与上海市政府合作备忘录工作机制

资料来源：根据各部门网站及媒体公开信息整理而成。

　　"一行三会"、外管局等部门整齐划一地出台了配套政策，一方面体现出货币金融改革的系统性、全局性和审慎性，另一方面从条文内容也可以看出各部门之间业务具有极为密切的关联。其中许多政策涉及人民币国际化及资本项目开放的问题，例如证监会政策中所提及的"全面引入境外投资者参与境内期货交易""支持区内证券期货经营机构开展面向境内客户的大宗商品和金融衍生品的柜台交易"，保监会提出的"支持自贸区保险机构开展境外投资试点，积极研究在自贸区试点扩大保险机构境外投资范围和比例"，等等。

　　自《总体方案》发布后，中央各相关部委在 2014 年集中发布了一系列的金融改革开放配套细则（概括为"金融 51 条"），政策力度之大、频率之密集，均创下了我国金融领域的新纪录。这也推动了上海金融业的快速创新与发展，据上海市政府统计，成为拉动上海经济增长的重要力量：2015 年，上海金融业实现增加值

4 052.2亿元,同比增长22.9%,占全市GDP的16.2%,比2010年提高了约4.8个百分点。2015年上海金融市场通过股票、债券等直接融资总额达9.2万亿元,比2010年增长了2.9倍。随后的数年中,上海与全球发达国家金融中心在关键指标方面的差距持续缩小,这些突出成绩的取得,离不开中央的大力支持,也离不开上海金融业在国际化与市场创新方面的不断探索。

(二)"金改40条"接力推动上海金融市场开放创新

近年来,国际国内金融发展形势不断变化,为了更好推动上海金融业开放创新,在"金融51条"基础上,2015年10月30日,经国务院批准,中国人民银行会同商务部、银监会、证监会、保监会、国家外汇管理局和上海市人民政府联合印发《进一步推进中国(上海)自由贸易试验区金融开放创新试点 加快上海国际金融中心建设方案》(即自贸试验区"金改40条")。

从条文内容来看,分为"总体要求""率先实现人民币资本项目可兑换""进一步扩大人民币跨境使用""不断扩大金融服务业对内对外开放""加快建设面向国际的金融市场""不断加强金融监管,切实防范风险"六大板块,从政策导向看总体将围绕人民币国际化、扩大人民币跨境使用、资本项目可兑换、扩大金融服务业双向开放等主线来推进,而开放发展的载体是日益丰富的现代金融市场体系,同时也需要更具国际化、市场化和法治化特点的现代金融监管体系作为保障。

在"金改40条"中,有不少内容具有"首创"的特点,例如被称为"QDII2"的个人跨境投资方面,文件规定"研究启动合格境内个人投资者境外投资试点,适时出台相关实施细则,允许符合条件的个人开展境外实业投资、不动产投资和金融类投资"。在符合条件的跨国公司"境内发债、境外使用"方面,文件规定"支持自贸试验区内企业的境外母公司或子公司在境内发行人民币债券,募集资金根据需要在境内外使用"。在拓宽境外人民币投资回流渠道方面,文件提出"创新面向国际的人民币金融产品,扩大境外人民币境内投资金融产品的范围,促进人民币资金跨境双向流动",目前已经向境外央行、主权基金及国际开发机构放开银行间债券市场,未来将进一步拓展包括海外清算行及境外参加行等在内的更多金融机构参与国内债券市场。在新市场建设方面,文件提出"支持设立上海保险交易所,推动形成再保险交易、定价中心"。在加强金融监管方面,文件提出"加强自贸试验区金融监管协调,探索功能监管。研究探索中央和地方金融监管协调新机制。支持国家金融管理部门研究探索将部分贴近市场、便利产品创新的监管职能下放至在沪金融监管机构和金融市场组织机构"。这是《中共中央关于制定国民经济和社会发展第十三个五年规划的建议》提出的"改革并完善适应现代金融市场发展的金融监管框架,健全符合我国国情和国际标准的监管规则,实现金融风险监管全覆盖"战略要求的进一步细化。

2015 年 12 月 17 日,经国家外汇管理局批准,国家外汇管理局上海市分局召开政策通报会,正式发布《进一步推进中国(上海)自由贸易试验区外汇管理改革试点实施细则》,这是上海自贸试验区"金改 40 条"印发后发布的首个实施细则。根据"金改 40 条"要求,该细则围绕服务实体经济、促进贸易投资便利化,重点实施了多项外汇管理政策的创新举措,主要包括:允许区内企业(不含金融机构)外债资金实行意愿结汇,赋予企业外债资金结汇的自主权和选择权;进一步简化经常项目外汇收支手续,允许区内货物贸易外汇管理分类等级为 A 类的企业外汇收入无须开立待核查账户;支持发展总部经济和结算中心,放宽跨国公司外汇资金集中运营管理准入条件,进一步简化资金池管理;支持银行发展人民币与外汇衍生产品服务,允许区内银行为境外机构办理人民币与外汇衍生产品交易。这些举措具有很强的操作性,为促进上海金融业外汇业务创新发挥了重要的推动作用。

(三)自贸试验区全面深化改革开放的"3.0 版方案"

2017 年 3 月 31 日,国务院正式印发《全面深化中国(上海)自由贸易试验区改革开放方案》(简称《方案》)。《方案》是上海自贸试验区继《总体方案》《进一步深化中国(上海)自由贸易试验区改革开放方案》后,推出的全面深化改革开放的"3.0 版方案",其首次提出"三区一堡""两个最高"[①]的目标,体现了开放和融合两条具体推行路径,蕴含着对"实现政策集成"和"服务国家战略"两个效果的内在要求。《方案》中与金融相关的内容主要可概括为三方面。

(1)加强自贸试验区与上海国际金融中心建设的联动。《方案》强调,要加强自贸试验区与上海国际金融中心建设的联动。在上海国际金融中心建设过程中,

---

① 根据《方案》内容,"三区一堡",即建设开放和创新融为一体的综合改革试验区,建立开放性经济体系的风险压力测试区,打造提升政府治理能力的先行区,成为服务国家"一带一路"建设、推动市场主体"走出去"的桥头堡。"两个最高",即"对照国际最高标准""对标国际最高水平"的战略要求,体现出上海金融业将努力在市场管理模式和规则制定等方面实现与国际市场接轨。

一些难以在面上推广的金融改革开放事项,可以结合自贸试验区的功能先行先试。在本次《方案》中,金融开放创新部分还突出强调三个方面,详见表9-8。

表9-8 《全面深化中国(上海)自由贸易试验区改革开放方案》关于金融开放创新的规定

领域	要　点
加快构建面向国际的金融市场体系	依托自贸试验区金融制度创新和对外开放优势,推进面向国际的金融市场平台建设,拓宽境外投资者参与境内金融市场的渠道,提升金融市场配置境内外资源的功能。支持在沪金融市场在区内设立国际金融交易平台或开展国际金融交易业务,进一步扩大金融市场对外开放
建设人民币全球服务体系,有序推进资本项目可兑换试点	建设人民币全球服务体系,要对标国家金融改革开放总体部署,推进人民币国际化战略,充分利用好自贸区平台,不断拓展人民币产品市场的广度和深度,丰富人民币产品和工具,加快建设人民币全球支付清算体系和全球金融市场基础设施体系
加快建立金融监管协调机制,提升金融监管能力,防范金融风险	在现有金融监管框架基础上,建立健全金融综合监管联席会议制度,进一步加强信息沟通和监管协调,积极探索金融综合监管和功能监管。进一步完善金融安全网,对标国家经济金融战略原则,更好地形成金融风险防控与金融开放创新的良性互动,牢牢守住不发生系统性、区域性金融风险的底线

(2)增强"一带一路"金融服务功能。《方案》首次提出"增强'一带一路'金融服务功能",这对自贸试验区深化改革开放提出了新的要求,突出了自贸试验区建设和"一带一路"建设的战略协同。在拓展方向上,突出强调了金融市场与基础设施的重要作用。例如,推动上海国际金融中心与"一带一路"沿线国家(地区)金融市场的深度合作、互联互通。上海可以积极研究探索与"一带一路"沿线国家(地区)所覆盖区域的主要金融中心等签订金融合作协议,建立合作机制、拓展合作领域。探索开展投融资、结算清算、信用担保、风险管理等方面的全面合作,在规则制定、制度创新、人员往来和产品互通等方面进一步深化合作,将上海打造成为"一带一路"的金融交流和合作服务中心。又如,"加强与境外人民币离岸市场战略合作,稳妥推进境外机构和企业发行人民币债券和资产证券化产品""支持优质境外企业利用上海资本市场发展壮大""吸引沿线国家央行、主权财富基金和投资者投资境内人民币资产"等。这些内容为探索跨境人民币业务创新,扩大跨境人民币融资渠道和规模,拓宽境外人民币投资回流渠道,大力吸引"一带一路"沿线国家(地区)金融机构来沪发展与投资等提供了重要依据。

(3)加强自贸试验区与全球科技创新中心建设的联动。全面深化自贸试验区改革开放,要充分体现金融服务实体经济的根本职能,要进一步加强与具有全球影响力的科技创新中心建设的联动。《方案》提出,"深化推进金融中心与科技创新中心建设相结合的科技金融模式创新",这要求积极推动科技金融创新,继续用好现有 FT 账户、人民币资金池、外汇集中运营管理等金融创新试点,加强投贷联动试点、科技创新板建设,推动金融创新服务科创企业全生命周期发展。

二、上海在开放创新方面不断取得新突破

自上海自贸试验区成立以来,上海金融对外开放领域不断拓宽,金融市场开放创新的新平台、新机制、新产品、新手段层出不穷,如股票"沪港通"、黄金"沪港通"、人民币合格境外机构投资者(RQFII)境内证券投资、跨境交易型开放式指数基金(ETF)等顺利启动,银行间债券、外汇、货币市场扩大开放,"熊猫债"发行加快,发行主体更加多元。上海在全国率先推出外资股权投资企业试点(QFLP)和合格境内有限合伙人试点(QDLP)。

(一) 发行首只自贸试验区债券

自贸试验区建设的一个重要方向在于在风险可控的前提下,有效打通境内外资本市场,为跨境投融资活动提供便利和制度支持,这同时也是自由贸易(FT)账户设立的重要目标。对此,"金改 40 条"明确指出"率先实现人民币资本项目可兑换"和"拓宽境外人民币投资回流渠道",财政部在有关文件中也提出"鼓励具备条件的地区开展在上海等自由贸易试验区发行地方债试点工作"。

在此背景下,首只自贸区债券应运而生,这是自 2009 年地方政府债券获准发行以来首只面向区内及境外发行的债券,也是上海自贸试验区成立后首只在区内发行的债券,标志着金融基础设施体系在自贸试验区的实质性突破。由于其重要的探索和创新意义,该项目被上海市授予 2017 年度金融创新奖一等奖。

在操作层面,具体是上海市财政局依托中央国债登记结算有限责任公司(简称中债登)在上海自贸试验区内搭建的债券发行系统、自贸区"分组合"账户与资金结算专户等而发行的一只 30 亿元的自贸区地方政府债券。相比于此前自贸试验区存在的各种融资方式,自贸区债券一方面体现为直接融资方式,另一方面通过引入境外投资者丰富了政府和企业的融资渠道,降低了融资成本。归纳起来,其创新点主要在于:一是经人民银行批准同意,中债登发布《中国(上海)自

由贸易试验区债券业务指引》，成为首份面向自贸区债券发行业务的制度文件。二是搭建了自贸试验区债券金融基础设施服务体系，建立包括债券发行、登记、托管、结算等在内的一体化功能平台。三是首次在地方政府债券承销团中引入外资承销商，包括星展、汇丰和渣打等外资银行。外资承销商利用国际化优势向国际客户推介产品，丰富了投资者范围。四是首次实现在发行和交易环节同时面向境内和境外投资者双向开放。此次债券吸引了全球资金的关注，共有 16 家境外机构参与债券的发行分销。新开发银行等多家境内外机构参与债券上市首日的交易流通。五是依托 FT 账户体系和分组合功能实现风险有效隔离。依托 FT 账户体系，中央结算公司在账户体系中设计了自贸区分组合和结算资金专户，严格遵守"单独管理、分账核算"的监管原则，实现了区内资金和资产与境内区外的有效隔离。六是探索放宽发行指导利率区间。该债券发行的指导利率上下限为发行前 5 个工作日同期限国债收益率算术平均值上下 15%，打破了以往在均值基础上单方向上浮的做法，有利于推进市场化的定价方式。七是对标国际标准实现中英文信息披露，地方政府作为发行人首次对重要披露内容进行英文披露与路演。

根据有关公开信息，自贸区债券下一步将围绕扩大 FT 账户跨境投融资功能、拓展自贸区债券品种至信用债领域等来推进。

(二) 人民币原油期货助力人民币国际化

长期以来，在全球大宗商品交易中，结算货币与市场定价权均由西方发达国家牢牢掌控，特别是石油美元长期以来成为美国等国家影响全球经济的重要手段。我国作为全球第二大经济体，在原油使用量方面也居世界前列，但只能较为被动地接受国际市场定价，且交易商时常要防范汇率波动对市场和成本的影响。为了打破这种局面，就需要通过金融与货币制度创新，来强化人民币在岸市场对原油等大宗物资的影响力，但要推出相关产品却需要制度、平台、货币、市场参与者等诸多要素的配合，缺一不可。

从 2001 年开始研究，到最终推出，经过长达近 20 年的深入论证，这体现了我国金融改革的谨慎原则。2018 年 3 月 26 日，原油期货在上海期货交易所子公司——上海国际能源交易中心挂牌交易，这标志着我国金融市场实力迈上一个新台阶，也意味着人民币国际化步入新的归纳功能阶段。从人民币原油期货的制度安排看，原油期货合约的要点如表 9-9 所示。

表 9-9 原油期货合约要点

交易品种	中质含硫原油
交易代码	SC
报价单位	元(人民币)/桶
最小变动价位	0.1 元(人民币)/桶
涨跌停板制度	不超过上一交易日结算价±4%
合约交割月份	最近 1~12 个月为连续月份以及随后 8 个季月
交割时间	上午 9:00~11:30,下午 1:30~3:00,以及其他特殊规定时间
最后交易日	交割月份前第一个月的最后一个交易日,节假日另有调整
交易手续费	目前交易手续费为人民币 20 元/手,日内交易免收交易手续费

从期货合约情况看,既结合了国际原油期货的交易规则和惯例,如关于涨跌停板限制、交割机制等,也充分体现了中国特色,包括人民币计价、上市品种选择、交易时间安排、手续费等。从交易过程看,参与者性质与普通期货市场类似,主要包括套期保值者、投机者、做市商、投资银行等。但从参与者来源看则体现出跨境特点,即境内客户(期货公司会员、非期货公司会员)通过能源中心交易平台参与投资交易,境外客户可以通过境外投行等中介机构间接参与,或直接开立分支机构申请成为境内期货公司会员,其他的还包括一些经认定的境外特殊非经纪参与者[①]。各类参与者参与交易路径如图 9-3 所示。

根据上海能源交易中心的统计数据,从推出至 2019 年 3 月的一年时间,人民币原油期货总体运行状况良好,成交量和持仓量两大关键指标均稳居世界第三,仅次于 WTI 原油期货和 Brent 原油期货。这期间经历了三个重要节点:一是至 2018 年 9 月 7 日,人民币原油期货 SC1809 合约顺利交割完成,标志着我国原油期货业务走过一个完整的流程周期,当天的交割量共计 60.1 万桶原油,交割结算价为 488.2 元/桶。二是推出后数月内,中国原油期货的日均单边成交量即超过 7 万手,与国际两大原油期货分别经过约 3 年和 5 年的时间单边成交量超过 5 万手相比,体现出市场稳步和快速增长的趋势,反映了境内外投资者的充

[①] 根据《上海能源交易中心境外特殊参与者管理细则》,境外特殊参与者分为境外特殊经纪参与者和境外特殊非经纪参与者。他们的区别在于,境外特殊经纪参与者有权接受境外客户委托参与原油期货交易,其身份概念对应了"期货公司会员"。而境外特殊非经纪参与者则对应了"非期货公司会员",仅能代表自身入场交易,无权接受境外客户委托。

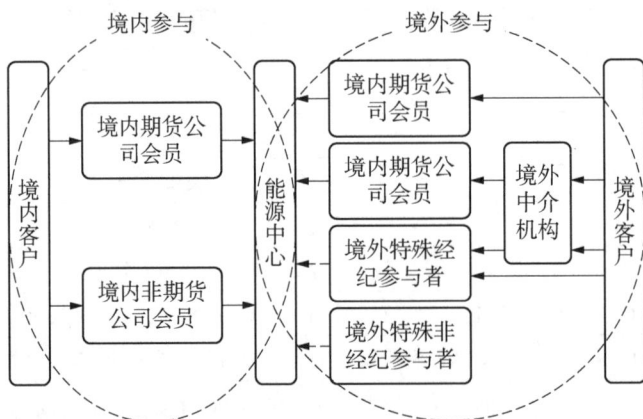

图 9-3 人民币原油期货交易模式示意图

注：实线箭头表明交易、结算、交割。虚线箭头表明直接入场交易，但境
外特殊参与者需要通过境内期货公司会员进行结算、交割。
资料来源：上海国际能源交易中心。

分认可。三是运行一个完整年，整体情况值得肯定。根据官网数据，截至 2019
年 3 月 25 日，人民币原油期货累计成交量 3 670.03 万手（单边），累计成交金额
达 17.12 万亿元（单边），日均成交 15.10 万手（单边），日均成交金额为 704.55
亿元（单边），日均持仓达 22 406.96 手（单边）。

为了进一步完善原有期货市场功能，2019 年 3 月 26 日，在原油期货上市一
周年之际，上海期货交易所正式发布原油期货价格指数，包括价格指数和超额收
益指数，前者基于原油期货主力合约的价格计算，后者基于主力合约的收益率计
算。由于指数基于市场大量公开交易形成的价格，具有信息公开、透明、连续传
导的优点，将成为全球原油市场定价方面的重要参考，并有助于完善上期所的商
品指数体系。未来，上期所将深化与证券交易所的合作，推进原油 ETF 等创新
产品上市，打通证券、期货两个市场，为资本市场开放增添新活力。

（三）黄金国际板成就"上海金"的国际地位

在金融市场开放方面，如果说原油期货是大宗商品领域以人民币计价产品
的新探索，"上海金"则是贵金融领域的一个创新。

"上海金"的推出，建立在在岸黄金市场及黄金国际板经验的基础上。作为
该产品的运行平台，上海黄金交易所（简称金交所）是经国务院批准，由中国人民

银行组建,于 2002 年 10 月正式运行。作为我国唯一经国务院批准专门从事黄金交易的国家级市场,金交所的成立实现了国内黄金生产、消费、流通体制的市场化,成为我国黄金市场开放的重要标志。由于黄金市场的供求关系、市场价格等长期以来主要由发达国家所掌控,近年来金交所积极探索市场国际化战略,不断提升我国在国际黄金现货市场中的影响力。同时,上海黄金交易所通过境内市场与国际板"双轮驱动",使整个市场规模不断扩大,如 2018 年其黄金交易量居全球交易所市场第二位。

在一系列国际化探索中,黄金国际板具有重要的代表性,其作为相对独立的市场板块,经历了半年左右的酝酿、筹备阶段。主要节点包括:2014 年 3 月 26日,金交所第二届理事会第二十一次会议批准设立子公司开展国际板业务;6 月16 日,上海国际黄金交易中心有限公司在中国(上海)自由贸易试验区注册成立;6 月 18 日,金交所与中国人民银行上海总部签订接入总部相关系统合作备忘录,国际板业务结算正式纳入自由贸易账户体系;9 月 17 日,国际板指定仓库正式启用;9 月 18 日,上海黄金交易所黄金国际板在上海国际会议中心正式举行上线启动仪式,启动仪式现场,黄金国际板完成了首笔交易,瑞士 MKS 金融公司及汇丰银行、中国银行、中国工商银行、交通银行等几家银行成为首批参与者;同年 12 月,黄金国际板获上海市金融创新成果奖一等奖。

从市场定位来看,虽然黄金国际板只是整个黄金交易市场的一个国际化板块,但其意义却是非常重大。黄金国际板作为境外投资者投资中国黄金市场的重要途径,其上线运营标志着中国黄金市场主动融入全球市场,顺应经济全球化趋势。依托国际板,上海金交所主要推进四个方面的国际化业务:会员国际化、交易资金国际化、定价国际化、交割国际化。在运作模式上,黄金国际板通过引入境外的银行、产金企业、投资机构,使用离岸人民币、离岸可兑换货币参与金交所人民币报价的贵金属及相关衍生品交易,交易系统稳定可靠,清算安全便利,交割储运及转口便捷高效,交易时间与国际接轨。同时,金交所在上海自贸区设立千吨级黄金交割库,为中国黄金进口和亚太国家黄金转口提供便利。由此,金交所成为我国黄金市场对外开放的窗口,成为联通国内、国际黄金市场的桥梁,并推动中国黄金市场实现了参与主体全球化、交易全球化、定价全球化、储运和交割全球化。2018 年,上海黄金交易所国际中心共成交贵金属 2.83 万吨,同比增长 133.12%;成交金额达 1.84 万亿元,同比增长 37.77%;同期,已发展国际会员及客户 151 家,参与市场交易的国际会员共 43 家,同比增长 16%。这些指标反映出当前黄金市场国际业务处于快速发展的通道中。

2016 年 4 月 19 日起,上海黄金交易所挂牌上海金集中定价合约,发布全球首个以人民币计价的黄金基准价格"上海金"①,这标志着人民币国际化再下一城,并将有效提升我国黄金市场定价领域的国际影响力。"上海金"推出后,有望成为"伦敦金""纽约金"后的全球黄金市场"第三极",同时有机会与伦敦、纽约开展黄金市场定价权的竞争。"上海金"合约与交易机制要点如表 9 - 10 所示。

表 9 - 10　"上海金"合约与交易机制要点

交易货币	人　民　币
合约代码为	SHAU
报价单位为	人民币元/克
交易单位	1 千克/手
交易保证金	上市初期 SHAU 合约的交易保证金为 6%
交易时间	每日集中定价交易分早盘和午盘两场。早盘的集中定价开始时间为 10:15,午盘集中定价开始时间为 14:15,每场集中定价开始前分别有 5 分钟的参考价报入时间和 1 分钟的初始价显示时间
交易机制	通过多轮次以价询量、数量撮合的集中交易方式,在达到市场量价相对平衡后,最终形成"上海金"人民币基准价格;首个人民币黄金定价盘定于 256.92 元/克
账户设置与跨境交易	"上海金"的成交与交易所的其他交易品种实行同一账户集中清算;参考国际板举措,境内外投资者的资金和账户相互隔离,境内投资者以现有账户参与国际板交易,区内和境外投资者以自由贸易账户或非居民账户参与主板和国际板交易,投资者资金进出必须通过同一账户
参与机构	根据《上海黄金交易所上海金集中定价交易业务规则(试行)》的相关规定,依据相关单位的申请,上海黄金交易所确定了"上海金"定价交易定价成员名单及提供参考价成员名单,包括定价成员 12 家(均为中外资银行业机构)、提供参考价成员 6 家(基本上都是涉金企业,包括黄金零售商及开采商等)。个人客户目前不能参与集中定价交易(但可通过商业银行柜台参与)

资料来源:根据公开信息整理。

"上海金"每日基准价走势如图 9 - 4 所示。

---

① 根据交易规则,所谓"上海金"是指上海黄金交易所推出的定价合约,指以人民币计价的、在上海交割的、标准重量为 1000 克且成色不低于 99.99% 的金锭,通过上海黄金交易所定价交易平台系统实现的交易。

定价值
（元/克）　时间周期：[1m] [3m] [6m] [1y] [All]　　　　　　　　　　　[2016-04-19] 到 [2019-07-25]

图9-4　"上海金"每日基准价走势

由于人民币几乎在同一时期加入国际货币基金组织的 SDR 货币篮子,因此人民币价格走势与全球金融市场动态联系更趋紧密,而"上海金"价格走势也在一定程度上反映了国际经济金融的动态情况。如 2019 年年初以来,随着中美贸易摩擦不断加剧,同时受到美联储降息预期增强以及全球各大央行降息的影响,黄金市场走出了持续走强的行情,"上海金"与"伦敦金"等走出了大体相似的趋势。

随着"上海金"的持续发展,其定价市场交易规模持续放大,"上海金"基准价的使用场景持续拓展,参与"上海金"的交易主体至 2018 年底已经扩展到 26 家会员单位、33 家机构客户,包括商业银行、产用金企业、境内会员和国际会员等多元化市场主体。同时,上海黄金交易所持续深化"上海金"价格基准建设,探索推动期权资管、衍生应用向"上海金"市场集聚,包括研究推出询价衍生价格基准产品等;在跨市场应用方面,交易所研究设计"上海金 ETF"产品方案,并与上海证券交易所签署"上海金 ETF"合作备忘录,推动"上海金 ETF"的上市工作等;在国际化推广方面,交易所与迪拜黄金和商品交易所等海外重点交易所合作,共同推动提高"上海金"品牌在境外市场的认可度和竞争力。这些国际化探索都将进一步提升"上海金"的国际知名度、参与度,进而为人民币国际化、上海国际金融中心建设带来新的活力。

第十章

金融创新的环境优化

作为一种多阶段、动态、不确定性较高的经济活动,创新需要适宜的环境为其助力,金融创新尤其如此。讨论金融发展与金融创新的环境,需要具备系统思维,从整体金融生态系统的角度,思考如何通过优化金融生态环境,完善金融生态机制而促进金融创新。本章将从金融生态系统即金融生态环境的角度,考量影响金融创新活动的各类环境要素,寻找上海实施金融创新活动、建设国际金融中心亟须完善和提升的环境要素,并给出相应的政策建议。

第一节　上海金融创新环境的主要构成要素

20 世纪 90 年代以来,金融可持续发展问题受到国内学者的广泛关注。对金融环境的重视正是源于学界对金融可持续发展问题的持续关注。本节将在介绍国内金融生态环境相关理论的基础上,明确当前上海金融创新环境的主要构成要素。

一、金融活动的仿生性与金融生态环境理论

金融生态环境作为一个仿生概念,其理论直接来源于生态经济学,学界从生态的角度理解金融活动。随后,可持续发展理论以及演化经济学等相关理论的兴起和传播,极大地影响了学者们对金融发展和各类金融活动的理解。金融生

态环境这一具有生态学意义的创新概念开始提出,反映出业界和学界对金融活动内外部环境及其协调运转的关注。之所以使用金融生态环境的概念,是因为金融活动具有如下仿生性。

(1)金融活动具有相互依存性。所谓金融简言之就是资金的融通,因而必然涉及资金的供求双方。金融活动中资金供求双方的相互依存性显而易见。随着金融活动复杂性的日益增强,各类金融中介机构开始出现。资金供求双方的融资是金融中介机构开展业务活动的基础,金融机构的活动便利了资金供求双方的资金调剂,促进了双方资本运作规模的扩大和资本收益的提高,各类金融活动主体因此紧密联系在一起。

(2)金融活动具有自适应性。金融是在一定的政治、经济、法律、文化环境下形成的,具有鲜明的环境选择性,千差万别的外部条件造成各国金融具有不同的文化和环境特征。为了适应各自特殊的外部条件,通过金融内部的自我调节和外部监管机制,金融活动主体动态地调整自身的经营战略和规模结构等,金融产品及服务生产者与消费者之间的供求得以调控。金融活动主体的自我协调与发展推动着金融外部环境的不断完善,外部环境自我调节机能的不断提升反过来又促进着金融活动主体结构和功能的完备。值得注意的是,与自然生态环境类似,金融生态的这种自我调适能力也存在一定的限度。当某种不良的外部影响超过一定的限度时,金融生态系统就会遭到破坏。

(3)金融活动具有演进性。金融发展是一个不断演进的动态过程。由于具有自适应性,一定范围内的金融活动会自动地达到系统的平衡。但随着经济社会中各种新生因素的不断出现,自动调节的有效性只在一定范围内有效。当外部因素的扰动打破旧有的平衡时,金融活动主体之间、金融与外部环境之间的关系将会失衡,并由此可能不断引发金融风险与金融危机。金融生态动态的平衡实质上表现为从平衡到不平衡再到平衡的动态演化过程。

(4)金融活动具有竞争性。在金融活动的动态演化过程中,某种金融活动的出现是金融机构适应相应生态环境的结果。当金融机构赖以存在的金融环境消失或发生质变时,金融机构要么会因为不再适应新的金融生态环境而消失,要么会因为其内部强大的自我调适能力而进一步演化,进而形成新的相互适应性。在此过程中,新金融机构的出现、旧金融机构的消亡或进一步演化,从根本上都来源于金融活动的竞争性。

正是基于对金融活动仿生性的深刻观察和理解,学者们提出了金融生态环境理论,并以此为基础理解金融发展、金融创新活动的各种内外部影响因素。

白钦先(1994)提出了以金融资源论为核心和基础的金融可持续发展理论,认为该理论是适应经济金融全球高度一体化和经济日益金融化这一重大挑战而提出的重要理论。胡章宏(1998)跳出传统经济学对金融内生发展研究的理论范式,采用系统论的研究方法,将金融体系视为有机系统,强调金融的可持续发展是多种因素综合作用的结果。随着生态经济学、演化经济学相关思想的不断发展与渗透以及金融可持续发展理论的日益深化,白钦先(2001)又进一步提出了"金融生态环境"的概念,讨论特定的金融生态环境以其环境容量与净化能力对经济活动产生的约束性影响。

周小川(2004)系统阐释了"金融生态环境"概念的内涵和理论基础,指出金融生态环境是与金融业生存和发展相关的所有因素的总和,包括政治、经济、文化、资源、人口等。在深刻认识我国金融改革的艰巨性和复杂性,准确把握我国金融发展阶段性目标的基础上,周小川认为,金融生态环境应主要关注微观层面的金融环境,即法律、社会信用体系、会计与审计准则、中介服务体系、企业改革的进展及银企关系等方面的内容。这种对金融生态环境的理解被称为是狭义的金融生态环境概念。广义的金融生态环境概念则包括文化环境、经济环境、法律环境等各个方面,既包括与金融业相互影响的政治、经济、法律、信用环境等因素,也包括金融体系内部各要素,如金融市场、金融机构、金融工具、金融产品等,是通过资金链条形成的相互作用、相互影响的系统。

此外,部分学者还从系统论动态平衡的角度对金融生态环境进行了界定。徐诺金(2005)认为,金融生态是各种金融组织为了生存和发展,与其生存环境及内部金融组织之间在长期的密切联系和相互作用过程中,通过分工、合作所形成的具有一定结构特征,执行一定功能作用的动态平衡系统。

随着学术界的持续研究,金融生态所传递的系统思维已经深入人心。新一轮技术革命的持续演化,则使科技这一要素深深地渗透进金融的生态环境中。以人工智能、大数据、区块链、云计算等为代表的各类新技术在金融领域的应用不断深入。从单个金融业务流程的改造到金融制度的重塑,金融科技正以颠覆性的力量重塑整个金融生态环境。在此背景下,讨论金融创新的生态环境就必须纳入科技尤其是金融科技这一重要因素。

总之,金融生态环境的构成要素具有不同层次、具有多样性,包括经济基础、法律制度与政策、社会信用体系、金融体系内部各要素、专业服务市场体系、金融科技等不同层次的内容,并分别从不同维度发挥作用,影响金融生态环境的演化与变迁。

二、上海金融创新环境的基本要素

2015年以来,伴随着以人工智能为核心的新一轮技术革命的持续深入,金融领域科技应用场景的不断发掘和落地,上海建设国际金融中心的实践也呈现出诸多新特征,金融创新活动层出不穷,使得我们思考优化金融创新环境这一重要命题有了新的视角和背景。需要强调的是,无论技术的发展如何颠覆,就目前的态势来看,金融的本质并未发生根本性的变化,只是金融创新的具体内容和形式发生了变化。结合当前上海大力开展金融创新活动、建设国际金融中心的实践,这里具体梳理上海金融生态环境的基本构成要素。

大力开展金融创新活动、建设国际金融中心是上海面临的重要战略任务。从广义上看,经济基础是金融生态环境的重要影响因素。金融服务于经济发展,金融发展的动力也主要来自其所依存的经济基础。小经济孕育不出大金融,紊乱的经济体系产生不了有序的金融市场。稳定、深厚的经济基础是金融稳健经营的前提,健全的产业结构是金融发展壮大的依托。作为全国的经济中心,尽管还存在产业结构、开放度、市场化程度等方面的不足,但上海已经具备发展大金融的经济实力和基础。也就是说,经济基础并不是当前影响上海金融创新、提升金融生态环境需要重点关注的内容。因此,本章讨论的金融环境不包括经济基础这一宏观层面的要素。

作为一个大的生态系统,金融体系内部的发展程度无疑也是金融生态环境优劣的重要基础。金融发展主要表现在金融结构的完善、金融工具的丰富以及金融资产质量的提高等方面。这些无疑都是上海当前实施金融创新、建设国际金融中心需要重点关注的内容。鉴于本书前几章已对这些因素进行了较充分的论证,本章不再重复讨论。

综合相关理论研究及上海建设国际金融中心的实践,本章将上海金融创新生态环境的主要构成要素分为三个层次:基础要素、核心要素以及根本要素。具体而言,基础要素包括社会信用环境、公共服务环境以及人才环境;核心要素包括法律制度与政策、金融科技;根本要素则是指文化环境尤其是金融文化环境。

（一）基础要素

1. 社会信用环境

阿马蒂亚·森曾指出："一个基于个人利益增长而缺乏合作价值观,不惜牺牲经济信用为代价的社会,在文化意义上是没有吸引力的,在经济上也是缺乏效率的。以各种形式出现的狭隘个人利益的增进,不会对社会的福利产生任何好处。"①现代市场经济是一种信用经济,市场的交易建立在一定的信用基础之上。如果没有这种信用基础,市场中的交易就无法完成。因此现代市场经济面临的主要问题,是如何最大限度地发挥诚信在社会经济发展过程中的作用,为经济运行构建良好的社会信用环境。

金融交易通常是一种承诺。时间和空间上的分离带来了不确定性和信息不对称性,容易导致道德风险和逆向选择。一个好的信用体系应对不守信用的主体给予惩罚,对讲信用的主体提供奖励,从而有效遏制信用问题的发生,促进金融生态环境的健康发展。

金融机构和信用的介入使金融行为在时间上和空间上出现了分离,如果没有社会信用来规范金融行为,这种分离带来的不确定性和信息的不对称,必将被一些人用来谋取私利,从而使金融生态环境出现不稳定。为减少不确定性导致的交易成本高、道德风险和逆向选择蔓延等问题,必须建立起有效的社会信用体系,使得金融活动各主体给出的承诺能够成为可信承诺,才能从根本上减少道德风险、逆向选择等问题对金融创新活动和金融长期发展的侵蚀。

2. 公共服务环境

公共服务环境的优劣取决于两方面的因素,一是与政府行为密切相关的政务环境,二是市场化中介体系的完善程度。

政务环境对金融生态环境的影响,可以从以下三个方面来理解:一是政府的规制程度。政府对市场行为规制得越烦琐,就越有可能超出政府的财政能力和公共服务能力,从而不利于政府政务环境的改善。二是政府的行政效率,即政府部门在行使行政职能时表现出来的工作效率,是政府部门组织结构的功能体现和行政人员整体诚信意愿的外在表现。三是政府的透明度。透明度高低是判断政府诚信程度的一个重要指标。适度公开、信息充分披露的政府活动有益于

---

① 阿马蒂亚·森. 伦理学与经济学[M]. 王宇,王文玉,译. 北京:商务印书馆,2000:46.

金融部门及金融活动形成理性预期。这也是现代市场经济中政府部门行使公共服务职能的一个基本准则。

市场化的中介服务体系也是公共服务环境质量的重要衡量指标。市场化、专业化中介服务机构的数量反映了公民的社会参与程度。高质量的中介活动不仅能强化金融活动主体之间的联系纽带,还将进一步成为建立社会诚信的基础。在现代市场经济活动中,中介组织产业化已经成为整个经济体系不可或缺的一环,诸如律师事务所、会计师事务所、评级公司、担保公司等中介组织,在现代金融服务中发挥着越来越重要的作用。一定数量和质量的中介服务机构,也因此成为衡量公共服务环境优劣与金融生态环境优劣的重要指标。

3. 人才环境

Bindemann(1999)通过问卷调查考察了影响区域级国际金融中心竞争力的主要因素,发现人力资源状况是决定国际金融中心竞争力的最关键要素。劳伦斯森(2005)的研究表明,决定国际金融中心发展的主要因素包括宏观经济环境、微观商务环境和金融市场的有效性。而微观商务环境的一个重要内容就是充足的人力资本(如金融、会计等各类专业人员的可获得性等)。伦敦金融城历年来的报告都十分强调高技能人才的聚集和可获得性对国际金融中心竞争力的重要影响。张幼文(2003)的研究显示,作为全球重要的金融中心,香港能够长期维持其地位的重要基础条件在于,香港能提供包括律师、会计师、经济师、精算师、系统分析师、管理顾问等在内的各类专业服务人才。

金融人才的集聚是上海国际金融中心建设及金融创新的智力支持和人力资源保证。世界上各主要国际金融中心人才竞争力差异的根源很大程度上在于人才环境的差异。金融人才特别是高端金融人才匮乏,已经成为制约上海金融创新及国际金融中心建设的主要瓶颈之一。因此,人才环境将是未来较长一段时间内优化上海金融发展和金融创新环境需要考虑的要素。

(二) 核心要素

1. 法律制度与政策

之所以法律制度与政策尤其是法律制度是金融生态环境的核心要素,是因为政治、经济、文化的许多特征最终都通过法律制度或政策来体现和运行。金融生态系统作为政治、经济和文化系统的子系统,其运行特征和绩效也必然受到法律制度和政策的深刻影响。周小川(2004)曾指出,法律环境将直接影响金融生态,并认为从计划经济体制向市场经济体制转型过程中的基本问题即"预算软约束"问题是否会继续存在,在很大程度上取决于法律制度的转变与完善。

金融制度、金融活动的内容和要求往往被直接规定为法律,法律与金融本身融为一体。良好的金融法律环境是金融生态得以稳定发展的基本条件。在金融生态中,一切金融业务都表现为合约的订立和履行,即使金融监管也表现为一个合约(法规)的执行过程。因此,法律制度是金融生态运行最核心的基础。在现代社会,任何金融机构和金融活动都必须在法律环境下生存和发展,即使是新的金融组织、金融服务、金融产品和金融工具,也必须接受法律制度的规范,或者需要新的法律制度给予认定。

具体而言,法律制度和政策对促进金融发展尤其是优化金融创新环境的核心作用表现在以下几个方面:

(1) 法律能够有效保护金融活动主体的合法权益,有效遏止恶意信用欺诈、逃废金融债务等现象。通过改变微观经济主体的预期,好的法律制度能够有效发挥制度的激励作用,增强金融生态的自我调节功能。相反,如果法律制度功能紊乱、效率低下,或者无法得到有效执行,金融活动主体的激励就会扭曲,金融生态系统的平衡也将难以维持。

(2) 法律是防范和化解金融风险、维护金融稳定与安全、实现金融生态良性循环的有效途径。随着金融开放度和复杂程度的不断提升,如何有效防范风险,将风险控制在一定范围之内,遏止风险蔓延成了各国金融发展需要关注的重中之重。而要化解和防范金融风险,必须从根本上依靠健全的法律制度和完善的政策体系,一方面严格依法金融,防范风险于未然,另一方面有序金融,治理和防范风险过度扩散。

(3) 法律制度决定着金融活动的交易费用。减少交易费用是人们对有关法律制度进行选择和改革的主要动因。金融生态具有明显的制度结构特征。好的法律制度有利于降低金融活动的交易费用,提高金融交易效率;相反,法律制度的不利变化会影响金融生态的内部结构,弱化金融功能,削弱金融生产力,甚至破坏金融生态平衡。因此,完善金融法律制度和政策体系,就是改善金融生态结构,增强金融生态功能,提升金融生态的内在能级水平。

2. 金融科技

"科学技术是第一生产力",在今天新技术革命的背景下显得更加掷地有声。科技环境,尤其是与金融相关的金融科技,也因此成为我们思考金融创新生态环境的核心要素。

金融科技(FinTech)是指基于人工智能、大数据、区块链和云计算等新兴技术，在支付、信贷、财富管理、银行以及保险等金融领域实现的创新。金融科技正以颠覆者的姿态加速改变着金融体系，对金融业的多项基础功能产生着巨大冲击。在存款功能方面，出现了余额宝等一系列创新产品；在贷款功能方面，出现了各种消费信贷、小微信贷、产业链贷款等创新活动；在支付功能方面，出现了支付宝、微信支付等，移动支付已成为个人支付的主要渠道；在融资功能方面，各类众筹活动异常活跃；在投资管理功能方面，人工智能资产管理已开始出现；而对保险业的颠覆则可能因其服务模式和保险场景的巨大转变而显得更加深刻。整个金融市场的信息资讯管理也因金融科技的迅速渗透而发生了根本变化。

在金融科技冲击整个金融系统功能的同时，金融业的运行模式也发生了颠覆性的改变。不同于传统金融机构，金融科技的运行模式是平台的、非网点的，是轻资产、重数据的，是拉近客户距离的，是操作过程价值环节的自动化，是赋权于客户的。金融运行模式的变化不断冲击着金融系统，使得金融生态发生根本性的变化。金融科技正在重塑金融生态。

更重要的是，在金融科技引领一系列重大创新的同时，金融监管也面临着重大挑战。作为金融科技的一部分，金融监管技术同样重塑着整个金融生态，并且这种冲击的影响仍未完全显现。可以说，未来金融生态环境的运行和演化将以科技为核心，科技将成为金融生态环境演化的核心力量之一。

三、根本要素：文化氛围

之所以将文化氛围认为是影响金融创新环境的根本要素，是因为文化决定着意识，而意识又决定着人们的行为选择。因此，文化是最终决定市场经济中各类行为主体行为选择的深层次因素。这也是经济学家们从文化角度考察国别经济增长差异的理论出发点。行为决定绩效，文化决定行为。因此，文化与经济绩效之间必然存在着某种联系，进而文化与金融发展之间也必然存在着某种联系。

Stutz 和 Williamson(2001)考察了文化和宗教对金融发展的影响。他们把文化和宗教影响金融发展的途径概括为以下 3 个方面：①通过价值标准的形成和发展发挥影响。例如，禁止高利贷一度成为中世纪教会的基本教义，直到著名的卡尔文宗教改革，支付利率才被认为是正常的商业行为，从而为新教国家债务市场的发展扫清了障碍。②通过影响制度的形成和发展影响金融发展。例如，天主教和新教不同的价值观影响了制度特别是法律体系的形成，大陆法系往往基于天主教教义制定法律规则，并对个人行为准则做出规定。③通过影响经济中资源配置的方向而发生作用。例如，天主教对与金融有关的活动并不信任，因而在天主教国家最优秀的人才很少愿意从事金融活动。

Kanatas 和 Stefanadis(2005)认为，文化是影响金融市场发展至关重要的因素。他们的研究结果显示，一个社会越道德，腐败越少，其产权就会越强大，经济增长率也越高，同时受教育的人也更多。关于宗教文化的影响，他们的研究认为，实行新教的国家更容易建立起强产权的法律体系，人均收入水平和经济增长率也相应更高，金融体系也更发达。

文化氛围的建设与改造是一个长期的过程，必将贯穿于上海建设国际金融中心的全部进程。文化氛围的任何变化都将对法律制度与政策、社会信用环境、公共服务环境、人才环境甚至科技环境产生影响。因此，文化氛围是影响金融生态环境的根本性要素，具有全局性和长期性等特征。上海建设国际金融中心，从根本上优化金融发展环境，就必须从根本上建立起与国际金融中心相适应的文化氛围，建立起与未来金融全球化发展趋势相适应的金融文化。

处于一个技术剧烈变迁的大时代，金融生态环境的持续演化、演进与变迁不可避免。从系统动态发展的角度来看，金融生态系统的剧烈变化在历史上并非第一次，也不可能是最后一次。在此思想基础上，我们讨论金融创新环境的特征和问题，都必须融入动态发展的视角，充分考虑到系统变化的不确定性特征。

第二节　金融创新环境优化的基本特征

优化金融创新生态环境，依托新兴技术开展各种形式的金融创新活动，是上海深入建设国际金融中心的应有之义。但是这种金融创新活动是以市场为导向的创新，而不是政府行政意志主导的创新；是与国际接轨的开放式创新，而不是闭门造车式的创新；是协同共赢的创新，而不是零和甚至负和博弈的创新；是绿色可持续的创新，而不是破坏资源环境、无视社会责任的创新。良好的金融创新生态环境应具有市场化、国际化、开放性、绿色可持续性和协同性等基本特征。

一、市场化

就金融创新环境而言,所谓市场化是指市场机制而非政府行政意志、行政权力是配置金融资源、实现金融功能的主要力量。这一方面有赖于政府职能的根本性转变,进一步减权轻权,还权于市场、赋权于社会,另一方面也有赖于各类市场行为主体的充分发育。

市场化是金融创新生态环境优化的根本特征,也是开放性、国际化、绿色可持续性和协同性等特征体现和实现的基础,因此,也是金融创新生态环境各构成要素需要共同体现的特征。市场化的金融生态环境体现为市场化的法律制度和政策体系,市场化的公共服务环境、人才环境和社会信用体系以及市场化的金融文化。

二、国际化

金融创新环境的国际化是金融全球化发展的必然要求,具有多重内涵。金融全球化指的是金融业跨国发展,金融活动按全球同一规则运行,同质的金融资产价格趋于等同,巨额国际资本通过金融中心在全球范围内迅速运转,从而形成全球一体化的趋势。

随着信息技术的突破性进展及广泛应用,全球不同时区间 24 小时的接力交易成为现实。投资者和融资者都可以在世界范围内选择最符合自己需求的金融机构和金融工具。金融资本以前所未有的速度在全球流动。20 世纪 70 年代以来,各国纷纷启动金融自由化改革,资本管制不断放松,资本的全球配置速度显著加快,跨国投资、跨国并购、跨国信贷成为潮流。进入 21 世纪以来,金融创新层出不穷,流动性较低的资产被设计成结构性金融产品,金融资产规模迅速膨胀,国际流通速度也达到一个新的高度。

在资本流动全球化的同时,金融机构纷纷开始在本国以外的地区广设分支机构,形成国际化的经营网络。金融机构的全球化拓展成为其扩大规模、扩展业务范围、提升国际竞争力的战略选择。国际金融机构之间的跨国并购浪潮开始出现,跨国界、跨行业的兼并重组此起彼伏,形成了错综复杂的竞争合作新格局。

金融活动的全球化使得金融发展环境的国际化具有多重内涵。与此相适应,最能体现国际化特征的环境因素是法律制度与政策、人才以及公共服务环境。也就是说,促进金融创新生态环境的国际化可从人才环境的国际化、法律制度和政策的国际化、公共服务体系的国际化等方面入手。

三、开放性

开放是国家繁荣发展的基本保障,全方位对外开放是金融发展的必然要求。推进金融业双向开放,促进国内国际要素有序流动、金融资源高效配置、金融市场深度融合,是未来上海优化金融创新环境,建设国际金融中心的必经之路。

改革开放以来,上海的金融开放始终走在全国前列。2005 年 6 月 21 日,经国务院批准,上海浦东新区在全国率先进行综合配套改革试点,赋予上海进一步改革先行以更大的开放度。2005 年 10 月 22 日,国家外汇管理局颁布了跨国公司外汇资金管理方式改革在浦东先行先试的九条措施,实现了我国外汇管理体制改革的新突破。2005 年 10 月 29 日,我国第一个保税港区——洋山保税港首期通过国家主管部门的联合验收,享受保税区、出口加工区相关税收和外汇管理政策。2006 年,国家发展改革委批复上海"以上海浦东新区陆家嘴金融贸易区为载体推进金融改革创新先行先试"。此后,为了探索全新的外汇管理措施,适应保税港区等特殊经济区域发展需要,人民银行成立上海总部,专门为洋山保税港区等特殊经济区域制定配套政策、提供便利服务,进一步带动了外汇管理方面改革方案的推行。2008 年 8 月,为了提高本外币兑换业务的服务水平,满足人们日益增长的本外币兑换需求,国家外汇管理局根据新修订的外汇管理条例,批准在北京和上海开展个人本外币兑换特许业务试点,上海成为首批试点地区。2009 年 6 月,上海浦东新区开展外商投资股权投资管理企业设立试点,吸引了全球多家著名投资管理公司。2009 年 7 月,上海正式启动了跨境贸易人民币结算试点。2013 年 9 月 29 日,中国(上海)自由贸易试验区正式挂牌成立,更是开启了上海引领全国金融业改革、加大金融对外开放力度的新篇章。2015 年 10 月,《进一步推进中国(上海)自由贸易试验区金融开放创新试点 加快上海国际金融中心建设方案》("金改 40 条")正式颁布实施,为上海进一步扩大金融开放指明了方向。2015 年 12 月又正式发布了《进一步推进中国(上海)自由贸易试验区外汇管理改革试点实施细则》,成为上海自贸试验区"金改 40 条"印发后发布的首个实施细则。

未来,要形成全面开放的金融发展环境,必须进一步坚持开放发展的理念,扩大金融业双向开放,有序实现人民币的国际化,积极参与全球治理,以更加包容的姿态参与全球经济金融治理体系,提升上海在全球金融治理中的话语权和国际影响力。

四、协同性

构建结构平衡、协同共赢的金融体系,是金融创新环境优化的另一个重要特征。这种协同具体体现为以下 3 个方面:

(1)体现在多层次资本市场的均衡上。这就需要深化创业板、新三板改革,加快推进科创板,完善多层次股权融资市场;以合格机构投资者和场外市场为主发展债券市场,形成包括场外、场内市场的分层有序、品种齐全、功能互补、规则统一的多层次资本市场体系。

(2)体现在金融活动各利益相关方的和谐共赢上。这就需要进一步发展监管科技,强化事中事后监管,完善退市制度,切实保护投资者尤其是中小投资者的合法权益。

(3)体现在金融行业投资主体的平等上。这就需要进一步发挥民间资本的积极作用,拓宽民间资本投资渠道,在改善监管的前提下降低准入门槛,鼓励民间资本等各类市场主体依法平等进入银行业。

此外,协同性还意味着共享发展。发展各种形式的普惠金融也是金融发展环境优化的重要体现。对此,需要进一步深化金融科技的研发与应用,支持并规范多样化金融业态的发展;强化金融监管技术在防范和化解金融风险中的重要作用;发展多业态的普惠金融组织体系,构建多层次、广覆盖、有差异的非银行金融机构体系,加强对中小微企业的金融服务。

五、绿色可持续性

坚持绿色发展理念,建设绿色金融体系,是金融组织参与社会治理、体现社会责任的重要途径,也是金融部门自身不断提升的重要途径。绿色是可持续发展的必要条件,发展绿色金融是实现绿色发展的重要措施。通过创新性金融制度安排,引导和激励更多社会资金投资于环保、节能、清洁能源、清洁交通等绿色产业,是金融体系实现绿色发展的重要方向。

对此,金融部门应积极引导和鼓励商业银行建立完善的绿色信贷机制,支持商业银行建立绿色金融事业部,支持排放权、排污权和碳收益权等为抵(质)押的绿色信贷。发挥金融市场支持绿色融资的功能,创新用能权、用水权、排污权、碳排放权投融资机制,发展相应的交易市场。支持和鼓励银行和企业发行绿色债券,培育第三方绿色债券评估机构和绿色评级能力,推动绿色信贷资产证券化,积极发展碳租赁、碳基金、碳债券等碳金融产品。

第三节　上海金融创新环境面临的主要问题

2009 年 4 月,《国务院关于推进上海加快发展现代服务业和先进制造业建设国际金融中心和国际航运中心的意见》提出,到 2020 年要"基本形成符合发展需要和国际惯例的税收、信用和监管等法律法规体系,以及具有国际竞争力的金融发展环境"。2019 年 1 月,八部委联合发布《上海国际金融中心建设行动计划(2018—2020 年)》,进一步强调要"加快与国际接轨,形成优良的金融生态环境,建设金融人才高地和制度创新高地"。市场化、国际化、开放性、协同性和绿色可持续性是良好的金融创新生态环境的主要特征,也是未来上海进一步优化金融发展环境需要努力的方向。

对标金融生态环境优化的特征,结合上海金融创新活动的实践,当前上海建设国际金融中心、优化金融生态环境的任务依然任重道远。具体来看,还存在以下主要问题。

一、金融制度不健全

中国社科院金融研究所(2005)以城市为研究单位,运用数据包络分析模型(DEA)对我国城市金融生态环境进行了定量分析,指出法治环境是城市金融生态环境各要素中贡献弹性最大的要素。因此,金融法律制度和政策方面存在的问题也是上海建设国际金融中心、实施金融创新亟须解决的核心问题。

某种程度上说,上海金融创新环境中法律制度方面的主要问题,也是全国范围的问题。近年来,我国的金融法治建设取得了较大进展,但与经济金融长远发展的要求相比,仍存在较大差距。

(一)部分金融法律法规仍滞后于社会经济发展

金融领域中部分法律规范较为滞后。在一些领域,如票据、现金管理、账户管理、金融统计等方面,法律制度落后于现实需要。部分法律规定过于原则、笼统,可操作性不强,部分法律规定与现实脱节,实践中难以执行。同时,一些市场必需的基础性法律制度,如存款保险制度、金融机构市场化退出机制、中央银行维护金融稳定及加强宏观审慎管理的法律制度安排仍然缺失;针对跨行业综合经营和交叉性金融产品,以及互联网金融等新业态,存在法律空白;法律的系统性、体系性还不够强。在金融立法工作上,部分立法项目制定时间过长,整体效率不高,不能适应不断变化发展的金融市场对法律保障的迫切需求。

(二)金融法律制度与完善金融市场体系建设的目标不完全匹配

与国外成熟的金融市场相比,我国金融市场尚不完善,金融要素价格尚不能完全市场化,金融管制还未完全解除。党的十八届三中全会明确提出要建设统一开放、竞争有序的市场体系,着力清除市场壁垒,提高资源配置的效率和公平性。

具体到金融领域,未来需要着力构建竞争性和包容性的金融服务业,健全多层次资本市场体系,稳步推进汇率和利率市场化改革,加快实现人民币资本项目可兑换,建立存款保险制度和金融机构市场化退出机制等。这些内容是对我国现有金融市场制度的重大改革,需要充分借鉴国际经验,加强金融市场相关法律制度的顶层设计,注意做好不同领域相关制度的配套和衔接,以法治保障金融改革新制度、新举措的顺利实施。

(三)金融法律制度与国际规则的衔接仍需进一步加强

当前全球经济结构深刻调整,围绕制度、规则、市场、技术、资源的竞争日趋激烈,我国发展面临的内外环境正在发生深刻变化。随着我国经济不断融入全球经济,我国金融体系在迎来前所未有机遇的同时,也面临着新的形势和挑战。必须深入研究金融服务业在全面履行世贸组织承诺基础上进一步主动开放的问题,推动中美、中欧投资协定谈判,同时处理好我国相关法律、司法制度与国际规则的衔接,处理好我国金融机构"走出去"遇到的法律冲突问题。

当前是国际金融体系改革的重要时期,上海应在金融业进一步对外开放的基础上,加快提升国际竞争实力,提高金融话语权,全面参与国际金融体系改革和国际规则的制定。同时,处理好国内规则体系与国际规则体系的冲突和衔接,解决好相关矛盾和纠纷,积极统筹国内国际两个市场,更好地维护国家利益。这些都需要在推进金融法制建设的过程中深入研究解决。

2018 年 8 月,上海金融法院正式挂牌。这标志着上海将在进一步推进国家金融战略,健全和完善金融审判体系,营造良好的金融法治环境方面积累经验,逐步与国际规则体系相对接。

二、社会信用体系仍需进一步完善

社会信用体系是从根本上降低交易费用、确保经济金融稳定有序运行的重要制度安排。近年来,我国颁布实施了《社会信用体系建设规划纲要(2014—2020)》,实施了统一社会信用代码制度,进一步健全了《征信业管理条例》《征信机构管理办法》等一系列征信法规制度。同时,我国已经开始建立全国信用信息共享平台,开通了"信用中国"网站,推进了失信联合惩戒机制建设,完善了信用建设的工作体系,广泛开展了诚信宣传工作,加强了征信监管。金融信用信息基础数据库收录企业约 2100 万家,2015 年累计查询 8800 多万次;收录自然人 8.8亿,2015 年累计查询 6.3 亿次。多层次、全方位的征信市场正在逐步形成,社会信用体系建设取得了一系列突破性进展。这些工作为上海建立完善的社会信用体系奠定了一定的基础。

事实上,上海的社会信用环境建设一直走在全国前列。1999 年 7 月,上海成立了全国第一家专业个人信用中介机构。2000 年 6 月底,上海市个人信用联合征信数据库初步建成,并诞生了中国首份个人信用报告。2004 年 2 月,上海市政府颁布实施了《上海市个人信用征信管理试行办法》,这也是国内首次为个人信用征集制定的政府规章。同时,上海市还与中国人民银行上海分行密切合作,在建立银行信贷登记咨询系统的基础上,开展贷款企业信用等级评定,协调各商业银行与联合征信系统的信息共享,使上海的信用体系建设在金融领域获得突破。2017 年 10 月,全国首部地方综合性信用条例——《上海市社会信用条例》在上海正式实施。

但是与建设国际金融中心的要求相比,上海的社会信用体系建设还存在不少问题。例如,在上海个人征信体系中,个人信用信息覆盖的范围还较窄,个人征信体系的应用范围也比较狭窄;而在保护相关人的合法权利方面也存在诸多问题,如自然人对于自身信用的知情权无法得到保证,仍没有能够解决个人信用争议的公共平台等。

总体上看,整个社会信用体系建设的主要问题体现在以下几个方面:

(1) 社会信用体系建设缺少法律制度支撑。当前,我国还没有关于信用建设正式的法律法规。许多相关工作都只能依据管理条例、管理办法之类的文件,法律的层级水平较低,难免在信用信息的征集、发布、利用等方面面临缺乏法律支撑的困难。

(2) 社会信用体系的建设缺乏联动性。社会信用体系的建设是一个系统工程。尽管相关各部门一定程度上认识到了信息共享的重要性,但囿于本系统的有关规定和利益问题,能够共享的信息量非常小且价值不高,信息资源的利用率较低,社会信用体系的建设严重缺乏联动性。

(3) 信用评估组织体系不健全,评级机构权威性低。信用评估组织是社会信用体系的重要环节。包括会计师事务所、审计师事务所、征信机构、信用评级机构和信用担保机构在内的各种组织作为金融交易的桥梁与纽带,在培养金融信用、有效降低信用风险、加速国际金融中心建设的过程中,发挥着不可替代的作用。目前,上海的金融信息服务中介在量和质两方面都存在一些问题。

首先,上海金融服务中介的数量还不能满足国际金融中心建设的要求,在经济规模、产业能级和国际化程度方面,与其他国际金融中心相比还存在较大差距。其次,在服务质量方面,比较突出的有会计机构、证券中介机构和金融信用评级机构的失信行为。一些会计机构在审计过程中省略必要的审计程序,放弃谨慎性这一会计师最基本的职业操守,甚至在竞争压力和利益的驱使下,一些会计机构一味迁就客户,为客户提供虚假报告。一些金融信用评级机构为了牟取不正当利益,蓄意或合谋故意隐瞒重要事实、发布虚假的信用信息,出具虚假信用评级报告或借助行政权力和私人关系等开展业务,甚至不惜采取低价格、高回扣、高评级的手段达到扩张市场份额的目的。这些现象表明,目前相关信用评估组织体系还不健全,评级机构的权威性较低。

三、公共服务的意识和能力仍需进一步提升

公共服务环境的优劣与政府行为之间存在紧密联系。政府提供公共服务的意识和能力是决定公共服务环境质量的重要因素。

为进一步改善金融创新的环境,上海市政府开展了多种形式的公共服务,如设立金融创新奖、发布金融创新案例、搭建金融交流合作平台等。2010年,上海市政府设立了"上海金融创新奖",旨在推动上海金融改革创新,优化上海金融发展环境,增强上海金融机构的综合竞争力。自推出金融创新奖以来,评选机制不断完善,评选范围进一步扩大,社会影响力日益增强,对推动上海金融创新活动发挥着越来越积极的作用。2014年,上海自贸区发布了首批金融创新案例,目的在于更好地宣传自贸试验区金融创新政策,让更多的金融机构学习借鉴、复制推广这些金融创新的模式、做法和经验,让更多的企业了解掌握和运用这些金融创新成果。此外,上海市政府还积极搭建各类对内对外金融交流合作平台。例如,2010年,上海与新南威尔士州政府签署了关于加强金融领域合作的备忘录,并于2012年起轮流在两地合作举办上海—悉尼金融研讨会。2015年,上海市金融服务办公室和新加坡金融管理局共同举办了首届"新加坡—上海金融论坛",为来自海内外的金融界人士提供了一个对话交流、寻求合作的机制性平台。2019年6月,第十一届陆家嘴金融论坛如期在上海举行,上海金融中心的国际影响力进一步提升。

今后,进一步提升政府各部门提供公共服务的意识和能力,形成服务合力,将是优化上海金融创新生态环境的关键所在。总体上看,金融公共服务的能力不强、意识不足主要反映在以下两个方面:①经济自由度仍然偏低,倾向于通过行政手段提供服务。与新加坡等金融中心的政府引导模式不同,上海国际金融中心建设中行政主导的痕迹仍然过重,经济的自由度并不高。当政府主要通过行政手段提供公共服务时,公共服务的能力和质量就会受到极大的限制,市场化的公共服务外包机构也难以实现宽松的成长。政府服务应当以市场为导向,注重提升公共服务的效率和质量。②行政效率仍有待提升。行政效率的提升主要与政府服务意识的提升以及电子政务环境的建设相关。

四、缺乏系统化、制度化的人才环境措施

人才环境是一个涉及城市诸多因素的综合系统。如果忽视人才环境的系统性，容易导致重视人才培育和引进，忽视城市本身对人才的长久吸引力；导致倾向于解决一时一地的人才需要，忽视人才成长的长期性和根植性。总体上看，缺乏系统性、制度化的人才环境措施使得上海在人力资源现状、智力资本潜力、国际人才流动便利性、职业资源前景及生活质量等方面的排名等级与伦敦、纽约等金融中心之间存在较大差距。

上海国际金融中心建设，人才软实力的建设是核心。通过系统化、制度化的人才措施，建立专业门类齐全、结构合理、具有较强支持功能的金融人力资源体系，逐步形成国际金融人才聚集地，是上海人才环境建设的主要目标。目前，上海金融人才发展的大环境还不够优化，反映在人才队伍上突出体现为以下3个方面：

（1）人才数量尤其是高质量金融人才数量不足。一般而言，国际知名金融中心金融从业人员占其全部从业人员的比重为10%，甚至更高。上海目前的这一比例还不到5%，存在较大差距。金融从业人员的总量无法满足金融业快速发展的需求，高端金融人才的数量则更显不足。

（2）人才的结构性矛盾突出。上海传统金融类的从业人员占全部金融从业人员的比例达到60%以上，而创业投资、科技金融、互联网金融等新兴领域和综合性领域的人才比较紧缺，金融高级管理人才和专业领军人才数量不足，结构性矛盾较为突出。

（3）人才的国际竞争力不足。上海具有国际视野、国际背景、国际经历的国际化金融人才十分紧缺，占全部金融人才的比例还不足2%。相比之下，新加坡的这一比例却高达20%，显示出两地在国际性人才方面的极大差距。

国际经验表明，在国际金融中心建设初期，政府大多对人才的集聚进行积极引导。而随着金融中心建设的不断深入，政府对人才集聚的直接介入将不再具有效率及规模优势，政府需要逐步退出微观的人才管理，转向行使公共服务职能。加大对金融人才公共政策、公共服务及产品的提供力度，形成系统化、制度化的人才措施，将是上海在商务成本居高不下、各地人才优惠政策趋同的背景下，形成金融人才发展新优势的关键所在。

五、亟须打造与上海城市精神相适应的金融文化

在长期的金融实践活动中,国际金融业形成了自己的主流正面文化,如法制文化、创新文化、敬业文化等。与此同时,国际金融文化中也存在诸多弊端,如利与信的问题、虚与实的问题以及王与霸的问题等。

所谓利与信的问题,是指金融应以信用为基础,但是出于对利益的极端追求,一些机构和从业人员违背职业道德,唯利是图。金融活动中诸如庞氏骗局之类的活动最能反映出利与信的问题。所谓虚与实的问题,是指金融虽然属于虚拟经济领域,但是必须与实体经济相协调,以实体经济为基础。过度虚拟化、投机主义盛行,将导致产业空心化,最终不利于整体经济的发展,甚至引发金融危机。所谓王与霸的问题,是指在金融全球化发展趋势下,金融涉及各国共同利益,因而需要各国共同参与的共同治理体系。但是当前国际金融中的霸权主义仍然存在,不利于全球金融的共同发展。这些表现为形而下层面的具体现象,实质是形而上层面国际金融文化扭曲以及国际政治生态在金融领域的具体反映。

改革开放以来,我国金融业在业务发展、法治建设、管理水平、体制转轨、服务社会等方面的进步,从根本上是金融文化不断发展变化的具体显现。适应当前我国经济发展的新常态,结合上海海派文化的精神内涵,打造与上海城市精神相适应的金融文化,将是优化上海金融创新生态环境的核心任务。

目前,上海金融文化中存在的问题既有全国乃至国际金融文化问题的一般性,也有自己的特殊性,总的来说体现在以下几个方面:

(1)求大求快,精耕细作的精神不足。多年来经济的高速发展,使得金融机构求大求快的思想越来越膨胀,"大而不倒"甚至成了一些机构不思进取的尚方宝剑。事实上,在当前经济社会全面转型的时期,如何适应经济社会发展的新常态,准确定位,精耕细作,将是未来金融机构形成自身核心竞争力的关键所在。

(2)发展模式趋同,跟风随大流现象严重。随着金融全球化的不断深入,金融机构之间的竞争也越来越多地体现为其核心竞争力之间的比拼,试图仍然通过跟风随大流来快速获取利润和生存空间的时代已经悄然过去。如何从过于单一化、趋同化的发展模式中跳出来,建立各自的文化小生境以及多样化、包容性的文化氛围,是每一个金融机构都需要思考的问题。

(3)缺乏忧患意识,短视文化盛行。目光短浅、热衷于追逐短期利益,使得

金融机构缺乏战略性、全局性的思维架构。相当一部分金融机构和金融从业人员只知金融不知其他，视野狭窄，一些中高层管理人员缺乏终身学习的意识，往往陷于具体的事务中，难以从战略的高度把握企业长远的发展。这种状态在经济快速发展时期可能看不出有什么问题，一旦经济发展陷入困境，短视文化的弊端就会显现。

第四节　优化上海金融创新环境的目标与路径

金融创新是上海国际金融中心建设的根本途径。加强金融创新，必须高度重视金融创新环境的优化。本节将在具体阐述未来上海金融创新环境建设阶段性目标的基础上，对每个阶段需要完成的主要任务及具体路径进行分析。

根据以上分析，上海金融创新环境的主要构成要素分为 3 个层面，一是作为基础要素的社会信用环境、公共服务环境和人才环境，二是作为核心要素的法律制度和政策、金融科技，三是作为根本要素的金融文化。相应的，未来上海金融创新环境建设也可分为 3 个阶段，即重点提升基础要素、重点完善核心要素、重点优化金融文化氛围。

基于当前新兴技术的发展日新月异，金融中心与科创中心加速融合发展的背景，未来 30 年上海优化金融创新环境，要始终将科技的发展与应用放在最重要的位置。以人工智能为核心的本轮科技革命目前仍处于进一步深化的过程中，新兴科技的进一步发展与应用必将对金融生态环境中的各类要素产生不可忽视甚至是颠覆性的影响。

一、2020—2025 年：重点提升基础要素

社会信用体系、公共服务环境和人才环境是上海金融创新环境的基础性要素。重点提升这些基础性要素可围绕以下几个方面展开。

（一）以打造服务型政府为核心，进一步改善政务环境

一是树立公权服务私权的行政理念，明确政府行政应该最大限度地尊重公

民的合法权利,树立公民是政府服务对象的现代服务理念;二是进一步提升公务员素质,树立正确的行政服务理念,强化建设服务型政府的动力机制。三是实行以公民与政府互动为纽带的新行政程序,强化公民在监督体系中的作用,问政于民、行政为民。

(二) 以发展金融信用中介为重点,进一步改善上海的社会信用环境

进一步改善上海的社会信用环境,一方面可大力扶持和培育知名的本土金融信用中介服务品牌。鼓励有条件的本土金融中介向国际化方向发展,尤其是逐步实现执业水平和管理水平的国际化。引导部分条件成熟的,经营规模、业绩、品牌在行业中领先的会计、法律、咨询信息等专业金融信用中介服务机构向集团化方向发展,形成全国、国际知名品牌的大型事务所;另一方面需要进一步强化金融信用中介行业协会的建设,通过行业的自律和规范,树立金融信用中介的良好社会形象,改善社会信用环境。

(三) 进一步形成体系化、制度化的人才发展环境

形成体系化、制度化的人才发展环境,是上海进一步提升城市综合竞争力、加快金融中心建设的基本保障。对此,一要进一步引导多元化社会资本着力于金融教育和培训相关领域,提高金融从业人员素质。引导境外人才固然重要,但本土化本地化金融人才的储备和培养对上海建设国际金融中心具有更加重要的战略意义。二要进一步完善人才发展的相关法律和制度体系,使得人才的相关工作有法可依、有规可循,避免人才制度和政策沦为解决一时一地需要的临时应急性措施。

二、2026—2035 年:重点完善核心要素

法律制度和政策体系是上海金融创新环境的核心要素,其进一步完善需要政务环境和人才环境等基础性条件的支撑。因此,完善法律制度和政策体系将是金融创新环境基础要素得到提升后的重点任务。在此阶段,需要做好以下几方面的工作。

(一) 配合国家金融法制建设,不断优化地方金融司法环境

今后一段时期,国家金融法制建设将在进一步修改《中国人民银行法》,保障央行依法履职;建立存款保险制度,维护金融稳定;规范互联网金融监管,促进互联网金融健康发展等方面有序展开。配合国家层面的金融法制建设,结合上海实际发展状况形成相关细则和实施意见,不断优化上海本地的金融司法环境,将是完善法律环境的重要内容。

(二) 完善上海金融发展的相关政策体系

建设国际金融中心,需要形成多种市场,需要发展各类机构,更需要协调各种关系。如何促使多元化的资金、人才、技术等资源形成合力,迸发出更多创新的活力和动力,是上海建立完善的政策体系需要思考的重要问题。能否在不断发展的经济形势中发现问题,找到问题的症结所在,快速反应,形成政策措施,并在进一步实践的基础上形成系统化的制度,是上海金融创新环境核心要素能否优化的关键所在。

三、2036—2050 年:重点打造良好的金融文化氛围

金融文化是一个国家或地区人文社会环境的重要内容。人文社会环境是一国经济和社会发展的深层次要素,同样,金融文化是影响一国金融发展的深层次因素。相比金融发展环境的其他构成要素,金融文化环境的建设需要更长时间的积淀。

打造良好的金融文化氛围,应以上海的城市精神为核心。城市精神,是指一座城市通过其市民的行为方式、生活方式和城市的景观体现出来的共同价值观念。它根植于城市的历史,体现于城市的现实,昭示着城市未来的精神风貌。城市精神是引导城市的价值取向,是城市形象建设的导向与核心。上海"海纳百川、追求卓越、开明睿智、大气谦和"的城市精神,体现了城市人文精神的优秀传统与现代价值取向之间的融合,体现了理性与激情的平衡。

在此基础上,"诚信、法治、包容、进取"可作为上海特色金融文化的关键词。而要使这种文化内涵渗透到每个金融机构、每个金融从业者的行为选择中,则需要"润物细无声"的长期努力。改变急功近利、求大求快的行为模式,摒弃盲目乐

观、单一狭隘的思维模式,加大宣传力度,通过常态化的氛围营造活动,真正实现金融文化氛围的优化。

常态化的氛围营造活动,一是要从小处着眼,以小见大,让普通大众都能够成为氛围营造的主体,从群众身边的小事入手,不断凝聚社会共识,实现"小活动营造大氛围"的目的。二是要融入百姓日常生活,使得"诚信、法治、包容、进取"的金融文化氛围的营造与人们的日常生活和工作实践能够有机结合,达到"百姓日用而不觉"的境界,在不知不觉中自然营造出良好的氛围。

上海应进一步挖掘优秀传统文化的历史记忆,寻找和确立城市社会氛围的独特根基和特质。在不断挖掘城市文化内涵、寻找城市文化记忆的过程中,更加突出鲜明的时代特色和海派特色,实现有机的文化创造,进一步丰富"诚信、法治、包容、进取"的金融文化氛围内涵,于无声处促进上海国际金融中心的建设。

需要指出的是,以上对金融创新环境优化的阶段性目标和路径的论述,某种程度上是出于理论探讨的需要,实践中将呈现出各类要素及其相应环境内容相互交叉、相互重叠的现象。理论探讨的意义在于明确当前及今后一段时期优化金融创新环境所需要聚焦的重点领域。

第十一章

金融创新中的风险防范

金融创新的源头主要有两方面：技术创新和制度创新。金融科技为金融业的发展带来了深刻的变化，有些变化甚至是颠覆性的，由此也产生了新的风险。主要是技术的复杂化与机构或个体的道德风险相结合，会触发系统性风险，偶然性和破坏性更大，难以监管。同时，科技公司和金融机构一样，都有"大而不能倒闭"的问题，由此形成了单个机构的脆弱性。在制度创新方面，自贸区和对外开放是最本质的，这必然带来国际金融市场风险的传递，以及国际资本造成的房地产和金融市场的波动。因此需要在金融中心建设的基础上下功夫，比如法治与信用秩序、治理结构创新以及提升对风险的预警能力。

第一节　金融科技创新与风险控制

一、金融科技的概念与内涵

（一）金融科技的概念

金融科技至今尚未有统一的定义。金融稳定理事会（Financial Stability Board）将金融科技界定为："技术带来的金融创新，它能创造新的业务模式、应用、流程或产品，从而对金融市场、金融机构或金融服务的提供方式造成重大影响。"它包括两方面内容，一是创新性科技，如大数据、云计算、人工智能、区块链等。目前,金融科技被较为广泛地应用于下列领域：支付和清算、融资、保险、投资管理和市场基础设施。二是新的金融业务模式。巴塞尔委员会将金融科技业务模式分为支付结算、存贷款与资本筹集、投资管理、市场设施等。比如,在银联之外诞生了第三方支付和网联;银行这一信用中介之外出现了 P2P 信息中介;各类交易所市场之外出现了股权众筹;IPO 之外出现了 ICO;法定货币之外出现了虚拟货币和数字货币;征信(央行征信中心)之外出现了大数据征信(信联);传统理财之外出现了互联网理财、智能投顾、各类大资管等;还有互联网保险、网络小贷、现金贷、助贷机构等。

(二) 金融科技的内涵

1. 去中介化

去中介化,突出的标志是迅速扩大的证券化金融资产规模。金融科技降低了从事金融业务所要求的专业知识、基础设施等门槛,金融大众化趋势越来越明显。传统上必须依赖金融机构才能获得的金融服务,现在可以由非金融机构或者个人提供。以前,银行、证券交易所是筹资的主要渠道,现在,P2P、众筹以及在我国被取缔的首次代币发行也可以为客户提供融资。过去占主导地位的以交易所为基础的经纪人,如专业经纪人、场内经纪人,逐渐让位于新出现的中介机构,后者也能为证券交易提供交易场所和流动性。原属于金融机构的传统金融业务向新入行的非金融机构分流,后者利用自己的创新技术向客户提供低成本的产品。

区块链的出现,使支付不需要借助传统的金融机构或者中央银行作为中央对手方即可在客户之间直接完成。为了获得更好的回报,消费者可以借助金融科技,自动在不同的存款账户或互助基金变换。

2. 金融市场信息不对称加剧

随着互联网、大数据等新技术的应用,金融市场原来存在的信息不对称得到改善。比如互联网融资平台使不同地方的交易者能够便捷地了解市场需求,同时也能以便捷的手段发放贷款。由此,大大降低了金融交易成本,使得金融普惠到更多的个体和更小规模的企业。但是,金融科技自身也带来了新的信息不对称问题。这几年 P2P 等互联网金融平台风险爆仓就是例子。由于一开始金融科技在分业监管下处于野蛮生长状态,互联网金融平台的运作缺乏监管,在复杂的技术包装下,外界很难看清其虚实。

二、金融科技创新的潜在风险

金融科技带来了更多的金融普惠性。线上支付更加便利、迅捷,并且降低了成本,让更多的人可以享受到理财、投资和融资的金融服务。例如,亚马逊 2017 年推出的 Amazon Go 就是把个人生物特征识别与云计算等技术结合,无须载体,可直接完成支付;区块链技术准确实时地记录交易者的身份、交易量等关键信息,从而降低交易中的虚假信息和道德风险。不过,技术从来都是一把"双刃剑"。各类新技术在帮助解决传统金融信息不对称问题的同时,也带来了利用技术复杂化欺骗消费者、算法黑箱、科技公司个体脆弱性等问题。

(一) 技术复杂化叠加道德风险

金融机构利用金融科技不断地创新复杂的金融衍生产品,加剧了金融市场和金融产品的复杂性。"金融体系在自身信息优势和投资者盲从条件下,可以扩展营销攻势,加剧信息不对称,急剧加速金融风险膨胀。"[①]

信息不对称是客观存在的,但是一旦叠加道德风险,就容易引发系统性危机。经验事实表明,金融体系往往扮演了金融风险及金融危机的始作俑者,而其他主体可能只是一个外部助推因素。有研究表明,商业银行的内部欺诈风险是占比最高的操作风险[②]。而金融科技的发展,使这种个体操作带来整体危机的风险更大了。

(二) 单个机构的脆弱性增强

金融科技的影响已经从支付、身份管理、征信、信息安全等金融设施领域逐步深入金融资源配置等核心业务环节。金融科技业务发展有赖于先进的技术和交易平台系统,交易频率以及交易量迅速攀升,如果出现技术漏洞或编程错误均会对金融市场产生巨大影响,衍生新的系统性风险。如果该金融科技企业规模足够大,一旦破产,风险就会迅速传递至与它有关联的企业。

出于成本和技术的考虑,越来越多的金融机构和金融科技公司将云计算、数

---

① 何德旭. 金融安全视角下的金融周期与金融风险管理[J]. 贵州省党校学报,2018(2):54 - 60.
② 万杰,苗文龙. 国内外商业银行操作风险现状比较及成因分析[J]. 国际金融研究,2005(7):10 - 15.

据存储等服务外包给第三方服务机构。而这些涉及数据的外包服务是金融基础设施的一部分,累积到一定程度会形成系统重要性,数据泄露或外包商的倒闭可能危及整个金融系统。

三、金融科技创新的国际监管经验及启示

(一) 金融科技创新的国际监管经验[①]

美国金融科技监管秉持柔性监管理念,将功能性监管与限制性监管相结合。2016 年,美国货币监理署发布《货币监理署:支持联邦银行系统负责任的创新》白皮书,指出负责任的创新即是创新或改良金融产品、服务和流程,以符合成熟风险管理及银行整体商业战略方式,满足消费者、企业和社区不断变化的需求。

英国金融行为监管局于 2016 年启动监管沙盒,为金融科技企业减少合规成本,为监管当局追踪金融科技发展提供便利。英国监管沙盒包括大量企业、行业数据和消费者真实反馈的信息,有助于初创企业完善创新产品或服务,缩短产品投放市场的时间,吸引更多投资和降低监管风险。

香港金融科技沙盒监管特点包括:①实行分业监管。香港金融管理局负责管理银行业及其科技支持企业的金融科技监管沙盒,申请进入香港金融管理局沙盒测试的主体是银行及其伙伴科技公司的银行相关业务项目。香港证券及期货事务监察委员会负责管理证券业监管沙盒,证券及期货监管沙盒的设立是为符合资格的企业在推广金融科技业务之前提供受限制的监管环境测试。香港保险业监管局负责管理保险科技沙盒,申请加入保险监管沙盒的主体是计划在香港推出保险科技及其他科技项目的保险公司及其协作科技公司。当保险机构对于金融科技业务合规性产生疑问时,香港保监局将从促进保险科技发展的角度考虑是否放松一些监管要求。②沙盒测试柔性空间较大。香港金融监管机构均未针对沙盒测试设定具体流程,也未列出沙盒框架下拟放宽的监管规定清单,而是建议金融机构自行联系合适的沙盒监管机构。③混业金融企业可以参与多沙盒测试。跨业态金融科技企业可以申请最匹配的沙盒测试,同时请求主要监管机构协助联络其他监管机构,便于同步使用其他沙盒。

---

① 徐枫,伏跃红,施红明. 金融科技监管的国际经验与中国探索[J]. 银行家,2019(4):100 - 102.

（二）金融科技创新的启示

区块链、云计算、大数据、人工智能等技术的应用，为金融创新和发展带来了新的机遇，但一些新技术被扭曲、大型技术公司风险高发等现象也给金融安全带来巨大挑战。金融科技监管需要平衡好创新和风险防范的关系。一方面科技手段将被更多运用在监管中，另一方面对于大型科技公司的金融业务须更加严格监管。

金融科技的四大代表性技术在风险管理场景下的应用深度有所差异，侧重领域也各有不同，且存在一些交叉。云计算技术为海量数据的运算能力和速度提升带来了突破；大数据技术主要应用于互联网金融的信用风险管理领域，解决信息不对称问题；人工智能技术是在大数据技术的基础上，主要解决风控模型优化的问题；区块链技术主要应用于支付清算等操作风险管理中的技术安全领域。

金融科技监管还应加强国际协调，在不断深入对外开放的过程中，增强与各国尤其是美国、英国、日本的合作。

第二节　金融制度创新与风险控制

与纽约、伦敦、香港与新加坡相比，目前上海国际金融中心的硬件水平已经是一流，但国际化程度需进一步提高，作为全球投资、融资中心的作用发挥不够，国际影响力不足。随着自贸区扩区、资本项目进一步开放、人民币国际化进程的推进，上海国际金融中心的对外开放力度会进一步加强。同时，当与国际金融市场的隔离门打开一定通道时，金融市场会打破原有的静态平衡，其他国家或国际市场上的金融风险更容易传递进来，金融风险会更具有国际传染性和突发性。同时，更多的国际金融机构入驻，金融衍生品的开发、金融机构之间的竞争也会加剧。当原有的国内垄断被打破后，原有的机构效率和理念会遇到真实的挑战。之前积累的信用风险更容易显化，金融泡沫破裂的风险加大。

再靠传统的静态环境下的以行政为主的监管手段已经落后于形势，当务之急是大力促进金融制度创新。一方面完善法治治理，包括提高法制和司法独立性;另一方面,进行金融治理机制的创新,促进金融业组织的生长,保护金融消费者,才能在开放环境中提升免疫力、完善系统性金融风险的控制。

一、我国金融制度改革历程及上海在其中的地位

金融制度是国家用法律形式所确立的金融体系结构,及组成这一体系的各成员(包括银行和非银行金融机构)的职责分工和相互关联。金融制度在长期发展中逐渐形成,并能演化成复杂而又结构清晰的系统。金融制度是由上层、中层和基础层构成的完整制度体系,上层制度指的是金融活动规范和金融交易规则;中层制度是指构成金融体系的金融机构和监管机构等;基础制度是指金融活动与金融交易参与者的行为准则。纵观改革开放 40 年,我国金融制度改革经历了四大阶段,上海作为中国的国际金融中心,特别是近期,处在中国金融制度改革的前沿阵地。

(一) 我国金融制度改革历程

1. 1978—1994 年:金融制度市场化改革阶段

1978 年开始一直到 1994 年是第一阶段,该阶段金融改革目标在于建立独立于财政的市场化金融机构体系,旨在创造与经济体制改革相适应的金融环境。该阶段金融体系中,监管体系主要由中国人民银行牵头;银行系统包括四大国有商业银行、各类股份制商业银行以及各地的城乡信用合作社;非银行业金融系统包括证券公司、保险公司、信托投资、基金公司和财务公司。但除了成立了很长时间的银行系统外,其他新生的金融机构的业务发展还十分缓慢,市场也并不活跃。

该阶段,金融渠道逐步取代财政渠道成为国家对国有企业提供资金的方式,无偿的拨款转化为有息的贷款,国家把资金分配的渠道由财政系统转变为银行系统,金融部门在国民经济中所起的作用日益重要。在国家实行财政拨款转为银行贷款后,为提高国有企业的资金使用效率,我国在资金的使用过程中嵌入了一些硬性约束机制。但由于国有企业的预算存在极大的伸缩空间,资金有偿使用这一机制并没有能够有效地提高国有企业的经营效益。国家为了保证国有经济产出任务的顺利完成,逼迫我国的国有金融机构继续承担原先由财政部所扮演的国有企业资金提供者的角色。这种情况一直持续到了 20 世纪 90 年代中

期,我国的国有企业改革也导致了国有银行大量呆坏账,累积了较高程度的金融风险,金融制度在此时的改革已经不可避免,亟须加快市场化转型的步伐。但改革的低收益和高成本使得金融制度的改革只能在政府强制主导下进行。1994年中国政府主导的国有商业银行的商业性业务和政策性业务的分离,并没有能够成功地使两者在各自的路径上获得良好的发展,也证明了金融改革的任务之艰巨。

在这个阶段,我国民营经济得到高速发展。20世纪80年代,我国民营经济的产业总值占整个国民经济产业总值的比重以每年2%的速度增长,到了1992年,更是突破了50%的大关。然而当时,由于国有企业对大量金融资源的垄断,民营企业融资难的问题日益凸显,从而造成了民营经济的发展瓶颈,当时金融制度改革理应顺着有利于民营经济的方向发展。当时也出现了一个较好的时机——证券市场的开设,这是开发利用增量(剩余)金融资源的机会。按照我国经济体制改革的逻辑和目标来看,增量的金融资源应当由国有和民营经济共享,或者根据市场的逻辑以金融资源配置的效率原则来调节增量金融资源的分配。但在当时国有企业经营进退维谷的情势下,大量的增量金融资源再一次充当了国有企业救命稻草的角色。只是这次成本承担的主体由国有金融机构变成证券市场的中小投资者。这是因为我国证券市场在设立之初的功能定位于为国有企业进行融资,而不是定位于为民营经济的可持续发展提供支持的基础性金融制度。

2. 1994—2003年:金融制度改革阵痛阶段

1994—2003年是第二个阶段。在这段时间里,为了进一步加强金融监管的专业性,提高金融监管水平,金融监管系统由原来的中国人民银行发展成为由证监会、银监会和保监会三家专业监管机构以及各类自律性金融组织所构成的金融监管体系。银行方面,除了四大国有商业银行外,政策性银行如国家开发银行和农业发展银行相继成立,股份制商业银行得到进一步发展,地方性商业银行也纷纷建立,包括农村信用社、其他存款贷款类金融机构也如雨后春笋般在全国各地铺开。股票证券、保险、基金等金融机构也借着经济发展的东风获得了迅速的扩张。外资银行在2001年中国加入WTO后加快了进入的步伐。2002年11月7日,我国颁布了《合格境外机构投资者境内证券投资管理暂行办法》,在QFII制度下,合格的境外机构投资者被允许把一定额度的外汇资金汇入并兑换为当地货币,通过受监管的专门账户投资我国证券市场,为我国证券市场的进一步发展增添了新的动力。概括来说,此阶段我国金融系统出现了更为多元化的金融市场活动主体,产生了许多如金融资产管理公司、汽车金融公司和各类基金管理公司。同时,伴随着金融市场的进一步活跃,我国的金融体系摆脱了之前空有机构而没有市场的困窘境地,初步建立起了独立于财政体制的具有市场化特征的金融体系。

这一阶段,政府实施了以调整国有银行经营策略为主要内容的金融体系和制度改革,包括:通过颁布《中央银行法》确立了中国人民银行作为我国中央银行的制度安排;在颁布《商业银行法》后将四家国家专业银行改造成为国有商业银行,同时还成立了国家开发银行、中国进出口银行等三家政策性银行;将城市信用社改建为管理方式更现代的城市商业银行;1998年发行了0.27万亿元的特别国债,以发行国债的方式为各个国有银行筹集资本金;成立了四家金融资产管理公司,承接管理四大国有商业银行的不良金融资产,为国有银行的上市做准备。

此阶段金融制度改革面临一个突出问题:基于以牺牲金融发展来支撑经济发展的模式与政府想要维护金融稳定的想法相悖。1992—1993年,金融机构的资金大量流入股市和房地产市场使得资产价格出现了严重的泡沫化,从而也引发了金融机构自身的危机。1993年国家对宏观经济实行了紧缩的政策,国有商业银行开始逐渐加强对贷款发放的管控,"惜贷"现象逐渐成为一种普遍存在。直至1998年,国有商业银行的经营重点才因为国家对国有商业银行不良金融资产的剥离和国有商业银行从欠发达地区特别是农村地区大量撤出机构而发生显著的变化。特别是在亚洲金融危机之后,国有商业银行撤并机构的情况和数据都证明政府对于以牺牲金融的发展来换取经济增长这种模式的改变。正是从这个时候开始,国有商业银行的惜贷造成了大量的信贷资金额存差。在1998年之前,国有商业银行一直保持着信贷资金额借差,而在1998年则首次出现140多亿元信贷资金额存差,随后信贷资金额存差逐年扩大,到2004年底则增加到了3.7万多亿元。研究表明信贷资金额存差是国有银行信贷发放行为和存款行为的一个逐渐分离均衡点,是一种非常巧妙的制度设计,但这种制度设计却加剧了民营经济的融资难问题。此阶段,国家开始加大长期性国债的发行,而长期性国债的最主要购买者就是国有商业银行,国有商业银行用于购买巨额国债的资金主要就是其经营上存在的巨额信贷资金额存差。通过国债交易,国有商业银行实现了利用信贷资金额存差的盈利目的,国家也从中获得了财政性支出的资金来源。这看似是一个双赢的结果,但是这种金融信贷资金向财政资金倒退式的转化是一种逆市场取向行为,真实反映了我国金融制度的结构性矛盾。金融系统积累的大量信贷资金额存差通过购买国债被转化为政府投资,使得民营部门的投资需求长期被抑制以及民营部门极度缺乏金融支持。这不仅仅是政府投资对民间投资的一种挤出效应,而且形成了一种相对稳定的替代关系。这是金融改革过程中,中国金融制度变迁的试错性和路径依赖特性的表现,也是中国经济反复出现"国进民退"现象的原因所在。深究根源,这正是金融制度改革在达到下一个均衡点之前的阵痛过程。

3. 2004—2010 年:金融制度市场化改革的深水区阶段

2004—2010 年是第三阶段,我国的金融制度改革进入了市场化的快车道,主要表现在国有商业银行企业化运营的改造方面,其初衷在于提高各类金融资源的配置使用效率,进一步增强国有商业银行自身的经营管理能力和"造血"能力。此阶段金融改革的主要任务是完成国有商业银行的企业化改造,使其具备按照市场规律办事的经营管理能力和现代化的企业组织结构。相应的金融制度改革可分为三步:第一步,完成政府和银行之间按照出资额比例为限度风险共担、利益共享的有限责任制度。实现这一步骤的主要措施是通过国家向银行注资的方式剥离国有商业银行的呆坏账,以达到商业银行运营所要求的银行总资产与其所欠债务的比率。第二步,进一步加强国有股份制商业银行的内部组织管理机制和业务运营机制的建设,建成现代化的良好企业治理制度。主要举措是通过向国有商业银行引入各种具有资质的投资者,在国有商业银行中构建董事会和股东代表大会制度并由董事会集体商议的方式来聘任和招募经营管理人员。第三步,进一步完善以第三方专业监管机构为主的监管制度。强化以金融机构资产负债率为主要内容的专业化监管模式。2010 年国有四大商业银行的全部上市是这一阶段金融制度改革完成最具有标志性的事件。虽然这次国有银行的市场化改革看似成功,但这一阶段的中国金融制度改革的目的是为了摆脱过于强大的行政干预,但事实上又不得不从行政干预开始,而且将在今后很长一段时间内受到行政干预的影响。上述的事实表明我国金融制度改革存在路径依赖于政府的问题。

4. 2011 年至今:支持实体经济金融制度改革新阶段

反思 2008 年金融危机(曾刚,2017),全球金融监管放松所带来的金融业繁荣,并未如愿带来实体经济同样的增长,反而导致金融机构甚至是实体企业自身的脱实向虚,经济结构严重扭曲,最终引发严重的资产泡沫和次贷危机,反倒给实体经济造成了严重伤害。

2011年至今,中国金融行业发展表现出3方面特征:①金融业规模快速扩张,远远超过实体经济的增长速度,引发了资产价格泡沫的风险;②在金融创新加速的同时,监管制度的完善相对滞后,导致套利业务盛行,大量风险游离于监管之外,特别是互联网金融的野蛮增长,P2P持续"爆雷"加大金融风险;③金融机构过于关注短期收益,对实体经济(尤其是对中小企业)的支持力度明显减弱,越来越多的资金投向金融市场相关领域,脱实向虚越发严重。以上种种迹象,均意味着金融繁荣与实体经济发展的背离,由于缺乏实体经济发展做支撑,金融业依靠"自娱自乐"带来的繁荣必然伴随着系统性风险的快速积累。新形势下的风险集聚呼唤金融制度改革,引导金融避免内部空转,而是实实在在支持实体经济发展。

为此,中国银保监会近几年连续督促银行业金融机构强化"两增"和"两控"目标的考核。其中"两增"指银行业金融机构全年努力完成单户授信总额1 000万元以下小微企业贷款较年初增速不低于各项贷款较年初增速,有贷款余额的户数不低于年初水平。"两控"指合理控制小微企业贷款资产质量水平和贷款综合成本,力争将小微企业贷款不良率控制在不高于各项贷款不良率3个百分点以内。中国人民银行于2018年4月发布《中国人民银行关于加强宏观信贷政策指导 推动金融更好地服务实体经济的意见》,引导银行业金融机构回归本源,防范风险,增强服务实体经济的能力和水平。面对互联网金融的野蛮增长,国务院办公厅于2016年10月13日发布了《互联网金融风险专项整治工作实施方案的通知》,旨在规范和净化互联网金融市场的运营环境,降低互联网金融平台的借贷风险,取得了阶段性成果(陈松,2020)。面对全球经济的持续疲软,中国通过金融制度创新支持实体经济发展和支持小微企业的改革方向短期内不会改变。

(二)上海在我国金融制度创新中的领头羊地位

2009年4月,《国务院关于推进上海加快发展现代服务业和先进制造业建设国际金融中心和国际航运中心的意见》明确提出:到2020年,上海基本建成与我国经济实力以及人民币国际地位相适应的国际金融中心。2015年9月,上海市人民政府出台《进一步推进中国(上海)自由贸易试验区金融开放创新试

点　加快上海国际金融中心建设方案》。作为自由贸易试验区的上海,拥有得天独厚的金融资源,在金融制度创新方面也是引领全国。

以上海试行资本项目可兑换的金融制度创新为例。2013 年 12 月 2 日正式发布的《关于金融支持中国(上海)自由贸易试验区建设的意见》(简称《央行意见》)规定,自贸区内居民可通过设立本外币自由贸易账户(简称居民自由贸易账户)实现分账核算管理,开展投融资创新业务;非居民可在自贸区内银行开立本外币非居民自由贸易账户(简称非居民自由贸易账户),按准入前国民待遇原则享受相关金融服务。依据"一线放开"的原则,居民自由贸易账户与境外账户、境内区外的非居民账户、非居民自由贸易账户以及其他居民自由贸易账户之间的资金可自由划转;而依据"二线管住"原则,居民自由贸易账户与境内区外的银行结算账户之间产生的资金流动视同跨境业务管理。"互通"和"渗透"则体现在,同一非金融机构主体的居民自由贸易账户与其他银行结算账户之间因经常项下业务、偿还贷款、实业投资以及其他符合规定的跨境交易需要,可办理资金划转。这实际上是通过自由贸易账户这个"中转站",在"一线"与"二线"、境内与境外之间留下一个流量可测、风险可控的管道,并且以"其他符合规定的跨境交易需要"这样的兜底性表述,为管道的拓宽预留了空间。

这种有限度放开模式的关键是以分账核算为核心特征的自由贸易账户系统。人民银行上海总部发布的《业务实施细则》和《审慎管理细则》对此做了颇为细致的规定。《业务实施细则》侧重自贸区分账核算业务的开展及相关要求,详细规定了上海地区金融机构内部建立分账核算管理制度的具体要求,以及自由贸易账户的开立、账户资金使用与管理等内容;《审慎管理细则》则主要根据宏观审慎管理和风险防控的要求,对分账核算业务管理的审慎合格标准、业务审慎合格评估及验收、风险管理、资金异常流动监测预警以及各项临时性管制措施等作出明确规定。二者从业务管理和风险防范这两个方面,共同构建起有利于风险管理的自由贸易账户体系框架。这个金融制度创新在全国走在前列,值得中国其他自由贸易区借鉴和学习。

二、金融制度改革与创新带来的风险

中国经济的快速发展催促中国金融制度改革和创新,以适应和满足新时期的要求。如前所述,金融制度的改革和创新也是一个不断试错的过程,中国金融实体和金融监管机构需本着审慎原则,时刻关注金融制度创新所带来的风险,具体可参考以下几个方面。

(一)金融制度创新本身自带试错性风险

国家政府对于新的制度安排的预期成本/收益等相关信息认知不完全,只能采取"摸着石头过河"的方式。换句话说,如果成本/收益能够达到国家政府的预期,政府就会继续将这一制度创新推行下去,以取得制度供给的持续收益,并且实现收益最大化。反之,如果新的制度安排所产生的问题和风险大于实际收益,或者说,当制度创新所导致的成本/收益与政府的主观预期不相符甚至背道而驰时,政府一般会就将这一创新的制度安排从制度供给中删除,甚至不惜走回原有的制度路径。事实证明,这其实是一种极不科学的制度安排方式。通常在这种不断试错的过程中完成制度创新,会耗费巨大的制度创新成本。这种制度创新的试错性特征也意味着我国金融制度创新,一直是在金融制度市场化深化与市场化压制之间有意无意地寻找平衡点,实际上选择的是一条金融约束的改革发展路径。针对以上问题,实际上我们应该根据金融改革面临的主要问题,进行一个完整的金融制度规划,增加制度实施的科学性,逐步落实各种金融制度,以求金融制度结构的均衡化发展,或者可以开展由点到面的区域性金融改革试点工作,这样有利于降低制度变迁的试错成本。我们要尽量避免采取"一步走"或者"一刀切"式的制度安排方式。因为这种看似有效率的制度安排方式,其实际所产生的风险和成本远远高于其所带来的收益,事实证明是制度安排的低效率或者无效率。

(二)国际金融风险更容易传染到国内市场

伴随金融制度的改革和创新,中国金融市场国际化进程加快,如沪港通、深港通。国际金融市场的波动更容易传染到国内,如果中国抗风险能力弱,就有可能造成国内金融系统波动,引发系统性风险。

国外渠道可以细分为四条子路径,其中两条是通过国家之间的贸易路径进行传导,即直接贸易路径和间接贸易路径。由于国内系统性金融风险的爆发,使得本币贬值,经过直接贸易路径,导致国内出口增加、进口减少,导致国外外汇储备减少,赤字增加,从而将风险传导至其他国家;经过间接贸易路径,使得国内的国民收入下降,市场需求减少,进口减少,使得国外出口减少,国际收支恶化,引发风险。另外两条是通过国家间的金融往来路径进行传导,即直接金融路径和间接金融路径。由于国家系统性金融风险的爆发导致投资性资本外逃,市场流动性降低,经过直接金融路径,相关金融机构向与本国有直接金融往来的国外金融机构进行拆借或者国外金融机构的直接撤资行为等,导致此国家受到影响;经过间接金融渠道,相关金融机构向与本国有直接金融往来的国外金融机构进行拆借以及国外金融机构的直接撤资行为等,导致与本国金融往来的第三国受到影响,引发风险[①]。

当资本被允许自由流动时,套利和套汇交易等短期跨境投机资本流动将大量存在。从国际经验的角度来看,资本账户开放将加大国际资本短期流动,短期资本流动的最大特点就是快进快出,其目的在于短期套利。大规模具有短期性、流动性、隐蔽性及投机性特征的游资流入境内后将抬高国内资产价格,造成金融资产泡沫化,资金获利抽离后金融市场将出现大幅波动。

海外长期资金主要以证券投资、国际借贷以及直接投资三种形式流入。当国际借贷资本大量流入国内证券市场时,会加剧证券市场的波动,产生经济泡沫,冲击国内金融市场的稳定。

随着金融账户开放进程的推进,国际资本尤其是短期投资资本流入一国证券市场和房地产市场明显增多,这使得资产泡沫膨胀且风险增加。当国际资本以抛出资产的方式流出并使得该国资产供给增加和价格下降时,会引起资本市场动荡和投资者的悲观预期。

墨西哥于1994年放开资本市场,当年50多家外国银行和保险公司赴墨西哥从事证券投机;当美国利率一上升,大量资金外逃,金融市场行情暴跌,爆发金融危机,引发了的通货膨胀率高达50%。

(三) 人民币汇率风险加大[②]

金融账户开放对外汇市场的影响表现在以下几个方面。首先,国际资本的大量流动会导致国际收支整体失衡或结构失衡。其次,金融账户开放使得一国外汇储备大幅度波动,从而导致外汇占款和货币供应量大幅波动。再次,大量资本流入或流出本身会加大人民币升值或贬值的预期,形成对人民币汇率制度的

---

① 吴婷婷,徐松松. 金融开放背景下中国系统性金融风险测度研究[J]. 金融理论与教学,2019(2):1-8.
② 方显仓,孙琦. 金融账户开放与三类风险的互动机制[J]. 世界经济研究,2015(2):3-14.

冲击。最后,短期资本突然逆转风险加大,当国际短期资本突然逆转流出时将导致该国外汇储备骤减,在外汇市场表现为外币需求增加、本币供给增加,这将加剧汇率动荡和外汇市场风险。

在金融账户开放的背景下,汇率变动对金融账户的影响可从预期效应和成本效应两方面理解。预期效应是指本币升值(或贬值)预期会导致资本流入增加(或减少)以及资本流出减少(或增加)。成本效应是指本币升值(或贬值),即境外资本进入本国成本上升(或下降)导致资本流入减少(或增加)以及资本流出增加(或减少)。稳定的汇率有利于金融账户的平衡,但如果汇率波动剧烈,则会引起市场的不同预期和投机动机,导致短期资本流动增加并同时削弱直接投资的作用。

三、金融制度创新的风险防范途径

防范风险不能靠对外抑制,而要靠对内提升自身实力。

(一)加强金融法治与信用秩序建设

金融市场的创新与发展需要规范的交易环境。而法治实现的效率取决于法律实施的交易成本,也就是说,法治的实现不是无成本的一张法令,而是具体的利益当事人之间的博弈。如果没有一个各个利益团体都必须平等遵守的法治规则,法律是难以实施的。法治不健全,金融机构和消费者的投机欲望就会增强,监管难度就会加大。加上金融市场天然具有信息不对称性和专业性特征,道德风险的概率就会增加。

目前,我国尚未建立完善的金融法律体系,致使出现金融机构发展不平衡和无秩序竞争。美国、英国等成熟金融市场对各类金融业务的监管体制相对健全,体系内各类法律法规协调配合机制较为完善,能大体涵盖接纳互联网金融新形式,不存在明显的监管空白。对于互联网金融市场这一新渠道业务,美国政府从宏观到微观建立了相对完整的信用风险管理体系。根据互联网金融特点迅速补充出台相关政策法规,如《爱国者法》《电子资金转移法》《诚实借贷法》《网络信息安全稳健操作指南》《国际国内电子商务签名法》《电子银行业务——安全与稳健程序》等法律规范,构建严密的监管体系并建立互相协作机制。充分结合现有征信体系,促进信用信息双向沟通。

美国注重和完善风险管控体系,特别是 2008 年金融危机之后,更加重视对金融市场信用风险管理体系的完善。英国利用市场化的征信公司建立了完整的征信体系,可提供准确的信用记录,实现机构与客户间对称、双向的信息获取;同时与多家银行实现征信数据共享,将客户信用等级与系统中的信用评分挂钩,为互联网金融交易提供事前资料分享、事中信息数据交互、事后信用约束服务,降低互联网交易不透明风险(陈秀梅,2014)。

借鉴国外经验,我们在建设国际金融中心时,也应该构建完善的金融行业信用制度体系和金融市场产权制度。对于金融行业信用制度体系首先需建立健全金融行业信贷信息登记咨询系统,其作用表现在:①可提高借贷人相关信息的透明度;②为金融债权提供信息咨询保障;③为金融机构进行日常信贷业务办理工作提供便利,有助于信贷业务管理工作水平的提高;④增强企业和个人的信用观念,规范企事业单位和个人的信用行为;⑤为各金融监管单位的金融监管和货币信贷政策提供有力的信息支持(窦俊祥,2000)。其次,需要推广完善信用评级制度。信用评级是现代市场经济中不可缺少的重要组成部分,对金融机构而言显得尤为重要。我国信用评级制度的建设应当先由政府大力推进,待到时机成熟再由市场来主导。信用评级制度的推广和完善,对于信用制度体系的建设和金融制度的创新是相当重要的一环。对于完善金融市场产权制度,需要遵循两条基本原则,即有效性和经济性原则。有效性要求金融市场产权制度必须被金融市场中的各个成员所接受和遵从;经济性则是指金融市场产权制度建设带来的收益必须大于制定及维护它的成本。这两个原则决定了市场化过程中各类产权制度建设必然是一个长期的渐进过程。

(二) 完善金融监管制度

金融制度的创新虽有风险,但如果有一套完善的金融监管制度可以约束,其风险可以控制在可接受的范围以内。但目前情况来看,我国金融的各方面监管尚处于起步阶段,无论是监管手段还是法律规章都很不完善。因此,当前我国金融监管的首要任务是建立一套科学规范的金融监管制度,加强对金融机构和市场动态的监管,防范可能产生的金融风险。一个好的监管制度安排应该既能满足应对传统遗留问题和实际情况的需要,又能考虑到将来可能发生的情况。为此,对当前完善我国金融监管制度,可从以下几个方面考虑:①进一步完善以央行、银保监会和证监会等依法监管为基础的金融监管机制,不断提高其专业化的监管水平,厘清这些监管部门之间的关系,明确监管范围和职责。②努力改进金融监管手段和方式。在明确监管目标的基础上,必须着力更新监管的手段和方式。③建立防范系统性金融风险、维护经济金融安全,以及金融风险的早期识别、预警和处置机制。④建立健全金融监管的协调机制,逐步从机构性监管转向功能性监管。⑤完善金融机构内控制度和行业自律制度。⑥加强中央银行与金融监管机构之间的信息共享机制。⑦加强国际层面上的监管合作,搞好金融机构监管的合作与协调,防范和抵御外来风险。

(三)加强行业自律组织的建设管理

行业自律组织是介于政府和企业之间的具有桥梁作用的非营利性社会团体,以实现行业会员的共同利益为宗旨。目前,我国金融行业领域的自律组织主要有银行业协会、证券业协会、保险业协会、期货业协会以及 2013 年成立的中国互联网金融行业协会等。这些协会的成立让不同类别的金融机构拥有了独立的自我管理、自我服务、自我约束、自我监督机构,也拥有了向监管机构及政府进行利益诉求的代言人。充分发挥金融机构行业自律组织的作用,将为金融制度创新创造宽松的、互利共赢的、公平开放的行业环境,为金融制度创新提供便利和引导。通过进一步发挥行业自律组织以下几方面的作用将有助于把控金融制度创新所带来的风险。

1. 进一步加大行业自律组织的独立性和自主权

从目前我国金融行业自律组织实际作用的发挥看,由于面临着登记管理机关和业务主管单位的双重管理,金融行业自律组织仍然具有很强的官办性质,与监管机构的行政关系未完全脱离,行业自律机构的工作很大程度上是为了配合监管机构的工作开展,是对监管部门政策的进一步传达和落实,成为监管部门进行监督管理的又一个办事机构。这种非完全独立的角色定位,使其并不能充分发挥行业利益代表人的职责,同时在监管部门的指导下工作,也无法体现出其独立的对行业会员的监督和约束作用。因此,要进一步妥当处理好金融监管部门与金融行业组织的关系,明确各自的职责边界,让金融行业自律组织具有更强的独立性和自主权,而不应该受到来自监管部门的干涉,使其能真正发挥出金融行业第三方组织代表会员利益、服务会员、监督约束会员、保障金融市场秩序的作用,这样行业自律组织才能客观地评判金融制度创新风险及其大小,发挥牵头防范金融制度创新风险的作用。

2. 进一步发挥行业自律组织的监督约束作用

金融行业自律组织既是会员的服务机构,也是监督约束会员、维持金融市场秩序、保证市场公平竞争的中间机构。目前,金融机构行业自律组织在发挥对会员的监督约束作用方面存在缺失,一方面行业协会对会员的监督约束不严格,也缺乏必要的惩戒手段,另一方面行业自律组织地位不独立,并没有很好地代表会员的利益,使得会员对行业协会的监督约束重要性及权威性认识不够。因此,行业自律组织一方面要强化其对会员的监督约束作用,建立起严格的行业自律规则,让所有会员入会时就要明确严格遵守行业自律组织建立的规则,另一方面要对违反行业规则的会员机构给予严厉的处罚,以便真正地推动公平竞争、维护市场秩序,进而推动金融制度创新的流程优化。

3. 进一步发挥行业自律组织真正为行业代言的作用

各金融行业协会由入会金融机构共同组成,会员大会是其最高权力机构,行业自律组织是会员金融机构的代表者,其所从事的一切活动最终是为了维护和保障会员机构的利益,服务于会员的需求,但目前金融机构未能真正将行业协会作为其服务的中间机构和代言人,行业协会也未能够真正站在会员的角度服务会员,因此,行业协会要真正站在服务会员发展的原则和立场上创新服务内涵,用一流的服务为会员创造价值,逐步构建起会员、监管机构和行业组织三者共赢、和谐发展的良好局面,这样在金融制度创新和风险控制方面才能发挥更为出色的牵头作用。

(四) 推进治理结构创新,完善国际金融中心共治化水平

伦敦和纽约是全球性国际金融中心,它们的管理有个共同点,即共治。据有关研究(朱文生,2010),两者的领导体制机制有如下特点。

伦敦金融城政府是世界上最古老的市政地方自治主体之一,是世界上唯一一个专门的金融区域地方政府。根据《约翰国王大宪章》的规定,伦敦金融城政府由以下机构和个人组成:伦敦金融城市长,参事议政厅,政务议事厅,选举产生的市政委员会委员、"城市管家"及各部门主管。金融城内众多公司及从业人员对伦敦金融城政府运作有选举权和发言权,参与金融城的决策管理。伦敦金融城政府主要进行基础设施维护、战略性经济规划、营造良好环境、建立和维持与各级政府及监管部门的良好关系等工作。伦敦金融城行政区划及政府组成了区域联合体,提高了区域内自治政府的行政能力和绩效,提供了更好的管理和公

共服务,有利于伦敦金融城维护其全球金融中心的领导地位。

为巩固纽约国际金融中心的领导地位,纽约市政府采用市场化方式确定纽约国际金融中心的城市管理者。由纽约市长任命纽约城委员会,它是民间商业合作组织,由纽约金融界、商界领袖代表组成。纽约城委员会工作目标是使纽约保持国际商业、金融的创新中心地位。委员会定期听取业界对重要经济、金融问题的反响,进行研究和政策制定,并为支持金融产业发展提供必要的基础设施建设。下设"全球竞争力办公室",此办公室联合业界和政府领袖一起梳理和提升纽约的市场环境,包括改变高税制、签证管制和高诉讼成本等金融发展环境。

当前,浦东陆家嘴金融城有一定的业界自治和社区自治,但在金融中心建设和管理方面,行业协会和各界精英的参与还有待完善。制度经济学强调"共有信念"。青木昌彦的研究表明,社会是由相互制衡的"域"构成。如果共有信念不改变,单个域的变革是难以持续的。我国地方政府在推动经济发展上做出了巨大贡献,但同时也导致了重复建设、GDP 导向而置环境不顾等严重问题。如果地方政府的政绩意识不改变,或者说没有科学的政绩考核标准,势必导致在社会制度建设领域出现同样的结果。

改革开放 40 多年来,我国的经济社会发展水平取得了举世瞩目的成就,生产力水平得到了极大的提高。但是,我国的金融发展水平相对于国民经济的发展水平来说还是有很大的差距,无法完全满足我国经济社会发展的需要。继续深化我国金融改革,实现新的金融制度创新就变得十分迫切。但金融创新也会带来相应的风险,金融市场主体和金融监管部门应当未雨绸缪,在推进金融制度创新的同时,控制好相应的金融风险,稳步前行。

第三节　金融产品创新与风险控制

金融产品创新既可指在金融领域内通过各种金融产品要素的重新组合和改变所创造或引进的新产品,也可指金融机构为适应市场需求,创造、引进或开发新的金融产品。金融产品创新就是金融资源的分配形式与金融交易载体发生的变革与创新,也是金融资源供给需求各方金融要求日益多样化、金融交易制度与金融技术创新的必然结果。

金融产品创新是一柄"双刃剑",既起到分散金融风险的作用,也能导致新的金融风险的产生和扩散。加强对金融产品创新风险的识别、建立有效的风险管理模式和风险防范体系,已成为金融产品创新过程中必不可少的重要环节。

一、目前我国金融产品的构成及创新演进

(一) 我国金融产品的构成

目前我国金融产品的主要种类可分为传统银行类产品、投资银行顾问类产品和其他新兴金融产品(谭毅,2014)。

传统银行类产品主要是资产类产品,可分为资产业务产品、负债业务产品、中间业务产品。资产业务产品是指商业银行把资金使用权让渡给客户或者交易对手,并从中赚取利息收入的业务。如流动资金贷款、固定资产贷款、个人消费贷款、贴现、存放同业、买入返售资产、购买他行理财产品等。负债业务产品是指客户将资金使用权交付给银行使用的业务,如单位存款、个人存款、同业存款、卖出回购资产等。中间业务产品是指银行向客户提供的不收取利息而收取手续费的业务,不形成商业银行表内资产或负债,如结算、汇兑、委托贷款、代理业务、代收代付业务、理财业务等。在资产和负债业务中,商业银行是作为信用活动的参与方,而在中间业务活动中,商业银行并不作为信用活动的参与方。现阶段商业银行的金融产品已经突破了业务分类的界限,互相融合,体现在整合金融产品和组合产品中。

投资银行顾问类产品主要是金融机构为客户的财务管理、投融资、兼并收购、上市安排、资产和债务重组等提供咨询、方案设计等服务。在当前国内金融机构的发展趋势中,提高中间业务收入是重中之重,而投资银行顾问类产品正是金融机构创造中间业务收入的有效途径。

其他新兴产品主要指期货、期权、掉期等金融衍生工具。

(二) 我国金融产品创新演进

近年来我国金融产品创新速度不断加快,产品种类持续增加,相较于传统产品而言,金融产品种类逐渐向着多样化发展,有很多具有很强代表性的产品被推出。但是我国很多金融机构的金融产品都存在同质化严重的问题,这导致我国

在金融产品创新方面遇到比较大的困难,一家商业银行推出比较新颖的金融产品以后,其他银行就会推出类似的产品,为了保障市场份额不受影响,很多商业银行都存在复制金融产品的情况,使得商业银行无法形成规模效应,金融产品无法取得预期的效益,无法占据更多的市场份额(李亚男,2020)。

以下重点考察银行业资产业务产品、负债业务产品和中间业务产品的创新演进。

1. 资产业务产品创新演进

近 20 年来,银行业资产业务产品创新活动较多,但主要还是局限于信贷类产品的创新,比如抵押方式创新、贷款还款期限更为灵活、创新产品目标市场地位更明确、产品交易自助化和网络化等。从服务对象看,个人和小微企业信贷类产品创新较多,而且不仅限于核心业务,更多趋向于综合金融服务,这主要是因为人们对生活质量的要求不断提高,个人和小微企业生产经营活动逐渐增多。大中型企事业单位信贷类业务产品创新基本体现在营销方案上,主要根据企业自身情况量身定制,满足其多样化需求。公司客户金融产品创新不再是单一结构的信贷产品创新,而是产品整合创新以便提供综合金融服务为主。可以按行业进行细分,也可以根据企业自身情况量身定制营销方案。例如,中信银行现代服务业务金融,将市场按行业划分成现代物流业、教育服务业、医疗卫生业、新闻出版业、现代旅游业、文化创意业等。比如针对医疗卫生行业,中信银行可提供医院固定资产融资服务、大型医疗单位集团现金管理服务、依托医保结算的金融服务和金融 IC 服务等;针对文化创意行业,中信银行为拥有优质商标权、专利权、著作权、电影电视等版权的企业提供版权质押贷款。浦发银行的整合品牌"浦发创富"是国内银行业首个全面整合公司及投资银行业务、凸显个性化金融服务方案的金融服务品牌,其提供五大领域的产品服务方案,包括现金管理服务方案、企业供应链融资服务方案、投行业务服务方案、资产托管服务方案和养老金服务方案。

同业资产业务上,近年来银行业产品创新主要集中在同业福费廷、持有资管计划、持有信托计划、购买他行理财产品、买入返售信托收益权、买入返售资产、同业代付等,推出的创新较少,主要是近年来监管机构对同业业务严监管的背景所致。

2. 负债业务产品创新演进

银行业负债业务产品创新主要集中在存款和理财产品上,不再局限于传统的银行卡、储蓄存款、存单存折等业务,其核心基本是渠道创新或付息规则创新。央行逐步放开利率管制,存款利率浮动空间进一步扩大,各家银行都在积极创新存款产品,提高市场竞争力,适应外部环境变化。此外,存款受本身特性的限制,即组成要素期限和利率,功能仅为保值或增值,且具备一定流动性,同时考虑到经营成本问题,所以产品同质化程度较高,且不像资产业务产品那样丰富。当前主要的负债创新产品是职能通知存款及其同质产品,特点是在7天通知存款的基础上每满7天结息一次。银行业负债业务产品具有以下特征:①建立在单位基本结算账户通知存款的基础上开发的衍生产品,是传统存款产品的升级换代;②存款满7天可享受7天通知存款利率,7天结算一次利息,利滚利,是一种对活期账户资金的增值服务;③与活期存款具有同等流动性,资金可提前支取,随时支付,不受任何限制;④基础业务仍然是存款业务,基本不具有投资风险。仔细分析不难发现,该类存款产品计息规则与货币市场共同基金账户类似,前者每7天结算一次利息,后者每天结算利息,前者利率低于后者利率,前者基本无风险,后者低风险。

负债业务产品渠道创新主要表现银行业机构积极开发电子存款账户,其储蓄功能、结算功能、理财功能等基本与银行卡无区别。

3. 中间业务产品创新演进

近年来,银行业中间业务创新较为活跃,比较突出的特征是各类金融机构之间的业务互相渗透和融合。比如大力发展代理业务,主要包括代理保险公司销售保险单,代理基金管理公司销售证券投资基金,代理各类公用事业收取各种费用,代理政府部门支付各类补贴,代理企业应收账款管理等;资产托管业务,托管的资产有证券投资基金、券商募集资金、信托计划资产、股权投资基金、保险资产、企业年金等;担保承诺业务,主要有银行承兑汇票、保函、备用贷款、开立信用证、提货担保等。

银行业金融机构将传统的中间业务植入综合金融服务领域和个性化金融服务方案中,尤其是在互联网技术支持的背景下,各种产品之间的联系更加紧密,专业化程度更高,关联度更强。比如兴业银行的"随兴游"产品,是该行向旅游消费者推出的金融服务,其核心产品是个人旅游消费贷款,同时还包括了保证金证明、购买外汇、购买旅游保险等多项金融服务。兴业银行的"兴业通"向个人经营者、个体工商户、合伙人或私营企业主等成长型经营业主提供量身定制的金融服务方案,它集贷款融资、支付结算、理财计划、贵宾服务与专属认同于一体,具有全方位、多层次的综合服务特征。浙商银行的"票据池"业务,是集票据托管及托收、票据信息查询、票据质押融资等功能于一体的综合金融服务,并可按照与客户的约定为客户开通部分或全部功能。招商银行的"金福计划",是该行为帮助企业吸引和留住人才而推出的员工福利规划与解决方案,提供金福计划方案设计、投资管理、辅助记账、信息披露等服务,按照管理模式的不同分为理财型金福计划和信托型金福计划。中间业务产品创新也不再是单一的产品创新,而是将各类中间业务更多地融入综合金融服务和个性化金融服务中。未来以客户需求为导向的金融市场、金融产品整合创新将不断出现,资产业务、负债业务与中间业务之间也变得越来越不可分割。

二、金融产品创新过程中的风险问题

金融机构在进行金融产品创新时,由于创新产品存在复杂性和不确定因素,会造成金融机构存在损失或无获利的可能性。风险控制是金融产品创新过程中需重点关注的环节。根据风险的属性,可以将金融产品创新过程中面临的风险分为信用风险、市场风险、流动性风险、操作风险以及法律风险。

(一)信用风险

金融机构的信用风险主要体现在客户购买金融创新产品后,未按规定履行合同从而给金融机构带来损失,与客户的信用级别、贷款质量及金融机构授信期限等密切相关。狭义的信用风险主要指交易对手无法偿付最终导致金融机构或债权人承担损失;广义的信用风险是指金融机构的信用或客户的信用受到不确定因素的影响,会发生实际收益偏离预期目标的情况。金融产品创新的信用风险多表现在信用卡透支或贷款等无法偿还,导致坏账和恶意贷款的产生。

(二)市场风险

市场风险主要指金融机构自身无法控制,但对金融机构运行环境有直接影响的风险,金融机构只能通过做好防范工作来规避市场风险。市场风险的种类有利率风险、汇率风险、股票风险、期限结构错配风险等,主要来自金融市场的快速变化,包括金融产品的供给与需求的变化、宏观经济政策的变化以及地缘政治格局的变化等。对金融机构来说,市场风险与创新的金融产品推广效果关系密切,创新产品能否满足客户的需求、能否在短时间内扩大市场份额,直接影响着金融机构研发资金的回收情况以及营销资源是否有效利用。

(三) 流动性风险

流动性主要指金融机构提供足够的资金以满足客户随时提取现金的要求,主要包括资产的流动性和负债的流动性两方面。资产的流动性是指金融机构的资产能够迅速变现的能力;负债的流动性是指金融机构在需要资金时能以较低的成本获得。金融机构在进行金融产品创新时需考虑:当流动性供给无法充分满足交易对象的需求时就会造成流动性缺口;金融机构,特别是商业银行,流动性严重不足时就可能造成挤兑现象的发生。

(四) 操作风险

操作风险是指对于创新的金融产品,由于金融机构职员的操作失误、道德缺失或内部系统设计的不完善等内部和外部因素,可能产生的直接或间接风险。操作风险可能由金融机构职员的不当操作造成,如故意提高审批额度、清算失误,也可能由客户的操作引起,如登录非官方钓鱼网站、密码过于简单、刷卡消费时被窃取信息等。某些金融机构对创新产品操作风险的管理也存在认识上的不足,这也会导致创新产品在推广和营销过程中可能形成风险。

(五) 法律法规风险

金融机构面临的法律法规风险主要是指产品交易合约中的某些部分由于不符合法律法规从而使该合约失去法律效力,或可能受到监管质疑或处罚而给交易双方带来的风险。对于金融产品创新而言,产品本身的创新特性决定了其相关法律法规制定的滞后,创新金融产品极有可能突破或超越现有法律法规的界定或关注范围,是否仍然合法合规需要法律专家或监管主体的进一步论证,而论证又在很大程度上取决于专家判断,随机性和偶然性增强。相较于传统的金融产品,创新金融产品合法性和合规性的保障程度可能较低。

三、金融产品创新风险的控制措施

(一)金融产品创新需定位好目标客户，从源头上降低信用风险

我国居民偏好储蓄，投资和消费理念较落后，加上自身金融知识的不足，对金融创新产品通常持保留态度，偏好保守型风险较低的理财产品。商业银行应该承担起向民众普及金融知识的义务，为创新金融产品的推广创造条件，有效找到目标客户群体。金融机构在进行产品创新时，不可一概而论，要根据市场状况对客户进行分类。一方面可以从区域上来划分，特区及沿海发达地区金融市场较活跃，管制相对较松，可以推出灵活创新度较高的产品，而欠发达地区可以先从保守型产品入手。另一方面可以将客户按照年龄层划分，对于追求新奇的年轻客户可以通过网络营销或推出优惠活动来吸引；对于有投资能力且有一定风险承受能力的中年客户来说，可以适时推出收益可观但有一定风险、形式较新的金融产品；对于追求稳健的老年客户，则以保障性低风险的产品为主。金融产品的创新必须符合目标客户的风险等级，合适的创新金融产品销售给合适的客户，才能从源头上降低信用风险。

(二)完善内部创新管理机制，控制操作风险和流动性风险，并减少市场风险的冲击

要在金融市场中保持良好发展趋势，金融机构不能仅通过粗放式的资产规模扩张方式来实现，还应注重精细化管理，完善内部创新管理机制。金融机构应制定金融产品创新管理办法，明确相关部门的职责和创新管理的流程。完善创新管理机制是有组织有计划地实施产品创新的过程，包括根据创新需求适时调整内部组织机构设置，对操作风险较大的创新产品提前设立风险预案；建立创新评估和考评机制，及时有效地评估流动性风险，将流动性风险的监控纳入绩效考评。金融产品创新要坚持以市场需求为导向、以服务客户为中心，建立与产品创新对应的配套服务体系，提高金融产品创新的效率。金融创新产品也是有周期性的产品，在产品开发中要注重时效性和推广应用性，这就要求金融机构对金融市场的需求变化快速做出反应，及时调整产品创新规划或流程，减少预料中和预料外市场风险的冲击。

（三）完善律法并加强监管以有效降低金融产品创新的法律法规风险

为了有效支持和监督金融产品的创新，相关政府部门和监管机构需做好以下工作：①加大对已经出台法律的执法力度，做到有法可依、有法必依、执法必严、违法必究；②对目前尚缺、无法可依的个别条款，要通过补充条款予以过渡，同时要对金融创新之后所涉及的法律条文适时进行修订，以适应金融创新有序发展的需要。

在金融创新活动中，管控金融创新风险是一项综合的、复杂的工作，不仅需要金融业各部门建立健全内部风险防护及评价体系，金融监管机构作为外部监管角色也显得尤为重要。为了适应新形势下的金融产品创新，金融监管部门应当实现 3 个风险监管理念的转变：①实现由微观审慎监管向宏观审慎监管与微观审慎监管相结合转变。2008 年美国金融危机的爆发说明了以流动性为主要监管目标的宏观审慎监管的重要性。因此我国金融监管除了要重视金融产品创新业务的微观审慎监管，还应重视对金融产品创新所导致的金融机构流动性风险进行宏观审慎监管。②实现由事后处理向事前预防和前瞻性监管转变。创新与监管是一种追求平衡的博弈，目的是将金融创新作为金融深化发展的原动力的同时，利用金融监管将风险降到最低。因此为防止金融监管的被动性和滞后性所带来的金融风险，将创新活动纳入有效监管，应加强监管的前瞻性。③实现由机构监管向机构监管和功能监管并重转变。随着我国金融产品创新业务尤其是表外金融产品创新业务的不断发展，很多金融创新产品业务范围已涵盖证券、保险及银行等各行业，当存在银行表外业务创新产品的交叉业务时，仅仅依靠机构监管往往达不到预期效果，只有采取机构监管和功能监管相结合的方式，才能对金融产品创新实施有效监管。

（四）建立科学的人才管理机制，才能保证金融产品创新稳步推进

金融机构持续推进金融产品创新，需要建立科学的人力资源管理机制，包括但不限于优秀人才引进机制、人才培养机制、梯队建设机制、公平竞争机制、激励约束机制等。比如通过金融机构内部培养，对员工进行新业务和新产品的培训，充分挖掘员工的创新潜能和创新意识；通过外部引进，聘用掌握金融工程、风险管理、理财等知识，且业务能力较强的复合型人才。任何创新活动都是人的创新思维和创新能力的外部表现，人才的缺乏会制约创新的一系列活动，但单纯地建

立创新考评机制,并不能充分挖掘员工的创新思维和创新能力,因此健全商业银行的内部激励约束机制对产品创新非常重要。金融产品创新超出个人能力之范畴,而表现为创新团队或创新组织的集体劳动成果,因此金融机构还需要营造良好的人文环境,建立科学的人才管理机制。管理的本质是处理人与人之间的关系,管理的意义在于通过有效的管理机制,建立和完善各种规章制度,并使之有效执行。建立科学的管理文化,树立以人为本的全面发展观,充分调动和激励员工的主动性、积极性和创造性,增强自主创新能力,打造一支高素质的产品开发队伍,才能保证金融产品创新持续稳步推进。

第十二章

迈向 2050 年的上海国际金融中心

上海"五个中心"国家战略的交汇,"四大品牌"战略的全面实施,勾画出未来上海经济社会发展的新蓝图。以人工智能为核心的新一轮技术革命持续深入,金融与科技的深度融合使得金融创新的内容和方向出现新的变化。这些都促使我们思考未来建设国际金融中心的基本目标与总体路径。

从中长期看,未来影响上海国际金融中心建设的最重要因素是我国经济贸易的发展水平、人民币国际化进程以及新技术革命的深入发展。经济贸易规模的扩大与人民币国际化进程的加快之间存在相互促进的关系,将极大地支持和促进上海国际金融中心的建设。新兴技术的突破性进展及其广泛应用使得金融创新和金融监管都面临着新的机遇和挑战。伴随全球金融中心的动态发展,作为全球功能性国际金融中心,未来上海国际金融中心的重要性将进一步突出。

第一节　国际金融中心的发展格局以及上海的机遇

伴随经济全球化程度的不断深入以及各国各地区经济综合实力对比的不断变化,全球重要的金融中心呈现一定的动态性特征,即国际金融中心存在一定的"替代—转移"关系。深刻认识这种"替代—转移"关系,把握其规律,挖掘上海面临的机遇与挑战,对上海建设全球金融中心具有重要意义。

一、国际金融中心发展的动态性

国际金融中心的基本特征是各类金融机构与金融市场高度集中,金融活动与金融交易高度繁荣,金融价格与金融信息高度凝聚。国际金融中心的基本功能是聚集金融机构,并发挥资金交易中介以及价值贮藏的作用。

从国际金融中心的发展实践看,国际金融中心之间存在一定的"替代—转移"关系。总体而言,伦敦、纽约始终处于金融中心的第一集团,处于第二集团的中心城市则变化不定,既有处于上升势头的城市,也有处于相对下滑趋势的城市,如东京。国际金融中心发展实践中的这种动态性特征,取决于理论和实践两个方面。

从理论上看,金融产品本身具有流动性特征。金融产品的交易成本越低、流动性越强,金融市场的效率就越高。为节约交易成本,金融业务总是倾向于向一个地方聚集,这就为形成金融中心创造了条件。金融产品内在的这种流动性特征源于资金的逐利本质。

从实践上看,国际金融中心的"替代—转移"是金融和经济发展的必然,是历史发展的产物。从金融发展史的角度来看,国际金融中心的这种漂移往往就是不同国家经济兴衰更替的过程。从13世纪的威尼斯,到18世纪的阿姆斯特丹、19世纪的伦敦、20世纪的纽约,再到21世纪的亚太地区,国际金融中心的阶段性漂移常常意味着一个时代的结束和另一个时代的开始。随着世界各国经济的不断发展,产业结构的不断升级,金融中心的内涵也随之发生着深刻的变化,金融中心的功能、内部结构、形成条件等也在发生着巨大的变化。

近几年来,国际金融中心的格局相对稳定,未发生大的变化,仍然呈现出明显的多元化、多层次的特征。就多元化而言,纽约与伦敦仍然占据着首要国际金融中心的地位,紧随其后的是分布在世界各地的城市。近年来,"纽伦港"全球金融中心第一阵营地位进一步巩固,但是新加坡、东京以及上海都是首要国际金融中心地位的有力挑战者。多层次的特征则主要凸显在空间地理结构上,国际金融中心在世界的版图上错落排布,各自占据着或大或小的辐射带,层次性较为鲜明。

二、亚太地区国际金融中心的地位不断提升

随着亚太地区区位优势的不断凸显,及其在全球经济发展中的重要性不断加强,亚太地区国际金融中心的地位也在不断提升。2018 年国际货币基金组织发布的《亚太地区经济展望》报告指出,亚太地区是全球经济最具活力的地区,2019 的经济增长将继续领跑全球。

英国智库 Z/Yen 集团与中国(深圳)综合开发研究院共同编制了全球金融中心指数(GFCI),2018 年第 23 期指数显示,香港、新加坡、东京和上海分别排名第三、第四、第五和第六位。全球前十大国际金融中心中,亚太地区占据四席。该指数从营商环境、人力资源、基础设施、发展水平、国际声誉等方面对全球重要金融中心进行评分和排名。2018 年第 24 期指数中,悉尼和北京又进入前十,亚太地区的六个金融中心占据了第三至第八的全部席位。亚太地区国际金融中心地位的提升可见一斑。

三、上海面临的机遇

当今世界政治格局仍然呈现"一超多强"的局面,崛起中的新兴大国借助技术革命等引发的后发优势,正积聚挑战传统大国强国地位的能力。中美贸易摩擦某种意义上正是这种政治格局力量变化折射到贸易经济领域的具体表现。相应的,世界经济金融格局也呈现出进一步多元化,发展的层次性和不确定性进一步突出的局面。在此背景下,各国和地区建设国际金融中心的竞争尤为激烈。起步较早的欧美国家不遗余力地巩固已有的金融中心地位,而以高速经济增长为特征的新兴发展中国家也不甘落后,牢牢抓住新技术革命以及经济金融中心转移可能带来的机遇,加快建设国际金融中心。

就亚太地区而言,香港、新加坡以及东京是发展水平较高的国际金融中心。上海、北京、深圳、悉尼、墨尔本等则是争夺亚太地区首要国际金融中心的有力竞争者。激烈的竞争对上海建设国际金融中心既是挑战也是机遇。在亚太地区激烈竞争的大环境中,上海要发展成能够媲美纽约、伦敦的国际金融中心,必须首先明确自身定位,在服务国内金融市场的基础上,牢牢确立在亚太地区的首要地位。

服务全国,建设国际金融中心,上海具有国内其他城市所不具备的独特优势。政策方面,中央政府给予了明确的方向指引。从 1992 年起,中央就已经明确了上海国际经济中心、国际金融中心以及国际贸易中心的战略定位,而这三个中心中又以国际金融中心为核心。2009 年,又进一步明确要在 2020 年把上海发展成为与我国经济地位相适应的国际金融中心。2019 年 1 月,八部委联合印发了《上海国际金融中心建设行动计划(2018—2020 年)》,指出了上海国际金融中心的建设目标和建设路径,明确了战略重点和推进举措。

基础设施方面,上海在国内各大城市中居于前列,完善的公共设施、便捷的交通,以及不断改善的营商环境都是上海建设国际金融中心的有力保障。互联网通信、信息化基础设施建设方面,上海也处于较高的水平。近年来,针对上海在营商环境建设方面的短板,上海市委市政府开展了一系列优化营商环境的行动,在硬件环境、客观的商业成本不具备优势的情况下,上海立足于优化软件环境,努力在提升商业服务上下功夫。从政府要做“店小二”的朴素理念,到真刀实枪地减免各类税费,针对不同成长周期企业的多样化服务支持政策,上海对标国际标准,打造世界一流营商环境的决心可见一斑。

此外,上海拥有的最大优势是区位优势。经济持续快速发展的广大内陆地区、长江经济带区域尤其是一体化程度不断提升的长三角区域是上海发展国际金融中心的坚实后盾。上海不仅位于长江的出海口,而且还拥有货物、集装箱吞吐量居于世界第一的上海港,为上海连接内地、服务本国金融,发挥自身天然港口的优势,建设有大量实体业务来往的功能性国际金融中心提供了优越的基础条件。

随着全球化进程的不断加深,新兴技术的应用范围越来越广、应用场景越来越丰富,世界经济之间的联系越来越紧密,全球范围内的分工与合作正成为主要的产业组织形式。适应这种发展潮流,建设上海国际金融中心必须在世界范围内寻求合作,共谋发展。这种合作首先体现在金融业务以及金融机构的国际接轨上。当前,我国的金融体制还不能完全适应国际要求,还存在较大的改革空间,尤其是交易系统以及交易结算制度亟须与国际接轨。其次,需要在金融监管上与他国合作,共同监管。最后,还需要进一步在人才培养与流动上与其他国际金融中心密切合作。

在立足亚太的基础上,上海应牢牢把握新技术革命以及世界政治经济格局变化带来的机遇,努力缩小与纽约、伦敦等国际金融中心的差距,积极寻求合作,提升和拓展国际金融中心的各项功能,巩固自身国际金融中心的地位。

第二节 金融创新与金融中心功能提升

国际金融中心的基本特征是各类金融机构与金融市场高度集中,金融活动与金融交易高度繁荣,金融价格与金融信息高度凝聚。按业务涉及的区域范围进行划分,国际金融中心可分为三类:次区域金融中心、区域性金融中心和全球性金融中心;按功能划分则可分为功能型国际金融中心与簿记型国际金融中心。

经过多年的探索与实践,建设功能型的全球国际金融中心已成为上海建设国际金融中心的基本定位。围绕这一基础定位,上海金融市场体系进一步完善,金融市场能级显著提升。截至 2018 年底,上海集聚了股票、债券、货币、外汇、票据、期货、黄金、保险等各类全国性金融要素市场,金融业务规模不断扩大;各类国际性、总部型、功能型金融机构不断涌现,在沪持牌照金融机构总数达到 1 605 家;新开发银行、全球清算对手方协会、人民币跨境支持系统、中国保险投资基金、中国互联网金融协会等一批重要金融机构和组织落户上海。

目前,上海正大力实施各项金融创新,提升上海国际金融中心的各项功能。上海需要在进一步增强国际金融中心集聚和辐射能力的基础上,大力拓展和提升包括融资功能、投资功能、定价功能、财富管理功能和风险管理功能等在内的各项服务功能,提升上海国际金融中心的能级水平,努力比肩香港、新加坡国际金融中心,不断缩小与纽约、伦敦国际金融中心的差距,到 2020 年基本建成国际金融中心,到 2050 年建成与纽约、伦敦具有同等影响力的国际金融中心。

国际金融中心演进的核心标志是其功能的不断提升。相关功能的不断提升在很大程度上依赖于各种形式的金融创新活动。这一点可以从历史和现实的诸多实践中清晰地看到。

一、金融创新促进金融中心功能的提升

(一)金融创新不断提高跨国结算和支付手段的便利性

历史上,意大利人发明了汇票,解决了当时集市贸易中商人携带现金结算的

麻烦,大大方便了交易。但是当时的汇票不能转让和贴现,只限于在集市进行支付和结算。阿姆斯特丹金融中心开创了国际票据结算体系,汇票可流通,异地可交换,但是不能贴现。伦敦金融中心又进一步创新,票据不仅可贴现,还可以承兑并流通转让,伦敦出现了贴现所和商人银行,前者主要进行国内票据的贴现,后者主要对国际票据进行承兑,伦敦金融中心建立起了比较完善的票据贴现体系。由此可见,通过金融创新,国际金融中心的跨国结算和支付功能得到了不断的提高。

(二)金融创新不断扩展和提升金融中心功能作用的渠道

从历史演进来考察,国际金融中心最早的功能作用渠道是银行,然后才是金融市场。通过金融创新,它们在内涵和内部结构上不断优化。佛罗伦萨金融中心的功能作用渠道主要是最原始的金融机构——家庭银行,但是其规模小、抗风险能力差、信誉不高。阿姆斯特丹金融中心创立了第一家具有现代意义的银行,该银行不仅统一了度量衡,还解决了当时货币不统一和币值没有保证的难题,具有极高的信誉,成为欧洲的储蓄和兑换中心以及贵金属贸易中心。该银行还建立了国际票据清算中心,解决了异地票据交换的问题。与早期的家族银行相比,该银行规模大,具有公共性,信誉高,业务能力和功能作用明显提高。阿姆斯特丹通过金融创新拓展了金融中心功能作用的渠道,创立了世界上第一家有组织的交易所,实现了第一家公司股票上市场流通,不仅标志着金融市场的形成,而且初步显示了资本市场的投融资功能、交易功能、存量资产配置功能以及风险流动功能等。

通过金融革命,伦敦国际金融中心创立了世界上第一家具有现代意义的中央银行,并形成了比较完善的信贷体系;伦敦还通过创新建立起了相对完善、规范的金融市场体系,即以票据贴现和承兑为主的国际货币市场,以债券市场为主、以股票市场为辅的资本市场,以及保险和再保险金融市场。功能渠道的完善推动了金融功能的发挥。国际金融中心集聚了丰富的金融资源,形成了多个蕴含巨大能量的金融辐射点,辐射媒介的流量显著提高,国际金融中心的跨国资源配置功能得以突显。20世纪50年代末,伦敦国际金融中心还适应世界经济发展对美元的需求,创立欧洲美元市场,引领了国际金融中心的潮流,具有划时代的意义,大大提升了国际金融中心的功能作用。

纽约国际金融中心在模仿、创新以及不断试错中逐渐提升自身功能。早期的纽约模仿英国的金融体系,建立了以中央银行为主导的银行体系,以及以债券市场为主导的金融结构。伴随着股票市场的发展,美国经济日渐强大,纽约国际金融中心由货币引资中心逐步发展为国际货币资金的控制中心,成为跨国资源的配置中心。同时,围绕着为以股票市场为主的资本市场服务,纽约出现了一系列的金融中介机构,如投资银行以及证券公司、信用评估机构、资产评估机构、会计师事务所、基金公司等非银行中介机构,使金融机构不再局限于银行,而是扩展到金融中介。大量非银行中介银行的产生,发挥了重要的风险过滤功能、产品创造功能以及定价功能,不仅拓展了金融中心的功能渠道,而且与发达资本市场组成了发达的国际资本流动平台,促进了资本市场功能的发挥并向更高阶段演进。

20 世纪 70 年代,作为公开募集股票市场的一个补充和制度创新,以美国为先导,以创业投资、风险投资为核心的有组织的私募市场得到了迅速发展。美国为适应第三次工业革命的需要,创建了新的资本市场——纳斯达克市场,专门为高科技中小企业服务,已经成为美国许多高科技企业的重要孵化场所。此后许多发达或发展中国家纷纷效仿,推出各自的创业板市场。正是在过去几十年间,风险投资、创业板市场等制度创新的出现,使得从事风险投资、创业板市场投资的能够满足不同发展阶段企业权益资金需求的多层次股票市场体系真正得以形成。为适应 70 年代以来世界经济形势的新变化,纽约金融中心不断进行金融创新,建立了多种金融衍生品交易市场,满足了国际金融中心对风险管理的需要。总之,通过金融创新,纽约国际金融中心形成了全面的金融中介体系和金融市场体系,金融功能作用得到了显著提高、扩展和深化。

(三) 金融创新不断创造和提升金融中心功能实现的手段

一般情况下,金融工具或金融产品是国际金融中心功能实现的手段。伴随国际金融中心的变迁,金融工具或金融产品由单一到多样化,由简单到复杂。

从金融工具创新的历史进程看,传统的国际金融中心在金融工具上的创新主要是适应实体经济对金融支持的需要。如前所述,金融创新提升了汇票的结算和支付功能。除了单一的金融工具通过金融创新不断提升功能作用外,与国际金融中心功能作用渠道相匹配,金融工具也在不断推陈出新,以适应新市场新功能的新需要。佛罗伦萨主要的金融工具就是简单的汇票,阿姆斯特丹却创造了世界上第一只可流通的股票以满足投融资功能的需要。伦敦金融中心不仅有多家上市公司的股票可供交易,而且还有规模巨大的债券市场、海上保险和再保险市场等。但是伦敦金融中心受《泡沫法》的影响,股票种类有限。20 世纪 60 年代,伦敦金融中心还推出了欧洲债券,以满足跨国公司对美元的需求。纽约金融中心的主要交易工具是股票,不仅上市公司规模大,而且股票种类繁多。

20 世纪 70 年代以来,金融创新中最常见、影响最大的是衍生金融工具的创新。创新的主要目的是适应市场环境的变化以应对风险管理的需要。例如,为了转移利率风险、汇率风险、通货膨胀风险,70 年代出现了 NOW 账户、浮息票据、浮息债券、与物价指数挂钩的公债等;规避现货交易风险的需要而产生的期货、期权;80 年代出现了货币期权、期货期权、货币互换、利率互换"四大发明";为规避系统性风险创造出了股指期货。在股指期货产生之前,股票市场的投资者只能通过投资组合的变化防范非系统性风险,对系统性风险却难以规避。股指期货出现后,投资者可通过股票现货和期货市场的套期操作来防范系统性风险。金融创新是金融中心功能实现手段不断提升和创造的重要途径。

二、上海国际金融中心功能提升的主要瓶颈

目前,上海国际金融中心建设的国内外环境正在发生深刻而复杂的变化。上海国际金融中心建设正处在由内向外的开放创新期、由扩大规模到更加注重质量的结构转型期、由集聚资源到提升功能的发展升级期。2019 年 3 月,第 25 期全球金融中心指数显示,上海位列纽约、伦敦、香港、新加坡之后,首次超过东京排名全球第五。上海国际金融中心的地位正在稳步提升。

未来一段时期,上海国际金融中心的建设应紧紧围绕服务实体经济、防控金融风险、深化金融改革这三项重大任务,提升上海国际金融中心配置全球金融资源的功能和服务我国经济社会发展的能力,进一步带动长三角区域一体化发展,不断增强上海国际金融中心的辐射力和全球影响力,确立以人民币产品为主导、具有较强金融资源配置能力和辐射能力的全球性金融市场地位,基本形成公平法治、创新高效、透明开放的金融服务体系。要建成与我国经济实力以及人民币国际地位相适应的国际金融中心,上海目前还面临着金融业总体开放水平不足、金融发展环境仍需优化、金融人才结构性短缺等关键瓶颈。

(一) 金融业的总体开放水平不够

近年来,上海一直在加大金融业开放的力度,在金融机构"走出去"和"引进来"、加快人民币国际化进程、深化金融监管国际交流与合作、扩大金融市场开放水平等方面均有新的举措,有效提升了金融业开放水平。尽管如此,上海乃至全国金融业的开放程度总体上仍滞后于经济对外开放的步伐。未来应努力通过上海自贸试验区进一步加快金融开放,服务"一带一路"建设,促进资金互联互通,成为国内外金融资源配置与合作共赢的重要节点。

(二) 金融发展环境亟须进一步优化

到 2020 年,上海要"基本形成符合发展需要和国际惯例的税收、信用和监管等法律法规体系,以及具有国际竞争力的金融发展环境"。金融发展环境的进一步优化,将成为促进上海国际金融中心功能提升的重要因素。

在金融法律制度建设方面,部分金融法律法规滞后于社会经济发展,与完善金融市场体系建设的目标不匹配,亟须进一步加强与国际规则的接轨。社会信用体系建设方面,一是缺少法律制度支撑;二是缺乏经济、社会等各个层面的联动性;三是信用评估组织体系不健全,评级机构权威性低。此外,政府提供公共服务的意识和能力仍有待提升。上海国际金融中心建设中行政主导的痕迹仍然过重,行政效率也需要进一步提升。这些都在很大程度上制约着国际金融中心功能的实现和提升。

(三) 金融人才结构性短缺

目前,上海还缺乏系统化、制度化的人才发展环境,金融人才呈现结构性短缺的特征。一是高级金融管理类、专业技术类高端人才的数量不足;二是创业投资、科技金融、互联网金融等新兴领域、综合性领域的人才比较紧缺;三是国际化人才短缺。金融人才的结构性短缺,是上海国际金融中心实现功能提升的根本性瓶颈。

未来上海应进一步加快与国际接轨,形成优良的金融生态环境,建设金融人才高地和制度创新高地;形成以人工智能、大数据、云计算等新兴技术为重要特征的金融创新体系,提升上海国际金融中心的金融资源配置能力和辐射能力。

第三节 迈向 2050 年的上海国际金融中心

　　未来一段时间,在保持稳定的社会政治环境的前提下,我国的经济贸易基础将进一步加强。2020 年以后,人民币的国际化水平也将大幅度提升。金融科技引领的各类新兴金融活动主体的创新活动将进一步活跃和规范。到 21 世纪中叶,上海国际金融中心将在建成亚太地区重要国际金融中心的基础上,进一步与纽约、伦敦国际金融中心形成三足鼎立的局面。

　　当前,对上海建设国际金融中心影响较大的因素当属人民币的国际化。从理论上看,货币的国际化通常分为三个步骤:第一步是本币成为国际贸易的主要结算货币,第二步是本币提升为国际投资(如股票、债券、外汇交易)的主要结算货币,第三步是本币进一步提升为主要国际储备货币。其中,成为国际贸易结算货币是不可逾越的环节。

　　理论研究表明,贸易结算功能突出的国际货币,由于具有真实的交易基础,其国际地位更为稳定;而贸易结算功能较弱的国际货币易沦为纯粹的投机、投资工具,即使作为外汇储备,也会受到汇率波动的重大影响。美元在长期汇率走弱的情况下仍是各国主要的储备货币,原因在于它是国际大宗商品最重要的结算货币。与之相反,在日元国际化的过程中,以日元计价的投资市场发展很快,但日元在国际贸易中的使用相对不足,导致当今日元的地位不断下降。此外,发展投资结算功能的难度相对较大也是货币国际化首先从贸易结算功能开始的一个原因。发展人民币投资市场的前提是资本账户开放以及人民币利率、汇率的市场化,进而建立一个资本可以自由流动又无明显套利空间的金融市场。这需要在中央层面改革监管体系,重新分配多个部门的职权,难度大、耗时长。因此,发展人民币的贸易结算功能应是现阶段人民币国际化的重点。这需要积极培育跨境贸易人民币结算市场,在时机成熟之后,开始稳步发展以人民币计价的金融市场,最终推动人民币成为主要国际货币。

　　人民币国际化需要三个前提条件:一是需要长期稳定的政治格局。我国国内政局一直十分稳定,同时具有较高的国际政治地位,在世界政治舞台上发挥着重要的作用。这种稳定的政治格局可以加强人民币在国际上的地位。二是需要强大的经济实力支撑。美元、欧元、英镑等长期作为世界货币,与其发行国雄厚的经济实力密不可分。就目前的经济形势来看,继续保持稳定的增长速度,维持物价稳定以及国际收支基本平衡,具有现实基础,因而基本具备了实现人民币国际化的经济条件。三是需要健全金融体系的支持。充当世界货币是一种货币符号,由其发行国的中央银行发行、调控,又由整个银行系统和其他经济机构支持和运作。因此,一种货币能否胜任世界货币职能,其发行国必须拥有一个先进的银行体系。宏观金融调控能力的强弱很大程度上决定着金融业的稳定,进而影响着汇率和币值的稳定。

货币国际化后,由于国际上各类经济金融危机和动荡时有发生,使得国内经济金融领域常常面临着外来的冲击。为了减弱和及时消化外来的种种冲击,国际货币发行国的宏观金融管理部门必须具备强有力的宏观金融调控和监管能力。目前,上海已基本建成了现代银行体系和金融市场体系,经营管理水平不断提高,业务创新能力显著增强,基本具备了人民币国际化的前提条件。

伴随人民币国际化水平的不断提升,结合国内外经济金融发展背景、我国经济贸易发展趋势以及新技术革命的持续深入,笔者认为,到 2030 年,上海将全面超越东京、香港、新加坡等金融中心,成为在东亚地区脱颖而出的金融中心;到 2050 年,上海将成为与纽约、伦敦实力相当的全球金融中心。

一、全球金融生态环境正在重构

以人工智能、大数据、云计算、区块链等为代表的科技革命,正以前所未有的速度和力度向金融行业渗透,全球金融生态环境正发生着颠覆性变化。展望 2050 年,上海应充分把握新一轮科技革命所带来的机遇,在金融科技等领域率先形成先发优势,打造全新的金融生态环境,加速迈向全球顶级的金融中心。

2017 年以来,中国的金融科技行业从早期的萌芽期进入加速发展期,在全球处于领先地位。金融科技企业不直接从事金融服务,而是通过提供核心技术与专利,与监管部门、金融机构及相关企业建立战略合作关系,为金融监管、金融产品创新及金融基础设施建设提供新思路。

金融科技已对金融业的存款、贷款、支付、融资、投资管理等基础功能产生了巨大冲击。不仅如此,整个金融业的运行模式也发生了巨大变化。与传统金融机构的运行模式不同,金融科技的运作是平台式、非网点式的,其特点是轻资产和重数据,并且赋权于客户。金融功能以及金融业运行模式的变化极大地冲击着现有金融体系,使得金融的生态环境正在不断重构。

金融科技的快速发展也给现有监管体系带来重大挑战。我国现有的以机构为主的监管框架,很难实现对金融跨界化、科技化产品的监管,未来亟须实现监管理念、监管手段和监管模式的创新。伴随监管科技的发展及广泛应用,监管当局应及时转变理念,树立起主动性、包容性、适应性、功能性与协调性的监管新理念,一方面将新兴技术作为提升金融服务效率与监管能力的重要手段,另一方面则要主动防范新兴技术所带来的新型风险,实现金融科技创新与风险管控之间的动态平衡。

二、未来国际金融中心发展的新内涵

随着科学技术的日新月异,金融服务的边际成本将日益趋近于零,这将大大扩展金融服务的深度和广度,一个扁平化、高效率的金融体系终将出现在人们面前。而支撑起这张金融大网的是要素高度集聚的国际金融中心。要素的集聚将进一步提高规模效应,大幅降低运营成本,加强服务能力,使无边界的金融网络成为可能。作为金融要素流动的节点,未来的国际金融中心将更多地作为金融信息汇聚和分析中心、人才集聚中心、金融产品创新中心和金融规则制定中心而存在。

国际金融中心将是金融大数据中心。在传统金融体系中,资金和信息是支撑国际金融中心地位的最重要因素。随着金融交易方式的改变,资金将不需要通过金融中心进行周转,而是直接在本地完成匹配。因此,信息作为最重要因素起到的作用将越发突出。大数据平台的建立将通过规模效应显著提高信息处理速度和处理精度,吸引更多有效信息向金融中心汇聚,并形成良性循环,巩固金融中心的地位。

国际金融中心将是金融人才高地。在影响全球国际金融中心指数的各因素中,金融人才被认为是最重要的因素。金融人才的高度将决定未来金融中心的高度。新技术蓬勃发展的大背景下,未来金融中心建设所需的人才将更加的多元化、复合化、高端化。未来的国际金融中心将成为各类金融人才集聚和交流的中心。

国际金融中心将是金融创新中心。依托新兴技术,金融大数据与金融人才的结合将产生大量目前难以想象的金融创新,未来的国际金融中心将不仅是金融产品的创新中心,还将是其他各类金融创新包括监管创新的主要策源地。

国际金融中心将是金融科技中心。金融科技进入持续快速发展阶段,行业生态间将出现更多开放与连接。金融科技对金融生态系统、对金融中心整体功能的巨大冲击还将在未来一段时期持续深入。面对金融科技的浪潮,传统持牌金融机构纷纷加大科技投入,或成立金融科技子公司,或积极寻找金融科技合作伙伴。随着金融市场主体的科技研发与应用水平的不断提升,金融业的运作模式将发生巨大变化。金融科技中心将成为国际金融中心的应有之义。

国际金融中心将是金融规则的制定中心。在一个扁平化的金融世界中,为更加有利于发展程度参差不齐的各国金融机构接入金融网络,必须有统一的金融规则。制定规则是实力的体现,是话语权的体现。金融规则的制定者必将是立于国际金融体系顶峰的国际金融中心。国际金融中心作为金融大数据中心,将比其他地区更快掌握全球金融动态与特征;作为人才集聚中心,具有制定规则所必需的智力资源;作为金融创新中心,对金融动态和金融体系需要何种规则更加熟悉。而作为金融科技中心,将具有能更好地支持创新与防范风险的新技术和新手段。这些因素共同决定了只有全球性的国际金融中心才能作为金融规则的制定中心。

三、展望 2050 年的上海国际金融中心

展望 2050 年,中国经济的总体规模以及人民币的国际地位将是上海从亚洲脱颖而出,成为与纽约、伦敦实力相当的国际金融中心的现实基础。

在经济总量方面,据普华永道预测,按照市场汇率计算,到 2028 年中国将成为全球第一大经济体,并且此后每年仍然将会以 3%～4%的速度增长。到 2050 年,按照购买力平价计算,中国占全球 GDP 的比例将达到 19.5%。随着国内经济总量的持续增长,中国对外贸易规模也将持续扩大,服务贸易、对外投资等在贸易总额中的占比也将稳步提高,为人民币国际化创造良好条件。预计到 2050 年,人民币在国际流通中的使用规模将大幅增加,成为与美元、欧元同等重要的国际货币。

在新一轮以人工智能为核心的新技术革命浪潮中,中国已在金融科技等特定领域展现出全球领先的态势。由于应用场景丰富、应用壁垒较低,加之政府政策的大力扶持以及高质量人力资本的持续汇集,新兴技术将在上海国际金融中

心的建设过程中进一步渗透,提升上海金融中心的整体辐射和带动能力。

在上述因素共同作用下,到 2050 年,上海将成为与纽约、伦敦实力相当的全球金融中心。

展望 2050 年,上海将在拓展和完善各项基础性功能的基础上,进一步发展为金融大数据中心、金融科技中心、金融人才集聚中心、金融创新中心以及金融规则的制定中心。成为金融科技中心意味着上海将成为全球金融信息集聚地及金融大数据分析中心、全球金融科技的研发中心及应用示范中心、全球金融科技服务供给中心。在金融人才方面,上海将为世界各地的高端金融人才、新兴科技型人才以及各类复合型人才创造良好的生活和工作条件,为其开展金融服务工作提供多方面便利,形成全球精英集聚上海的局面。在金融创新方面,上海将立足亚太,面向世界,通过与全球金融业的交流和合作,不断开发和完善符合亚太地区发展特点的金融产品与服务。在标准制定方面,上海将代表亚洲向世界金融体系发出声音,使亚洲标准成为国际金融体系中的重要力量。在金融监管方面,上海将率先实现从关注合规、关注机构、关注资本为核心的风险监管,逐步过渡到对于技术的监管,建立健全监管科技系统,实现监管能力的全面升级。

从当前的发展态势上看,上海国际金融中心与其他金融中心之间是合作多于竞争的关系。上海要牢牢抓住新技术革命的先发优势,以建设具有全球影响力的金融科技中心为抓手,积极发挥上海的独特优势,与其他金融中心进行差异化竞争,形成优势互补、强强联合。上海国际金融中心的发展不仅不会威胁到其他国际金融中心的发展,还会通过进一步扩大合作为其他金融中心建设提供新的动力和更多的需求,实现多方共赢。

参考文献

［1］阿马蒂亚·森. 伦理学与经济学［M］. 王宇，王文玉，译. 北京：商务印书馆，2000.

［2］巴曙松. 互动与融合：互联网金融时代的竞争新格局［N］. 中国经济时报，2012-09-18.

［3］巴曙松. 金融监管机构分合不是关键问题［N］. 上海证券报，2006-11-14.

［4］白钦先. 百年金融的历史性变迁［J］. 国际金融研究，2003（2）：59-63.

［5］白钦先. 构筑我国政策性金融体系的思考［J］. 中国金融，1994（10）：25-27.

［6］白钦先. 金融可持续发展理论研究导论［M］. 北京：中国金融出版社，2001.

［7］白钦先，白炜. 金融功能研究的回顾与总结［J］. 财经理论与实践，2009，30（5）：2-4.

［8］白钦先，谭庆华. 论金融功能演进与金融发展［J］. 金融研究，2006（7）：41-52.

［9］曹明弟. 生态金融为何重要［N］. 经济日报，2015-02-03.

［10］陈淳，等. 国际金融中心发展的新趋势及其对上海的启示［J］. 上海金融学院学报，2009（3）：65-70.

［11］陈仕莉. 国际金融中心成因研究综述［J］. 知识经济，2013（21）：87.

［12］陈松. 我国互联网金融监管的法律问题与对策探讨［J］. 法制与社会，2020（28）：42-43.

［13］陈同辉. 银行混业经营大势所趋［J］. 证券市场周刊，2015（10）：54-55.

［14］陈雯瑾，王虎云. 绿色债券成市场新宠［J］. 金融世界，2015（5）：44-45.

［15］陈秀梅. 论我国互联网金融市场信用风险管理体系的构建［J］. 宏观经济研

究,2014(10):122-126.

[16] 陈祖华.金融中心形成的区位、集聚与制度探析[J].学术交流,2010(5):76-79.

[17] 道格拉斯·诺斯.制度、制度变迁与经济绩效[M].刘守英,译.上海:上海三联出版社,1994.

[18] 戴志敏,罗燕.我国特大城市金融辐射力提升路径[J].开放导报,2016(1):21-25.

[19] 道格拉斯·诺思,罗伯特·托马斯.西方世界的兴起:新经济史[M].厉以平,蔡磊,译.北京:华夏出版社,1989.

[20] 邓智团.论国际金融中心的形成与演变——兼论上海国际金融中心建设[D].上海:华东师范大学,2005.

[21] 窦俊祥.论银行信贷登记咨询系统的建立和运用[J].云南金融,2000(8):19-22.

[22] 杜恂诚.金融中心重建[M].上海:上海社会科学院出版社,1999.

[23] 范一飞.继续大力推动上海国际金融中心建设[N].金融时报,2015-06-27.

[24] 范正.互联网金融信息终端产业发展概述[J].中国外资,2012(8):40-42.

[25] 方显仓,孙琦.金融账户开放与三类风险的互动机制[J].世界经济研究,2015(2):3-14.

[26] 冯邦彦,覃剑.国际金融中心圈层发展模式研究[J].南方金融,2011(4):36-41.

[27] 冯德连,葛文静.国际金融中心成长的理论分析[J].中国软科学,2004(6):42-48.

[28] 冯德连,葛文静.国际金融中心成长机制新说:轮式模型[J].财贸研究,2004(1):80-85,120.

[29] 付辰,闫彦明.上海金融功能的演化:路径、特点和方向[J].上海经济研究,2011(5):117-125.

[30] 弗雷德里克·S.米什金.货币金融学(第九版)[M].郑艳文,荆国勇,译.北京:中国人民大学出版社,2011.

[31] 高洪民.经济全球化与中国国际金融中心的发展[J].世界经济研究,2008(8):20-24.

[32] 高洪民.上海建设全球人民币清算中心的条件和路径研究[J].世界经济研究,2015(6):54-60.

[33] 高山.国际金融中心竞争力比较研究[J].南京财经大学学报,2009(2):34-40.

[34] 高伟东.IMF最新报告预测:今年全球经济增长3.6%[J].现代企业,2014(5):56.

[35] 哈瑞尔达·考利,阿肖克·夏尔马,阿尼尔·索德,等.2050年的亚洲[M].姚彦贝,郭辰,曲歌,等译.北京:人民出版社,2012.

[36] 何德旭.金融安全视角下的金融周期与金融风险管理[J].贵州省党校学报,2018(2):54-60.

[37] 何光辉,杨咸月.印度小额信贷危机的深层原因及教训[J].经济科学,2011(4):107-118.

[38] 胡坚,杨素兰.国际金融中心评估指标体系的构建——兼及上海成为国际金融中心的可能性分析[J].北京大学学报(哲学社会科学版),2003(5):40-47.

[39] 胡汝银.金融市场发展与监管改革[J].上海金融,2004(1):4-7.

[40] 胡章宏.论金融可持续发展的动力机制[J].中国农业银行武汉管理干部学院学报,1998(2):2-5.

[41] 黄国辉,张凤侠,赵铁男.民间资本设立金融机构对金融监管提出新要求[N].金融时报,2014-01-30.

[42] 黄解宇,李畅,徐子庆.上海国际金融中心建设困境的突破口:资本市场的创新与发展[J].亚太经济,2006(1):94-97.

[43] 黄解宇,杨再斌.金融集聚论:金融中心形成的理论与实践解析[M].北京:中国社会科学出版社,2006.

[44] 霍秋爽.论我国金融混业经营模式的选择及其监管[J].企业文化,2015(8):187.

[45] 霍颖,刘锋.建设上海国际金融中心的制约因素分析[J].商场现代化,2015(9):150-151.

[46] 姜天翔.行为金融理论对解释金融危机和金融监管的研究[J].企业文化,2012(2):98-99.

[47] 金辉.构建现代金融体系两大核心:建设国际金融中心和人民币国际化

[N].经济参考报,2018-07-25.

[48] 金鹏辉.以自贸区金融改革推动高质量发展[J].中国金融,2019(20)：30-32.

[49] 金雪军,田霖.金融地理学：国外地理学科研究新动向[J].经济地理,2004(6)：721-725.

[50] 雷蒙德·W.戈德史密斯.金融结构与金融发展[M].周塑,郝金城,等译.上海：上海三联出版社,上海人民出版社,1994.

[51] 理查德·罗伯茨.伦敦金融城——伦敦全球金融中心指南[M].钱泳,译.大连：东北财经大学出版社,2008.

[52] 李成,郝俊香.金融中心发展的理论、总结与展望[J].上海金融,2006(11)：4-8.

[53] 李成,文苑.我国金融监管协调的重点、机制和效应[J].金融理论与实践,2007(10)：3-7.

[54] 李虹,陈文仪.建立国际金融中心的条件和指标体系[J].经济纵横,2002(2)：35-38.

[55] 李凌.平台经济视野下的业态创新与企业发展[J].国际市场,2013(4)：11-15.

[56] 李雪静.金融市场发展与上海国际金融中心建设[J].上海金融,2010(11)：59-62.

[57] 李亚男.我国商业银行金融产品创新现状及对策[J].时代金融,2020(21)：6,27.

[58] 李扬.金融中心：聚集金融资源的有效机制[J].中国城市经济,2004(12)：4-7.

[59] 李扬.中国城市金融生态环境评价[M].北京：人民出版社,2005.

[60] 李豫,等.国际金融新格局下上海国际金融中心发展环境研究[M].北京：企业管理出版社,2010.

[61] 林龙跃,崔雪莱,黄佳妮.创新绿色债券 助推低碳经济——国内首只附加碳收益中期票据案例分析[J].金融市场研究,2014(6)：83-87.

[62] 林毅夫.金融改革和农村经济发展[Z].北京：北京大学中国经济研究中心,2003.

[63] 林志民.银行业金融创新现状探析[J].时代金融,2020(25)：59-60.

[64] 刘惠川,陈一洪.缓解县域中小企业融资困难的新途径——泉州银行创新县域机构管控模式探索[J].福建金融,2012(2)：38－40

[65] 刘金海.国际金融中心成长的理论分析[J].经济纵横,2018(31)：226.

[66] 刘明显,杨淑娟.国际金融中心研究的前沿进展[J].商业经济研究,2011(3)：48－49.

[67] 刘娜.国内金融混业经营刚刚起步——访社科院银行研究室主任曾刚[J].金融博览,2015(7)：11－12.

[68] 刘纪鹏.对纽交所与NASDAQ有效竞争的思考[N].上海证券报,2014－04－09.

[69] 陆红军.新世纪新格局新思路新能力——第三届国际金融中心研讨会论文集[M].上海：学林出版社,2004.

[70] 陆晓明.国际银行业混业经营：模式与趋势[J].银行家,2015(7)：96－97.

[71] 罗伯特·希勒.非理性繁荣[M].李心丹,等译.北京：中国人民大学出版社,2014.

[72] 罗锦莉.问道大金融监管——"外秀"更兼"内涵"[J].金融科技时代,2015(12)：14－18.

[73] 马翠莲.上海国际金融中心建设取得新突破[N].金融时报.2014－04－05.

[74] 马梅.从第三方支付发展看上海国际金融中心建设[J].科学发展,2014(4)：8－12.

[75] 马梅,朱晓明,周金黄.支付革命：互联网时代的第三方支付[M].北京：中信出版社,2014.

[76] 麦肯锡.中国银行业趋势与七大转型策略[EB/OL].[2019－10－12].http://www.199it.com/archives/363487.html.

[77] 倪鹏飞,孙承平.中国城市：金融中心的定位研究[J].财贸经济,2005(2)：17－22.

[78] 潘英丽.论金融中心形成的微观基础：金融机构的空间聚集[J].上海财经大学学报,2003(1)：50－57.

[79] 裴长洪,付彩芳.上海国际金融中心建设与自贸区金融改革[J].国际经贸探索,2014(11)：4－18.

[80] 彭红枫,刘志杰."一带一路"助推人民币国际化[N].人民日报,2016－05－31.

[81] 彭薇,冯邦彦.国际金融中心竞争力理论与实证研究述评[J].金融理论与实践,2013(8):88－92.

[82] 普华永道.Banking in 2050:How big will the emerging markets get [R].研究报告,2007.

[83] 普华永道.The World in 2050:Will the shift in global economic power continue [R].研究报告,2015.

[84] 祁斌,查向阳.直接融资和间接融资的国际比较[J].新金融评论,2013(6):102－117.

[85] 气候债券倡议组织,中央国债登记结算有限责任公司.中国绿色债券市场2018[EB/OL].[2019－03－18].http://www.360doc.com/content/19/0318/13/39103730_822422606.shtml.

[86] 乔依德.冲刺国际金融中心建设:上海应吸引更多商业银行总部落户[N].第一财经日报,2019－03－22.

[87] 秦绪红.发达国家推进绿色债券发展的主要做法及对我国的启示[J].金融理论与实践,2015(12):98－100.

[88] 秦源.上海国际金融中心建设——基于功能和影响力视角[J].现代管理科学,2011(4):45－47.

[89] 青木昌彦.比较制度分析[M].周黎安,译.上海:上海远东出版社,2001.

[90] 饶余庆.香港国际金融中心[M].北京:商务印书馆,1997.

[91] 荣艺华,朱永行.美国债券市场发展的阶段性特征及主要作用[J].债券,2013(5):54－59.

[92] 任英华,姚莉媛.金融集聚核心能力评价指标体系与模糊综合评价研究[J].统计与决策,2010(11):32－34.

[93] 单豪杰,马龙官.国际金融中心的形成机制——理论解释及一个新的分析框架[J].世界经济研究,2010(10):28－34.

[94] 上海社会科学院经济研究所课题组.互联网金融助推上海国际金融中心建设若干思考[J].上海经济研究,2015(1):3－9.

[95] 上海证监会.2017年上海银行业创新报告[EB/OL].[2018－08－07].https://max.book118.com/html/2018/0715/8053114073001115.shtm.

[96] 邵兼人.证监会在监管实践中存在过度监管的趋势[EB/OL].[2014－12－06].http://finance.jrj.com.cn/people/2014/12/06095018485375.shtml?

to＝pc.

［97］邵亚良.上海国际金融中心建设若干问题探讨[J].上海金融学院学报，2014(1)：5－20.

［98］邵宇.上海建设国际金融中心可在三方面发力[N].第一财经日报，2018－05－17.

［99］石良平.经济新常态下的 TPP：中国的挑战与应对[N].上海社会科学院院报，2015－10－22.

［100］时辰宙.国际金融中心的金融监管——伦敦、纽约的经验教训与上海的作为[J].上海经济研究，2009(3)：71－78.

［101］宋丽萍.必须用好资本市场[J].资本市场，2015(5)：14.

［102］孙国茂，范跃进.金融中心的本质、功能与路径选择[J].管理世界，2013(11)：1－13.

［103］孙立坚.再论中国金融体系的脆弱性[J].财贸经济，2004(3)：5－12.

［104］孙天琦，袁静文.国际金融消费者保护的改革进展与趋势[J].西安交通大学学报(社会科学版)，2012,32(5)：9－17.

［105］谭晔茗，谢朝华.论我国金融监管制度的目标选择[J].生产力研究，2007(5)：34－36.

［106］谭毅.商业银行金融产品营销策略研究[D].成都：西南财经大学，2014.

［107］万杰，苗文龙.国内外商业银行操作风险现状比较及成因分析[J].国际金融研究，2005(7)：10－15.

［108］王传辉.国际金融中心产生模式的比较研究及对我国的启示[J].世界经济研究，2000(6)：73－77.

［109］王力，黄育华.国际金融中心研究[M].北京：中国财政经济出版社，2004.

［110］王仁祥，石丹.区域金融中心指标体系的构建与模糊综合评判[J].统计与决策，2005(9)：14－16.

［111］王家辉.上海与主要国际金融中心城市的实力比较[J].上海金融，2012(12)：99－101.

［112］王辉耀.中国国际移民报告 2014[M].北京：社会科学文献出版社，2014.

［113］王山.从国际金融中心的形成看中央银行组织人事体制[J].河北金融，2009(10)：25－27.

［114］王世军，朱九龙，陶晓燕.对提高我国金融监管有效性探讨[J].生产力研

究,2004(12)：47-48.

[115] 王树强,庞晶.中外绿色金融制度对比及其启示[J].天津商业大学学报, 2019,39(3)：29-33,40.

[116] 王晓芳,于江波.丝绸之路经济带人民币流通的实际情境与相机抉择[J]. 改革,2014(12)：89-97.

[117] 王晓阳.建设中国特色国际金融中心的路径选择：以上海为例[J].经济资 料译丛,2015(1)：24-33.

[118] 王永刚.中国城市群经济规模效应研究[D].沈阳：辽宁大学,2008.

[119] 王永利.银行混业经营是必然趋势[J].中国经济信息,2015(12)：21.

[120] 王宙洁,宋薇萍.从400到2.8万亿：上海跨境人民币业务结算量增速惊 人[N].上海证券报,2018-11-07.

[121] 温斯托·劳拉詹南.金融地理学[M].孟晓晨,译.北京：商务印书 馆,2001.

[122] 闻岳春,朱丽萍,闫淑敏.上海构建国际金融中心人才资源问题探讨[J]. 同济大学学报(社会科学版),2007(4)：106-112.

[123] 吴大器,张学森.上海国际金融中心发展环境专项研究[M].上海：上海财 经大学出版社,2014.

[124] 吴景平.近代上海金融中心地位与南京国民政府之关系[J].史林,2002 (2)：90-98.

[125] 吴景平.上海金融业与太平洋战争爆发前上海的外汇市场[J].史学月刊, 2003(1)：47-54.

[126] 吴景平.上海金融业与金圆券政策的推行[J].史学月刊,2005(1)： 69-76.

[127] 吴婷婷,徐松松.金融开放背景下中国系统性金融风险测度研究[J].金融 理论与教学,2019(2)：1-8.

[128] 吴张敏.混业经营与分业经营分析[J].青年时代,2015(10)：259-259.

[129] 肖林.上海国际金融中心建设需跨越的十大突破口[EB/OL].[2009- 03-26].https://www.eastmoney.com/.

[130] 谢平.迎接互联网金融模式的机遇和挑战[N].21世纪经济报道,2012- 09-03.

[131] 谢平,邹传伟.互联网金融模式研究[J].金融研究,2012(12)：11-12.

[132] 谢守红. 大都市区空间组织的形成演变研究[D]. 上海：华东师范大学,2003.

[133] 信息社会发展研究课题组. 全球信息社会发展报告 2015[J]. 电子政务,2015(6)：2-19.

[134] 徐枫,伏跃红,施红明. 金融科技监管的国际经验与中国探索[J]. 银行家,2019(4)：100-102.

[135] 徐明棋. 互联网金融业务发展给上海国际金融中心建设带来的挑战和机遇[M]//沈开艳主编. 2014 年上海经济发展报告. 北京：社会科学文献出版社,2014.

[136] 徐诺金. 论我国金融生态环境问题[J]. 金融研究,2005(11)：31-38.

[137] 薛波. 国际金融中心研究的初步发展和理论衰落[J]. 上海经济研究,2007(1)：101-108.

[138] 闫彦明. 金融资源集聚与扩散的机理与模式分析——上海建设国际金融中心的路径选择[J]. 上海经济研究,2006(9)：38-46.

[139] 杨建文,潘正彦. 上海金融发展报告[M]. 上海：上海社会科学院出版社,2014.

[140] 杨凌. 英国金融监督管理体制简介[EB/OL]. [2006-12-21]. http://wenku. baidu. com/link? url=TnZ4b48bGzMhiFDnIJpJ_m2G4vKHzXWGGIC66lJOT1pSr4an1Kd8YbctKlLgI_dKjj6a46wlz6BuWNOHWnlVprtffWeI3iLH4DkVMOchiCG.

[141] 杨娉,马骏. 中英绿色金融发展模式对比[J]. 中国金融,2017(22)：62-64.

[142] 杨少芬,赵晓斐,蔡朝阳,等. 绿色金融统计制度：国内外实践及构建设计[J]. 金融发展评论,2018(9)：34-42.

[143] 杨再斌,匡霞. 上海国际金融中心建设条件的量化研究[J]. 华东理工大学学报,2004(2)：27-32.

[144] 尧金仁,赵凌岚. 上海国际金融中心建设的瓶颈及政策建议[J]. 海南金融,2006(6)：38-44.

[145] 尹来盛,冯邦彦. 金融集聚研究进展与展望[J]. 人文地理,2012,27(1)：16-21.

[146] 尹志超,张号栋. 金融可及性、互联网金融和家庭信贷约束——基于

CHFS 数据的实证研究[J].金融研究,2018(11):188-206.

[147] 由曦,等.立规互联网金融[J].财经,2014(9):59-66.

[148] 于春敏.消费者保护乃金融监管首要基础价值——美国金融消费者保护困局之反思[J].财经科学,2010(6):17-24.

[149] 余永定.国际货币体系改革和中国外汇储备资产保值[J].国际经济评论,2009(3):12-18.

[150] 于跃.我国金融业混业经营问题研究[J].时代金融,2015(1):43-45.

[151] 余秀荣.金融中心与金融中心功能研究[J].商场现代化,2009(12):353-354.

[152] 俞燕.互联网保险进阶:颠覆性或远超互联网金融[J].财经,2014(9).

[153] 宰晓娜,吴东立,刘钟欣.金融中心:一个文献综述[J].经济研究导刊,2012(5):144-146.

[154] 曾刚.金融回归本源服务实体经济[N].中国城乡金融报,2018-01-08.

[155] 曾康霖.对建设上海国际金融中心的思考[J].中国货币市场,2003(6):20-24.

[156] 翟义波.国内金融混业经营模式选择及其风险防范分析[J].金融发展研究,2015(1):60-65.

[157] 詹姆斯·劳伦斯森.银行业开放、特许价和存款流动:国际平行数据分析(英文)[J].产业经济评论,2005,4(1):71-83.

[158] 张凤超.金融等别城市及其空间运动规律[J].东北师大学报(自然科学版),2005(1):125-129.

[159] 张宏鸣.上海国际金融中心形成路径研究——兼析金融中心的城市特征及城市纷争[M].上海:复旦大学出版社,2011.

[160] 张锦荣.上海引进金融人才有三大问题,第二个最严重[EB/OL].[2015-06-27].https://zhuanti.cebnet.com.cn/20150627/101204265.html.

[161] 张蓉.金融创新与北京国际金融中心发展——基于环境金融理论的研究[M].北京:经济科学出版社,2013.

[162] 张望.金融争霸——当代国际金融中心的竞争、风险和监管[M].上海:上海人民出版社,2008.

[163] 张小峰.非洲银行业发展趋势与中非金融合作[J].国际问题研究,2014(3):118-130.

[164] 张小峰. 新时期中非金融合作新进展及发展前景[J]. 国际经济合作,2013 (9):81-86.

[165] 张小峰. 中非合作迈向新历史阶段[N]. 法制日报,2014-05-13.

[166] 张幼文. 国际金融中心发展的经验教训——世界若干案例的启示[J]. 社 会科学,2003(1):26-30.

[167] 章玉贵. 上海离国际金融中心有多远[N]. 证券时报,2016-05-05.

[168] 张泽慧. 数量化度量上海金融中心地位及其发展路径[J]. 上海金融,2006 (9):18-21.

[169] 赵伟. 城市经济理论与中国城市发展[M]. 武汉:武汉大学出版社,2005.

[170] 郑杨. 国际金融中心建设与人民币国际化[J]. 中国金融,2019(14): 29-30.

[171] 郑杨. 上海国际金融中心建设冲刺阶段的主要着力点[N]. 第一财经日报, 2019-11-25.

[172] 中国人民银行. 2015年金融市场运行情况[EB/OL]. [2018-10-04]. http://www. pbc. gov. cn/.

[173] 中国人民银行. 2017年人民币国际化报告[EB/OL]. [2017-10-23]. https://www. askci. com/news/chanye/20171023/090437110191. shtml.

[174] 中国社科院金融研究所. 中国城市金融生态环境评价[M]. 北京:人民出 版社,2005.

[175] 中国银行业监督管理委员会2014年年报(第二部分:银行业改革发展) [EB/OL]. [2015-05-15]. http://www. cbirc. gov. cn/cn/view/pages/ index/index. html.

[176] 钟华. 解读英国人才战略[N]. 市场报,2001-04-15.

[177] 中央结算公司. 2018年中国债券市场发展报告[EB/OL]. https://www. chinabond. com. cn/.

[178] 周伟,彭崧. 上海外滩新金融发展报告2013[M]. 北京:中国金融出版 社,2014.

[179] 周小川. 完善法律环境打造金融生态[N]. 金融时报,2004-12-07.

[180] 主力军. 上海国际金融中心法治环境建设的问题与建议[J]. 法制与社会, 2011(7):29-30.

[181] 朱文生. 上海国际金融中心建设领导体制、机制优化研究[J]. 上海金融，2010(10)：38－44,87.

[182] 邹靓. 组建金融控股集团需关注制度完善[N]. 上海证券报,2007－08－22.

[183] 兹维·博迪,罗伯特·C. 莫顿. 金融学[M]. 北京：中国人民大学出版社,2000.

[184] AKERLOF G A, SHILLER R J. How human psychology drives the economy and why it matters for global capitalism [J]. Princeton：Princeton University Press，2009.

[185] ALLEN F, GALE D. Comparative financial systems：a survey [M]. Philadelphia，PA：Wharton School，University of Pennsylvania，2001.

[186] BINDEMANN K. Production-sharing agreements：an economic analysis [R]. Oxford：Oxford Institute for Energy Studies，1999.

[187] BODIE Z, MERTON R. Pension benefit guarantees in the United States：a functional approach [M]// SCHMITT R. The future of pensions in the United States. Philadelphia：University of Pennsylvania Press，1993.

[188] CAPIE，FORREST. Capitals of capital：a history of international financial centres，1780－2005 [J]. Business History Review，2007,81(4)：825－827.

[189] CHARLES P. KINDLEBERGER. The formation of financial centers：a study of comparative economic history [R]. Princeton，1974.

[190] CHOI S R, TSCHOEGL A E, YUCM. Bank and the world's major financial centers [J]. Weltwirtschaftliches Archly，1986(122)：48－64.

[191] CHOI, SANG R, DACKEUN P, ADRIAN E T. Banks and the world's major banking centers，1990 [J]. Review of World Economics，1996,132(4)：774－793.

[192] COUNCIL OF ECONOMIC ADVISERS. Annual report，1998 [R]. Washington D. C. ：U. S. Government Printing Office，February，1999.

[193] DAVIS E P. International financial centres-an industrial analysis [N]. Bank of England Discussion Paper，No. 51，September 1－23,1990.

［194］DOUGLASS, C. NORTH. Institution, institutional change and economic performance ［M］. Camberidge: Cambridge University Press, 1990.

［195］DUFEY G, GIDDY I H. The international money market ［M］. Englewood Cliffs, N. J. Prentae-Hall Inc, 1978.

［196］ELLIOTT D J. Building a global financial center in Shanghai: observations from other centers ［R］. Washington DC: Brookings Institute, 2011.

［197］GEHRIG T. Cities and the geography of financial centers ［R］. Washington, DC, 1998.

［198］GOLDBERG, MICHAEL A. On the development of international financial centers ［J］. Annals of Regional Science, 1988(22): 81 – 94.

［199］GORDON, DARIUSE. Path dependence and financial markets: the economic geography of the German model, 1997 – 2003 ［J］. Environment and Planning, 2005,37(10): 1769 – 1791.

［200］GRAS N S B. An introduction to economic history. an introduction to economic history ［M］. New York: Harper, 1922.

［201］KAMM T, CHARLES F. France puts freeze on stock battle between societe general, paribus, BNP ［N］. Wall Street Journal, 1999 – 06 – 20.

［202］KANATAS G, STEFANADIS C. Culture, financial development, and economic growth ［R/OL］. ［2005 – 12 – 25］. http://www. alba. edu. gr/uploads.

［203］KARREMAN B, KNAAP B. The geography of equity listing and financial centre competition in mainland Chinaand Hong Kong ［J］. Journal of Economic Geography, 2012(4): 899 – 922.

［204］KAUFMAN. Emerging economies and international financial centers ［J］. Review of Pacific Basin Financial Markets and Policies, 2001,4(4): 365 – 377.

［205］KINDLEBERGER C P. The formation of financial centers: a study in comparative economic history ［M］. Princeton: Princeton University Press, 1974.

[206] KINDLEBERGER C P. The world in depression, 1929 - 1939 [M]. Berkeley: University of California Press, 1973.

[207] KRUGMAN P. Increasing returns and economic geography [J]. The Journal of Political Economy, 1991,99(3): 483 - 499.

[208] KRUGMAN P. The role of geography in development [R]. Paper Prepared for the Annual World Bank Conference on Development Economics, Washington, D. C. , 1998.

[209] LAI P Y K. From "Paris of the East" to "New York of Asia"? [R]. New Economic Spaces in Asian Cities from Industrial Restructuring to the Cultural Turn, 2012.

[210] LAULAJAINEN R. Financial geography: a banker's view [M]. London: Routledge, 1998.

[211] LAULAJAINEN R. Financial geography: a banker's view [M]. London: Routledge, 2003.

[212] LAURENCESON J, KAMALAKANTHAN. A emerging financial centres in Asia: a comparative analysis of Mumbai and Shanghai [C]. 16th Annual Conference of the Association for Chinese Economic Studies (Australia), Brisbane, 19 - 20 July, 2004.

[213] LEVINE R. Financial development and economic growth: views and agenda [J]. Journal of economic literature, 1997,35(2): 688 - 726.

[214] LIU Y C, ROGER S. An empirical ranking of international financial centers in the Asia-Pacific region [J]. The International Executive, 1997 (39): 651 - 675.

[215] MARTIN R L. Institutional approaches in economic geography [M]. Oxford: Blackwell, 2000.

[216] MARTIN RON. The new economic geography of money [M]. London: Wiley, 1999.

[217] MCCARTHY. Offshore banking centers: benefits and costs [J]. Finance and Development, 1979,16(4): 45 - 48.

[218] MERTON R, BODIE Z. The global financial system: a functional perspective [M]. Boston: Harvard Business School Press, 1995.

[219] MICHAEL H. GROTE. Frankfurt-an emerging international financial centre [R]. IWSG Working Papers, 2000.

[220] O'BRIEN, RICHARD. Global financial integration: the end of geography [M]. London: Royal Institute of International Affairs, 1992.

[221] PARK Y S. The Economics of offshore financial centers [J]. Columbia Journal of World Business, 1982,17(4): 1-5.

[222] POHL N. Whereis wall street? financial geography after 09/11 [J]. The Industrial Geographer, 2004,2(1): 72-93.

[223] PORTEOUS D J. The development of financial centres: location, information externalities and path dependence [M]. New Jersey: Wiley, 1999.

[224] POWELL E T. The evolution of the money market (1385-1915) [J]. The Economic Journal, 1915,25(12): 577-579.

[225] REED H C. Financial center hegemony, interest rates and the global political economy [M]. Boston: Kluwer Academic Publishers, 1989.

[226] REEO H C. The ascent of Tokyoas an international financial center [J]. Journal of International Business Studies, 1980(11): 19-35.

[227] REED H C. The pre-eminence of international finance centers [M]. New York: Praege, 1981.

[228] RICHARD O. Global financial integration: the end of geography [M]. London: Royal Institute of International Affairs, 1992.

[229] ROBERTS R. International financial center [M]. Vermont: Edward Elgar Publishing Ltd, 1994.

[230] ROSTOW W W. The stages of economic growth [M]. Cambridge: Cambridge University Press, 1960.

[231] SANG-RIM CHIO, ADRIAN E T, CHWO-MING YU. Banks and the world's major financial centers 2000 [J]. Review of World Economics, 2003,139(3): 550-568.

[232] SASSEN S. Cities in a world economy, 4thEd [M]. Thousand Oaks, CA: Pine Forge Press, 2012.

[233] SASSEN S. Global financial centers [J]. Foreign Affairs, 1999, 78(1): 75 - 87.

[234] SASSEN S. The global city: New York, London and Tokyo [M]. Princeton: Princeton University Press, 1991.

[235] STULZ M R, WILLIAMSON R. Culture, openness, and finance [R]. NBER Working Paper(No. 8222), 2001.

[236] THRIFT N. On the social and cultural determinants of international financial centres: the case of the city of London [M]. Oxford: Blackwell, 1994.

[237] TSCHOEGL, ADRIAN E. International banking centers, geography, and foreign banks, financial markets [J]. Institutions and Instruments, 2000, 9(1): 1 - 32.

[238] VERNON R. Metropolis [M]. Cambredge: Harvard University Press, 1960.

[239] WARD K. The World in 2050: Quantifying the Shift in the Global Economy [R]. HSBC, 2011.

[240] XIE P, ZOU C W. The theory of internet finance [R]. Working Paper of CICB, 2012.

[241] Z/YEN LIMITED. The competitive position of London as a global financial centre [M]. London : Corporation of London, 2005.

[242] ZHAO X B, SMITH C, SIT T O. China's WTO accession and its impact on spatial restructuring of financial centers in Mainland China and Hong Kong [R]. Annual Meeting of the American Association of Geographers, Los Angeles, USA, 2002.

索 引

后 记

　　本书是上海社会科学院经济研究所西方经济学研究室(原金融与资本市场研究室)全体研究人员的集体研究成果。在该研究室研究人员对全书研究思路和内容框架进行讨论的基础上,由韩汉君拟定全书写作提纲,研究室研究人员完成初稿撰写(部分章节研究生参与撰写),最后由韩汉君、詹宇波对全书进行统稿。

　　各章撰写人员如下:

第一章　詹宇波　韩汉君

第二章　李　凌

第三章　韩汉君　燕　麟

第四章　李桂花　张逸辰

第五章　李　凌

第六章　徐美芳　张逸辰

第七章　徐美芳　夏兵玉　王郡琪　王鹏翀

第八章　闫彦明

第九章　闫彦明

第十章　李双金

第十一章　李桂花　夏兵玉

第十二章　李双金

作者

2020 年 11 月